MPAcc MAud
复试真题超精解
财务管理

总策划 ◎ 乐学喵考研复试研究院

主编 ◎ 段文佳　　　副主编 ◎ 丁健雯

北京理工大学出版社
BEIJING INSTITUTE OF TECHNOLOGY PRESS

版权专有　侵权必究

图书在版编目（CIP）数据

MPAcc、MAud复试真题超精解．财务管理／段文佳主编．－－北京：北京理工大学出版社，2023.12
ISBN 978－7－5763－3291－9

Ⅰ．①M… Ⅱ．①段… Ⅲ．①财务管理-研究生-入学考试-自学参考资料 Ⅳ．①F230

中国国家版本馆CIP数据核字（2024）第014110号

责任编辑：多海鹏　　**文案编辑**：辛丽莉
责任校对：刘亚男　　**责任印制**：李志强

出版发行 /	北京理工大学出版社有限责任公司
社　　址 /	北京市丰台区四合庄路6号
邮　　编 /	100070
电　　话 /	（010）68944451（大众售后服务热线）
	（010）68912824（大众售后服务热线）
网　　址 /	http：//www.bitpress.com.cn
版 印 次 /	2023年12月第1版第1次印刷
印　　刷 /	三河市文阁印刷有限公司
开　　本 /	787 mm×1092 mm　1/16
印　　张 /	18.5
字　　数 /	434千字
定　　价 /	69.80元

图书出现印装质量问题，请拨打售后服务热线，负责调换

一、财务管理学什么？

资金是企业开展经营的必要条件，财务管理的最终目的就是管好企业的资金，对于一家制造业企业而言，资金在企业的运动轨迹就是"筹资→投资→营运→分配"这样的循环。

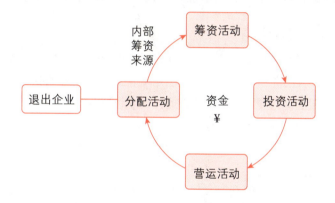

想管好企业的资金，管好上述四个活动即可。本书紧紧围绕财务管理的四大活动展开，共分为五大篇。

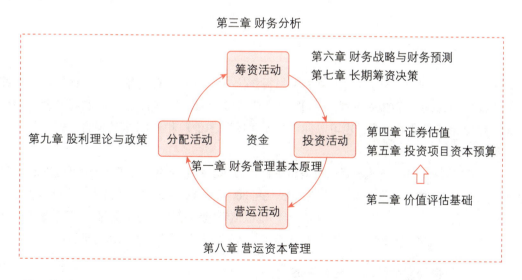

第一篇基础篇，包括前三章。第一章是入门级内容，主要介绍财务管理的目标、利益相关者发生矛盾冲突时的解决办法；第二章主要介绍货币时间价值的计算，为投资活动的价值评估打基础；第三章财务分析则站在上帝视角，总体评价企业的偿债能力、营运能力、盈利能力和

发展能力，找到企业当前经营中存在的问题，并提出改善经营的对策。

第二篇投资活动篇，包括第四、五章。第四章是企业投资股票、债券、项目的估值问题，其底层逻辑都是现金流量折现模型。

第三篇筹资活动篇，包括第六、七章。第六章是确定企业需要筹资的金额（融资总需求）；第七章是企业在考虑各种影响因素的基础上，最终确定选择哪些筹资方式来满足融资总需求。

第四篇营运活动篇，仅包括第八章。本篇主要解决两个问题：为收入配置多少短期资产？如何为短期资产筹措短期资金？

第五篇分配活动篇，仅包括第九章。企业经营产生的净利润是归属于股东的，企业需要平衡股利分配和利润留存的关系：既要保证股东满意还要确保有足够的利润留存企业。

二、复试中财务管理怎么考？

与中级会计职称考试和注册会计师考试相比，复试中财务管理的考查特点是计算量不大，名词解释、简答和论述类的题目较多，而且还会考查考生对热点事件的看法。所以考生不仅要掌握计算方法，还要准确把握财务管理的原理，形成财管思维能力。

财务管理常考的财经热点包括但不限于以下内容：

章节	热点考查形式
财务分析	给定某上市公司（如恒大）的财务指标信息，分析存在的问题
长期筹资决策	上市公司筹资过程中的问题，IPO、公司上市、发行可转债失败等
股利理论与政策	上市公司（格力电器、茅台等）的股利分配政策、某公司进行股票分割、股票回购的影响等
营运资本管理	上市公司商业信用筹资存在的问题（恒大商票逾期未兑付）

基于以上命题特点，同学们需要熟练掌握书上的知识点，在此基础上，具备知识迁移能力并保持对财经热点的关注度。这样一旦在复试中考查对某热点事件的看法时，即使你无法给出完美无缺的答案，也可以凭借你所了解到的信息和该事件对应的财管知识点做出回答。

最后还需要强调的是：有些院校的复试财管科目的参考书目是《注册会计师全国统一考试辅导教材——财务成本管理》和《中级会计资格考试辅导教材——财务管理》，由于这两个考试的课程在市面上比较多，于是很多同学想当然地以该考试课程进行复试备考。但是基于上述分析的考查特点，大家听该考试课程方向易跑偏，故建议直接以本书作为备考范围。

三、需要购买目标院校复试参考教材吗？

对于报考院校未指定参考书目的，建议以本书作为备考范围；对于报考院校明确给定参考书目的，现给出参考书目与本书的匹配程度及建议：

各院校指定的参考书目	匹配度及建议
荆新,王化成,刘俊彦.财务管理学[M].9版.北京:中国人民大学出版社,2021	100%
中国注册会计师协会.注册会计师全国统一考试辅导教材——财务成本管理[M].北京:中国财政经济出版社,2023	60% 参考书目的第12~19章属于成本会计和管理会计内容,需参考《MPAcc、MAud复试真题超精解——成本管理会计》
财政部会计资格评价中心.财务管理[M].北京:经济科学出版社,2023	75% 参考书目第3、8章属于成本会计和管理会计内容,需参考《MPAcc、MAud复试真题超精解——成本管理会计》
刘淑莲,牛彦秀.财务管理[M].5版.大连:东北财经大学出版社,2019	100%
[美]斯蒂芬 A,罗斯(Stephen A. Ross)伦道夫 W,威斯特菲尔德.公司理财[M].12版.北京:机械工业出版社,2020	95% "国际公司理财"、"行为财务:对财务管理的启示"需自行学习
姚海鑫.财务管理[M].3版.北京:清华大学出版社,2019	100%
张志宏.财务管理[M].北京:中国财政经济出版社,2018	100%
方明.财务管理[M].大连:东北财经大学出版社,2018	100%
刘曼红.公司理财[M].3版.北京:中国人民大学出版社,2011	100%
赵伟.财务管理[M].北京:中国人民大学出版社	100%
郭泽光.财务管理学[M].大连:东北财经大学出版社	100%
赵德武.财务管理[M].2版.北京:高等教育出版社	100%
张蕊,袁业虎.公司财务学[M].3版.北京:高等教育出版社,2017	100%
常树春,龙云飞.公司理财[M].2版.北京:北京大学出版社,黑龙江大学出版社,2016	100%
任翠玉,宋淑琴.财务管理[M].大连:东北财经大学出版社,2022	100%
杜剑,张丹.财务管理[M].北京:科学出版社	100%
朱明秀,马德林.财务管理[M].北京:高等教育出版社,2022	100%

续表

各院校指定的参考书目	匹配度及建议
姚文韵,陈榕.公司财务[M].江苏:南京大学出版社,2021	100%
陈志斌.财务管理学导论[M].南京:南京大学出版社,2006	100%
戴书松.财务管理基础[M].北京:中国金融出版社,2016	100%
王斌.财务管理[M].北京:清华大学出版社,2017	95% "国际财务与风险管理"需自行学习
张功富.财务管理学[M].北京:清华大学出版社,2012	95% "国际企业财务管理"需自行学习
李淑平.中级财务管理学[M].3版.武汉:武汉理工大学出版社,2013	90% 参考书目的"财务预算"章节,需参考《MPAcc、MAud复试真题超精解——成本管理会计》
王明虎.财务管理原理[M].3版.北京:机械工业出版社,2018	95% "国际财务管理"需自行学习
黄国良.财务管理学[M].5版.徐州:中国矿业大学出版社,2021	95% "国际财务管理"需自行学习
杨忠智.财务管理[M].厦门:厦门大学出版社,2019	90% 参考书目的"业绩评价"章节,需参考《MPAcc、MAud复试真题超精解——成本管理会计》
孟越.财务管理[M].北京:化学工业出版社,2011	90% 参考书目的"财务预算"章节,需参考《MPAcc、MAud复试真题超精解——成本管理会计》

如果参考书目已在上表,仅年份或版次与列示的不同,那么备考范围基本与表格列示的一致。另外,由于存在部分院校更换参考书目的可能,导致更新后的参考书目未被列示于上表,建议大家把参考书目的目录和本书的目录进行对比,确定是否存在需自行学习的章节。

目录

第一篇 财务管理基础篇

第一章 财务管理基本原理 /3
 第一节 财务管理概述 /3
 第二节 财务管理的目标与利益
    相关者的要求 /9
 第三节 财务管理的环境 /14
 真题精练 /19

第二章 价值评估基础 /23
 第一节 货币时间价值 /23
 第二节 收益与风险 /37
 真题精练 /45

第三章 财务分析 /51
 第一节 财务分析概述 /51
 第二节 财务比率分析 /55
 第三节 财务综合分析 /79
 真题精练 /84

第二篇 投资活动篇

第四章 证券估值 /95
 第一节 债券价值评估 /95
 第二节 普通股价值评估 /103
 第三节 优先股价值评估 /109
 真题精练 /110

第五章 投资项目资本预算 /113
 第一节 投资项目概述 /114
 第二节 投资项目现金流量的
    估计 /115
 第三节 投资项目的评价方法 /125
 第四节 投资项目评价方法的
    应用 /137
 真题精练 /142

第三篇 筹资活动篇

第六章 财务战略与财务预测 /153
第一节 财务战略 /153
第二节 财务预测 /158
真题精练 /165

第七章 长期筹资决策 /166
第一节 资本成本 /167
第二节 资本结构 /173
第三节 长期筹资方式 /190
真题精练 /212

第四篇 营运活动篇

第八章 营运资本管理 /223
第一节 短期资产管理 /223
第二节 短期筹资管理 /243
真题精练 /251

第五篇 分配活动篇

第九章 股利理论与政策 /257
第一节 股利理论与股利政策 /257
第二节 股利种类与支付过程中的重要日期 /269
第三节 股票分割与股票回购 /271
真题精练 /275

第十章 跨章节综合题 /279

附录

▶ 复利现值系数表 /285
▶ 复利终值系数表 /286
▶ 年金现值系数表 /287
▶ 年金终值系数表 /288

第一篇

财务管理
基础篇

01 第一章 财务管理基本原理

考情点拨

大白话解释本章内容
本章作为入门级内容，主要为大家介绍财务管理的一些基本概念，例如财务管理的基本活动是什么？企业进行财务管理的目标是什么？当不同利益主体各自追求的目标发生冲突时企业要如何调节？相信通过本章的学习，大家都会轻松解决上述问题
本章难度 ★ **本章重要程度** ★★
本章复习策略
本章考查形式以名词解释及简答为主，主要考察大家对基础知识的理解。本章内容在历年考试中的考频都比较高，尤其是财务管理的目标更是被各大院校"青睐"，成为本章考频NO.1的知识点

考点精讲

第一节 财务管理概述

◆ **考点1·财务管理定义及相关概念**

1. 财务管理的定义（是什么？）

　　作为企业管理的核心，财务管理（financial management）就是按照财务管理的原则，组织企业财务活动，处理财务关系的经济管理工作。具体来说，企业进行财务管理目的是优化资源配置和价值创造，以实现企业的目标。

2. 财务管理的特征

特征	内含
涉及面广	企业生产经营的各个方面、各个领域、各个环节都与财务管理密切相连
综合性强	①通过财务信息把企业生产经营的各种因素及其相互影响等全面、综合反映出来，有效促进企业管理效率的提高； ②在进行财务分析和决策时，财务管理人员必须了解和掌握现代经济学、金融学、会计学、统计学、管理学等相关知识和方法
企业管理的核心	企业生产运营、管理的一切方面，最终都归结为财务管理的基本问题，都要通过财务指标来反映
不确定性和复杂性	由于信息不完全或信息不对称，以及委托代理关系的普遍存在，使得现代企业在进行财务管理决策时，将受到众多不确定性因素的影响

3. 财务管理的原则

财务管理的基本原则是企业组织财务活动、处理财务关系、进行财务决策所依据的准则，为理解财务管理和进行财务决策提供了基础。

企业财务管理的基本原则可以概括为如下几方面。

原则	含义
资金优化配置原则	通过资金活动的组织和调节来保证各项资源具有最优化的结构和比例，实现企业资源的优化配置和公司价值的增加
成本收益比较原则	基于理性经济人假设，一项经济活动只有为企业带来的所有收益大于产生的一切成本时，才是可接受的
收益风险均衡原则	在理财活动中，收益越高，所面临的风险也越大；风险越大，所要求的收益也就越高
利益关系协调原则	企业在追求自身利益最大化的同时，应满足各利益相关者的利益需求。力求利益相关者的利益分配均衡，减少企业与利益相关者之间及各利益相关者之间的利益冲突
收支积极平衡原则	企业的资金不仅在一定时期内达到总量上的平衡，而且在每一时点上力求协调平衡。实际上是要提高资源配置效率、管理效率和运营效率

4. 财务管理的环节（怎么做？）

企业财务管理的工作环节总体上可划分为五个基本环节，即财务预测、财务决策、财务预算、财务控制和财务分析。对于持续经营的企业，财务决策在这些环节中处于关键地位。五个环节相互联系，周而复始，形成财务管理的循环系统。

环节	含义
财务预测	利用过去的财务活动资料，结合市场变动情况，为把握未来和明确前进方向而对企业财务活动的发展趋势做出科学的预计和测量，是财务决策的必要前提
财务决策	企业在财务预测的基础上，根据财务目标的总要求，运用专门的方法从各种备选方案中选择最佳方案的过程。在市场经济条件下，财务管理的核心是财务决策，财务预测是为财务决策服务的，决策关系到企业的兴衰成败，同时，它又是财务预算的前提。一般包括筹资决策、投资决策、利润分配决策和其他决策
财务预算	用货币计量的方式将财务决策目标所涉及的经济资源进行配置，以计划的形式具体地、系统地反映出来。主要包括现金预算、预计资产负债表、预计利润表等
财务控制	在财务管理的过程中，利用有关信息和特定手段，对企业财务活动施加影响或调节，以便实现预算指标、提高经济效益
财务分析	以企业财务报告反映的财务指标为主要依据，采用适当的方法对企业的财务状况、经营成果和未来前景进行评价和剖析的一项业务手段

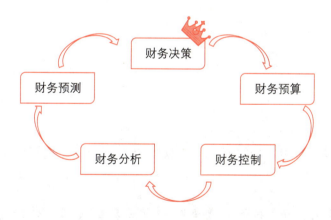

财务管理的定义中提到的财务活动、财务关系和目标我们将在后文给大家做详细讲解。

【例题1·判断题·长沙理工大学2016】 财务分析可以改善财务预测、决策、预算和控制，改善企业的管理水平，提高企业经济效益，所以财务分析是财务管理的核心。（　　）

【解析】财务管理的核心是财务决策，财务预测是为财务决策服务的，决策关系到企业的兴衰成败，同时，它又是财务预算的前提。

【答案】×

◆ 考点2·企业组织形式

企业的组织形式是指企业存在的形态和类型，它决定着企业的财务结构、财务关系、财务风险和财务管理方式。典型的企业组织形式有三类：个人独资企业、合伙企业以及公司制企业。

比较项目	个人独资企业 (sole proprietorship)	合伙企业 (partnership)	公司制企业 (corporation)
投资人	一个	两个及以上	多样化
是否为法人	否	否	是
所有者责任	无限责任	普通合伙人：无限连带责任 有限合伙人：以出资额为限承担有限责任	有限责任
筹集资金的难度	非常难	较难	最容易
纳税	个人所得税	个人所得税	个人＋企业所得税 （双重纳税）
组建成本	低	中	高
代理问题	无	较小	大
存续时间	有限	有限	无限
所有权转让	难	难	相对容易

本书把<u>公司</u>财务管理作为讨论的重点，本教材所讨论的财务管理均指公司财务管理，主要基于<u>工商企业</u>。

【例题2·多选题】与个人独资企业和普通合伙企业相比，公司制企业的特点有（　　）。

A. 以出资额为限，承担有限责任　　　　　B. 权益资金的转让比较困难
C. 存在着对公司收益重复纳税的缺点　　　D. 更容易筹集资金

【解析】选项A，个人独资企业和普通合伙企业都需承担无限责任；公司制企业以出资额为限，承担有限责任。选项B，公司制企业权益资金转让比个人独资企业和合伙企业都要简单，其股权便于转让。选项C，公司制企业投资者缴纳企业所得税后分得的股利还需要缴纳个人所得税；而独资企业和合伙企业仅需缴纳个人所得税。所以说公司制企业具有对公司收益重复纳税的缺点。选项D，公司制企业可以通过上市发行股票或发行债券等手段更易筹集到资金。

【答案】ACD

◆ 考点 3 · 财务活动（财务管理的内容）

财务管理的<u>对象</u>是企业再生产过程中的<u>资金及其活动</u>。财务活动具体由筹资活动、投资活动、营运活动和分配活动组成。

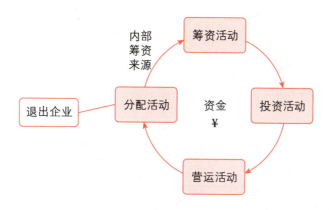

企业财务活动的特点

企业财务活动	特点
筹资活动 （financing activity）	企业一方面要科学预测筹资的总规模；另一方面要通过筹资方式的选择，确定合理的筹资结构，降低资本成本，增加公司利益，控制相关风险
投资活动 （investing activity）	企业的投资分为对内投资和对外投资，对内投资是指购置固定资产和无形资产；对外投资是指购买股票、债券、出资组建新的公司
营运活动 （operating activity）	企业的营运活动是指企业的日常经营活动，通过营运活动，保证企业持续经营、避免生产中断以及由此带来的巨大损失。营运活动决策包括企业应该持有多少现金和存货，是否应向顾客提供信用销售，如何获得必要的短期融资等内容
分配活动 （distribution activity）	决定公司采取什么样的股利政策，在公司股利分配与留存收益之间如何进行选择，并分析公司股利政策对公司资本结构、公司价值、股票价格的影响等

上述财务活动的四个方面是相互联系、相互依存、不可分割的：

<u>筹资</u>是基础，离开企业生产经营所需的资金筹措，企业就不能生存与发展；企业所筹措的资金只有有效地<u>投资</u>出去，才能实现筹资的目的，并不断增值与发展；筹资和投资的成果都需要依赖资金的<u>营运</u>才能实现。<u>分配</u>的来源是企业上述各方面共同作用的结果，同时又会对上述各方面产生反作用。

【例题 3·多选题·太原理工 2016】 从整体上讲，企业的财务活动包括（　　）。

A. 筹资活动　　　　B. 投资活动　　　　C. 日常资金营运活动

D. 分配活动　　　　E. 管理活动

【解析】 企业的管理活动包括财务管理活动、人力资源管理活动、销售管理、市场管理等等，财务活动属于管理活动，而不是包括管理活动；同时企业的财务活动分为筹资引起的财务活动、投资引起的财务活动、经营引起的财务活动和分配引起的财务活动，因此选项 E 错误。

【答案】 ABCD

◆ 考点 4 · 企业财务关系

企业财务关系是指企业在组织财务活动过程中与各有关方面发生的经济关系。企业的筹资活动、投资活动、营运活动、利润及其分配活动与企业内部和外部的方方面面有着广泛的联系。企业的财务关系可概括为以下几个方面。

类别	含义	关系体现
企业与其所有者之间的财务关系	指企业的所有者向企业投入资金，企业向所有者支付投资报酬所形成的经济关系	所有权性质的经营权和所有权的关系
企业与被投资单位之间的财务关系	指企业将其闲置资金以购买股票或形成直接投资的形式向其他企业投资所形成的经济关系	所有权性质的投资与受资关系
企业与其债权人之间的财务关系	指企业向债权人借入资金，并按借款合同的规定按时支付利息和归还本金所形成的经济关系	债务与债权关系
企业与其债务人之间的财务关系	指企业将其资金以购买债券、提供借款或商业信用等形式出具给其他单位所形成的经济关系	债权与债务关系
企业内部各单位之间的财务关系	指企业内部各单位之间在生产经营各环节相互提供产品或劳务所形成的经济关系	企业内部各单位之间的利益关系
企业与职工之间的财务关系	指企业向职工支付劳动报酬的过程中形成的经济关系	职工和企业在劳动成果上的分配关系
企业与税务机关之间的财务关系	指企业要按税法的规定依法纳税而与国家税务机关之间形成的经济关系	依法纳税和依法征税的权利义务关系

【例题 4·单选题·西安外国语 2018】 企业同其债权人之间的财务关系反映的是（　　）。

A. 经营权和所有权关系　　　　B. 利润分配关系

C. 投资与受资关系　　　　　　D. 债务债权关系

【解析】 企业与其债权人之间的财务关系指的是企业向债权人借入资金，并按借款合同的规定按时支付利息和归还本金所形成的经济关系，这体现的是债务与债权的关系。

【答案】 D

◆ 考点 5 · 财务管理与财务会计的区别与联系

1. 二者区别

角度	财务管理	财务会计
管理方法	对会计信息进行分析和利用，更侧重于未来	侧重于对公司已经发生的经济活动进行相应地记录并编制财务报表
目标	做出科学的财务决策，实现企业的财务管理目标	客观反映企业资金的来源与去向，为决策提供基础信息
假设前提	货币时间价值假设、财务理性假设、有效市场假设、竞争市场均衡假设和风险收益对称假设等	会计主体假设、持续经营假设、会计分期假设与货币计量假设等

2. 二者联系

财务会计所提供的财务信息，是财务管理所需信息的最重要部分。会计核算和会计信息是财务管理的基础，财务管理无论是进行投资决策和筹资决策，还是进行营运资本管理决策和收益分配决策，都离不开会计系统提供的真实的财务信息。

财务管理只有依靠充分的、及时的、真实可靠的会计信息，才能做出正确的决策，才能提高资本运营效率、优化资源配置，为企业创造价值。

第二节 财务管理的目标与利益相关者的要求

◆ 考点 6 · 财务管理的目标（objectives of financial management）

财务管理的目标是企业理财活动希望实现的结果，是评价企业理财活动是否合理的基本标准。财务管理的目标分为五个：利润最大化、每股收益最大化、股东财富最大化、股票价格最大化、企业价值最大化。

1. 利润最大化目标（profit maximization）

(1) 含义

利润代表企业新创造的财富，利润越多则企业财富增加越多，越接近企业的目标。

(2) 合理性

①企业追求利润最大化，就必须不断加强管理、降低成本、提高劳动生产率、提高资源利用效率。追求利润最大化反映了企业的本质动机，也为企业的经营管理提供了动力。

②同时，利润这个指标在实际应用中简单直观，容易理解和计算，收入减去成本就是利

润，在一定程度上也反映了企业经营效果的好坏。

(3)局限性

局限性	含义
①没有考虑利润的取得时间	今年获利100万元和明年获利100万元，哪一个更符合公司的目标
②没有考虑所获利润和投入资本额的关系	A和B项目均在今年获得100万元利润，但A项目只需投资100万元，而B项目则需投资300万元，哪个项目更优
③没有考虑获取利润和所承担风险的关系	同样投入500万元，今年获利100万元，一个项目已全部转化为现金，另一个项目则全部是应收账款，可能发生坏账损失，哪个项目更优
④可能导致企业短期行为倾向，影响企业长远发展	企业可能通过减少产品开发、人员培训、技术装备等方面的支出来提高当年利润，但对企业长期发展不利

【注意】如果利润取得的时间相同、投入资本相同、相关的风险相同，利润最大化是一个可以接受的观点。

2. 每股收益最大化目标（earnings per share maximization）

利润最大化的另一种表现方式是每股收益最大化。每股收益最大化的观点认为，应当把企业的利润和股东投入的资本联系起来考察，用每股收益来反映企业的财务管理目标。

除了反映所创造利润与投入资本之间的关系外，每股收益最大化与利润最大化目标的缺陷基本相同。

【注意】如果每股收益取得的时间相同、风险相同，每股收益最大化也是一个可以接受的观点。

3. 股东财富最大化（shareholders' wealth maximization）——最优目标

定义	股东财富最大化是指通过财务上的合理运营，为股东创造最多的财富。在上市公司中，股东财富是由其所拥有的股票数量和股票市场价格两个方面决定的
优点	与利润最大化相比，股东财富最大化的主要优点是： (1)考虑了风险因素，因为通常股价会对风险作出较敏感的反应； (2)在一定程度上能避免企业短期行为，因为不仅目前的利润会影响股价，预期未来的利润同样会对股价产生重要影响； (3)对上市公司而言，股东财富最大化目标比较容易量化，便于考核和奖惩
缺点	(1)股东财富最大更多强调股东利益，而对其他相关者的利益重视不够； (2)通常只适用于上市公司，非上市公司难以应用（无法随时准确获得公司股价）； (3)股价受众多因素影响，不能完全准确反映企业财务管理状况

4. 股价最大化目标（stock prices maximization）

在上市公司，股东财富由其拥有的股票数量和股票的市场价格来决定。在资本市场有效的情况下，如果股东投入资本不变，股价上升反映股东财富的增加，当股票价格达到最高时，股东财富也就达到了最大。所以，股东财富最大化通常演变成股价最大化。

假设股东投入资本不变，股价最大化与增加股东财富具有同等意义。

5. 企业价值最大化目标（enterprise value maximization）

(1) 含义

企业价值最大化，是指通过经营者的经营管理，采用最优的财务政策，充分考虑货币的时间价值和风险与收益的关系，在保证企业长期稳定发展的基础上使企业的总价值达到最大。

企业价值最大化是股东财富最大化的进一步演化。企业价值可以理解为债务市场价值和股权市场价值之和。而股东财富仅指所有者权益的价值。

由上述关系式可得，当债务价值和股东投入资本不变，企业价值最大化与增加股东财富具有相同的意义。

企业价值还可以理解为是企业所能创造的预计未来现金流量的现值。未来现金流量的预测包含了不确定性和风险因素，现金流量的现值是以货币时间价值为基础对现金流量进行折现计算得出的。

(2) 优点

①考虑了取得收益的时间，并用时间价值的原理进行了计量。
②考虑了风险与收益的关系。
③将企业长期、稳定的发展和持续的获利能力放在首位，能克服企业在追求利润上的短期行为，因为不仅目前利润会影响企业的价值，预期未来的利润对企业价值增加也会产生重大影响。

(3) 缺点

企业的价值过于理论化，不易操作。

①上市公司股票价格的变动在一定程度上揭示了企业价值的变化，但是股价是多种因素共同作用的结果，特别是在资本市场效率低下的情况下，股票价格很难真实反映企业的价值。

②**对于非上市公司，价值难以确定**。只有对企业进行专门的评估才能确定其价值，而在评估企业的资产时，由于受评估标准和评估方式的影响，很难做到客观和准确。

6. 财务管理各目标之间的关系

上述各种财务管理目标，都以股东财富最大化为基础。因为企业的创立和发展都必须以股东的投入为基础，并且在企业的经营过程中，股东承担最大的风险，相应也需享有最高的收益，即股东财富最大化，否则就难以为市场经济的持续发展提供动力。

当然，以股东财富最大化为核心和基础，还应该考虑利益相关者的利益。各国公司法都规定，股东权益是剩余权益，只有满足了其他方面的利益之后才会有股东的利益。企业必须缴税、给职工发工资、给顾客提供他们满意的产品和服务，然后才能获得税后收益。

因此，在企业承担应尽的社会责任的前提下，股东财富最大化成为财务管理的最佳目标。

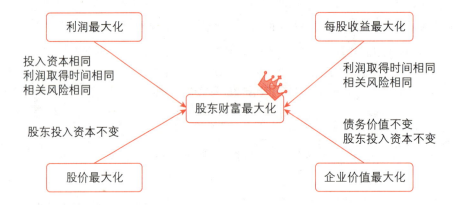

【例题5·单选题·西安石油大学2017】在企业财务目标中，有关利润最大化的缺点，下列说法错误的是（　　）。

A. 没有考虑利润的取得时间

B. 没有考虑所获利润和投入资本的关系

C. 没有考虑所获利润和所承担风险的关系

D. 如果投入资本相同，利润取得的时间相同，相关的风险相同，利润最大化仍不是一个可以接受的观念

【解析】如果投入资本相同，利润取得的时间相同，相关的风险相同，利润最大化是一个可以接受的观念。D选项错误。

【答案】D

【例题6·判断题·西安石油大学2017】如果风险相同、时间相同，每股收益最大化也是一个可以接受的观念。（　　）

【解析】如果风险相同、时间相同，则克服了每股收益最大化的缺点，这时候每股收益最大化也是一个可以接受的观念。

【答案】√

◆ 考点 7·不同利益相关者在财务管理目标上的矛盾与协调

现代公司制企业的一个重要特征，就是所有权与经营权的分离，由此就产生了委托代理关系。委托代理关系是指委托人将责任委托给代理人，雇佣他或他们而形成的关系。当委托人与代理人的利益目标不一致时，就产生了所谓的代理问题。

在现代公司治理实践中，存在以下三种利益冲突的情形。

利益冲突主体	冲突的体现	解决措施
股东 VS 经营者	(1)经营者希望增加报酬、闲暇时间和在职消费，以上成本均由股东承担； (2)而股东希望以最小的管理成本获得最大的股东财富	监督和激励(最佳方法：监督成本、激励成本和偏离股东目标的损失之和最小的方法)
股东 VS 债权人	(1)股东不经债权人同意投资风险更高的项目； (2)股东不经债权人同意发行新债，使旧债权人蒙受损失	加入限制性条款和拒绝进一步合作(不再提供新的贷款或提前收回贷款)
大股东 VS 中小股东	大股东侵害中小股东利益的表现： (1)利用关联交易转移上市公司利润； (2)非法占用上市公司巨额资金； (3)发布虚假信息，操纵股价，欺骗中小投资者； (4)利用不合理股利政策掠夺中小股东的既得利益	(1)完善上市公司的治理结构，使股东大会、董事会和监事会三者有效运作，形成相互制约的机制； (2)规范上市公司信息披露制度，保证信息的完整性、真实性和及时性

【例题 7·单选题·西安石油大学 2017】股东协调自己和经营者目标的最佳办法是(   )。

A. 采取监督方式

B. 使监督成本、激励成本和偏离股东目标的损失三者之和最小的办法

C. 同时采取监督和激励方式

D. 采取激励方式

【解析】当企业股东和经营者发生冲突时，解决冲突的最佳方法是使监督成本、激励成本和偏离股东目标的损失之和达到最小的方法，选项 B 正确。

【答案】B

第三节　财务管理的环境

任何事物总是与一定的环境相联系而产生、存在和发展的，财务管理也不例外。财务管理的环境又称理财环境，是指对企业财务活动和财务管理产生影响的企业外部条件的总和。

财务管理的环境	具体包括
经济环境	经济周期：复苏、繁荣、衰退、萧条时企业会采取不同的经营理财策略
	经济发展水平：发达国家、发展中国家、不发达国家的财务管理水平有所不同
	通货膨胀状况：企业财务人员要分析通货膨胀对资本成本的影响以及对投资报酬率的影响，同时使用套期保值等方法尽量减少损失
	经济政策：财务人员应该认真研究政府的经济政策，按照政策导向行事，这样才能趋利除弊
法律环境	主要包括企业组织法规、财务会计法规、税法。财务人员要在守法的前提下完成财务管理的职能，实现企业的理财目标
社会文化环境	教育：教育落后的情况下，为提高财务管理水平所作的努力收效甚微
	科学：经济学、数学、统计学、计算机科学等学科的发展促进财务管理理论的发展
	文化：在不同文化环境中经营的公司要对员工进行文化差异方面的培训
	道德观念：社会资信程度较高时，企业间的信用往来会加强，促进彼此合作，减少坏账损失
金融市场环境	金融工具、金融市场

本节我们将重点讲解金融市场环境的有关内容。

◆ 考点 8 · 金融工具与金融市场

1. 金融工具的含义
金融工具是指形成一方的金融资产并形成其他方的金融负债或权益工具的合约。

2. 金融市场（financial market）
(1) 金融市场的含义

金融市场是指由货币资金的借贷、金融工具的发行与交易以及外汇资金买卖等所形成的市场。

(2) 金融市场的功能

(3) 金融市场的类型

分类标准	类型	特点				
		含义	证券期限	利率或要求的报酬率	风险	市场工具
依据所交易的金融工具的期限	货币市场	短期金融工具交易的市场	≤1年	低	较小	短期国债(国库券)、可转让存单、商业票据、银行承兑汇票等
	资本市场	银行中长期存贷市场和有价证券市场	>1年	高	较大	股票、公司债券、长期政府债券和银行长期贷款等
按照证券的不同属性	债务市场	交易的对象是债务凭证				
	股权市场	交易的对象是股票				
按照所交易证券是否初次发行	一级市场	也称发行市场或初级市场,是资金需求者将证券首次出售给公众时形成的市场				
	二级市场	也称流通市场或次级市场,是在证券发行后,各种证券在不同投资者之间买卖流通所形成的市场				
按照交易程序	场内交易市场	指各种证券的交易所。证券交易所有固定的场所,固定的交易时间和规范的交易规则				
	场外交易市场	没有固定场所,由持有证券的交易商分别进行				

(4) 金融市场对公司财务管理的影响

影响	具体表现
为公司筹资和投资提供场所	公司需要资金时，可以到金融市场上选择合适的筹资方式筹集所需资金；当公司有多余的资金时，又可以到金融市场选择灵活多样的投资方式
通过金融市场实现长短期资金的互相转化	持有的长期债券、股票可以在金融市场转手变现；短期资金也可以转变为长期债券、股票
为公司理财提供相关信息	利率的变动和金融资产价格变动，都反映了资金的供求状况、宏观经济状况甚至发行股票、债券公司的经营状况，这些信息都是公司进行财务管理的依据

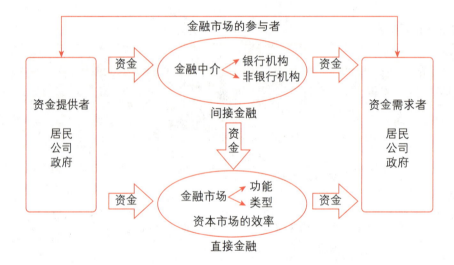

【例题8·判断题·西安石油大学2017】按交易证券是初次发行还是已经发行可以把金融市场划分为一级市场和二级市场。（　　）

【解析】金融市场按照所交易证券是否初次发行，分为一级市场和二级市场，因此正确。

【答案】√

【例题9·多选题·西安石油大学2017】金融市场的基本功能包括（　　）。

A. 风险分配功能　　　　　　　　B. 价格发现功能
C. 调节经济功能　　　　　　　　D. 资金融通功能

【解析】金融市场的基本功能包括资金融通功能和风险分配功能，金融市场的附带功能包括价格发现功能、调节经济功能和节约信息成本，选项AD正确。

【答案】AD

◆ 考点 9 · 资本市场的效率与有效资本市场

资本市场的效率是指资本市场实现资本资源优化配置功能的程度。高效率的资本市场，应是将有限的资本资源配置到<u>效益最好</u>的公司及行业，进而<u>创造最大价值</u>的市场。

1. 有效资本市场的含义

有效资本市场是指资本市场上的价格能够<u>同步地、完全地</u>反映<u>全部</u>的可用信息。在有效资本市场上，价格是公平的，能够完全反映证券特征，投资人<u>无法取得超额收益</u>。

2. 资本市场有效的基础条件

满足以下三个条件<u>之一</u>，资本市场就是有效的。

基础条件	含义
理性的投资人	假设所有投资人都是理性的，在资本市场发布新的消息时所有投资者都会以理性的方式调整自己对股价的估计 例如，某公司有股票100万股。新消息表明即将投资的项目可产生100万元净现值。买卖股票的双方都认为股价会增加1元
独立的理性偏差	即使存在非理性投资人，只要每个投资人都是独立的，则预期偏差就是随机的；如果假设乐观的投资者和悲观的投资者人数大体相同，他们的<u>非理性行为就可以互相抵消</u>，使得股价变动与理性预期一致，市场仍然是有效的 例如，某公司有股票100万股。新消息表明即将投资的项目可产生100万元净现值。80%投资人认为每股价值会增加1元；10%投资人认为每股价值会增加0.5元；10%投资人认为每股价值会增加1.5元，非理性行为被抵消，股价仍增加1元
套利	即使乐观和悲观投资者人数并不相当，非理性的投资人的偏差不能互相抵消时，假设市场上存在非理性业余投资者和理性专业投资人，则专业投资者会理性地重新配置资产组合，进行套利交易，并且能够抵消业余投资者的投机，使市场保持有效 例如，某公司有股票100万股。新消息表明即将投资的项目可产生100万元净现值。80%投资人认为每股价值会增加1元；15%投资人认为每股价值会增加0.5元；5%投资人认为每股价值会增加1.5元，此时非理性行为不被抵消，专业投资者会买入低估股票、抛售高估股票，最终股价仍增加1元

3. 有效资本市场对财务管理的意义

有效资本市场对于公司财务管理决策，尤其是筹资决策，具有重要的指导意义。

意义	解释
管理者不能通过改变会计方法提升股票价值	投资者掌握的信息是完全和充分的
管理者不能通过金融投机获利	实业公司在资本市场上的角色主要是筹资者，而不是投资者。实业公司的管理者不应指望通过金融投机获利
关注自己公司的股价是有益的	在有效资本市场中，财务决策会改变企业的经营和财务状况，而企业状况会及时地被市场价格所反映

4. 有效资本市场假说（EMH：efficient market hypothesis）

资本市场有效程度不同，价格可以吸纳的信息类别也不同。

(1) 证券价格信息的分类

法玛将与证券价格有关的信息分为如下三类。

分类	内容
历史信息	证券价格、交易量等
公开信息	公开发布的财务报表、附表、补充信息
内幕信息	没有发布，只有公司内幕人（董事会、高管等）可以知悉

(2) 资本市场有效性程度

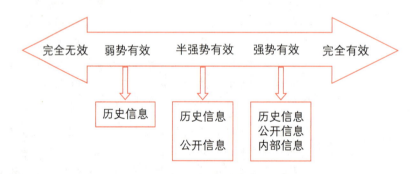

资本市场类别	股价包括的信息	判断标准	如何获取超额收益
弱式有效市场	历史信息	历史信息对证券现在和未来价格变动没有影响	利用公开信息和内幕信息
半强式有效市场	历史信息＋公开信息	不能通过公开信息获取超额收益	利用内幕信息
强式有效市场	历史信息＋公开信息＋内幕信息	不能通过内幕信息获取超额收益	无法获得超额收益

【注意】①若利用历史信息就能获得超额收益说明这个资本市场连弱式有效市场都没有达到,是无效的资本市场。

②资本市场有效性的规律:市场有效程度越高,股价包含的信息越丰富,获得超额收益的策略越失灵。

真题精练

一、单项选择题

1. (西藏民族2023、西安外国语2018)(　　)不属于企业的财务活动。
   A. 企业筹资引起的财务活动　　　　　B. 企业管理引起的财务活动
   C. 企业经营引起的财务活动　　　　　D. 企业投资引起的财务活动

2. (西安外国语2018)现代企业财务管理的最优化目标是(　　)。
   A. 产值最大化　　　　　　　　　　　B. 利润最大化
   C. 每股利润最大化　　　　　　　　　D. 企业价值最大化

3. (江汉大学2020)企业价值最大化目标强调的是企业的(　　)。
   A. 实际利润额　　　　　　　　　　　B. 实际利润率
   C. 预期获利能力　　　　　　　　　　D. 生产能力

4. (云南师范2018)与普通合伙企业相比,下列各项中,属于股份有限公司缺点的是(　　)。
   A. 筹资渠道少　　　　　　　　　　　B. 企业组建成本高
   C. 承担无限责任　　　　　　　　　　D. 所有权转移较困难

5. (云南师范2018)某上市公司职业经理人在任职期间不断提高在职消费,损害股东利益。这一现象主要揭示公司制企业的缺点是(　　)。
   A. 产权问题　　　　　　　　　　　　B. 激励问题
   C. 代理问题　　　　　　　　　　　　D. 责权分配问题

6. (云南师范2017)A上市公司对经常出现的中小股东质询管理层的情况,需采取措施协调所有者与经营者的矛盾,下列各项措施中,不能实现上述目的的是(　　)。
   A. 加强对经营者的监督　　　　　　　B. 解聘总经理
   C. 强化内部人控制　　　　　　　　　D. 将经营者的报酬与其绩效挂钩

7. (云南师范2017)下列各项企业财务管理目标中,能够同时考虑资金的时间价值和投资风险因素的是(　　)。
   A. 成本费用最小化　　　　　　　　　B. 利润最大化
   C. 销售收入最大化　　　　　　　　　D. 企业价值最大化

8. (天津工业2023)各种银行、保险公司、证券交易公司都可称为(　　)。
   A. 金融工具　　　　　　　　　　　　B. 金融市场
   C. 金融对象　　　　　　　　　　　　D. 金融机构

二、多项选择题

1. (西安石油大学 2017)下列有关企业财务目标的说法中,正确的有(　　)。
   A. 企业的财务目标是利润最大化
   B. 增加借款可以增加债务价值以及企业价值,但不一定增加股东财富,因此企业价值最大化不是财务目标的准确描述
   C. 追加投资资本可以增加企业的股东权益价值,但不一定增加股东财富,因此股东权益价值最大化不是财务目标的准确描述
   D. 财务目标的实现程度可以用股东权益的市场增加值度量

2. (西安石油大学 2017)下列各项中,能够用于协调企业所有者与债权人矛盾的方法是(　　)。
   A. 监督和激励
   B. 规定资金的用途
   C. 限制发行新债数额
   D. 提前收回借款

三、案例分析题

(桂林电子科技 2018)MT 企业财务管理目标选择:MT 企业成立于 1960 年,属国营单位,企业的主要任务是完成国家下达的煤炭生产任务,图表是该厂 1975 年至 1979 年间的生产统计。

年限	产量/万吨			产值/万元		
	计划	实际	增减	计划	实际	增减
1975	14	16	2	560	640	80
1976	14	16.5	2.5	560	660	100
1977	15	18	3	600	720	120
1978	15	19	4	600	760	160
1979	16	20	4	640	800	160
合计	74	89.5	5.5	2 960	3 580	620

由于 MT 企业年年超额完成国家下达的生产任务,多次被评为红旗单位,矿长王宏志也多次成为地区劳动模范。

MT 企业生产的煤炭属优质煤,由国家无偿调配,企业所需的生产资料和资金每年均由某地区煤炭管理局预算下拨。

进入二十世纪八十年代,经济形势发生了深刻变化,计划经济结束,商品经济时代开始。由于国家对企业拨款实行有偿制,流动资金实行贷款制,产品取消调配制,导致 MT 企业昼夜之间产生了危机感,好在王宏志矿长能够解放思想,大胆改革。首先成立了销售部,健全了会计机构,引入一批刚刚毕业的大学毕业生,在社会上又招聘一批专业人才,使企业人员素质大幅度提高;物资管理方面实行限额领料、定额储备、定额消耗制度;成本管理方面推行全员负责制;生产管理方面实行以销定产,三班工作制;销售管理方面实行优质优价,送货上门制度等等。

图表是 MT 企业 1985—1989 年间的生产经营统计。

MT 企业生产经营统计表

年限	1985	1986	1987	1988	1989	合计
煤炭产量/万吨	30	32	32	28	26	148
营业收入/万元	3 000	3 200	3 200	3 360	3 380	16 140
营业成本/万元	1 800	1 920	1 760	1 820	1 690	8 990
营业利润/万元	1 200	1 280	1 440	1 540	1 690	7 150

MT 企业从规模上毕竟属于中小企业，进入二十世纪九十年代随着市场经济的建立，随着国家抓大放小政策的实施，MT 企业不得已走上了股份制改造之路，1994 年 10 月，国家将 MT 企业的净资产 2 000 万元转化为 2 000 万股，向社会发售，每股面值 1 元，售价 2 元，民营企业家石开购得 1 000 万股，其余股份被 50 位小股东分割，石开成为当然的董事长，经董事会选举，董事长任命杨记担任 MT 股份有限公司总经理。辛苦工作几十年，卓有贡献的矿长王宏志就此哀叹地离休了。

MT 公司成立之后，决策层开始考虑负债融资问题，目标资本结构：自有与借入之比为 1∶1；其次要考虑的是更新设备，引进先进生产线等重大投资问题。董事会决议：利用 5 年左右时间使企业的生产技术水平赶上一流企业，产品在本地区市场占有率达到 20%，在全国市场占有率达到 3%，资本（自有资金）报酬率达到 26%，股票争取上市并力争使价格突破 15 元/股。

请回答下列问题：

(1)MT 公司财务管理目标的演进过程；

(2)每一种财务管理目标的时代特征；

(3)各种财务管理目标的优缺点。

四、名词解释

1.(陕西理工大学 2022)企业价值最大化

2.(北国会 2013)资本市场

3.(北国会 2015)金融市场

4.(塔里木大学 2023、华侨大学 2023)财务管理

五、简答题

1.(北京信息科技 2022、中南林业科技 2022)财务管理是什么？

2.(长春工业大学 2022)简述财务管理定义和内容。

3.(沈阳建筑 2021)什么是财务管理？财务管理的特征是什么？谈谈你对财务管理的理解。

4.(长沙理工 2021)简述财务管理的对象。

5.(延安大学 2021)为什么企业管理的核心是财务管理？

6.(昆明理工 2021、华东交通 2016)简述财务管理的原则。

7.(长春工业 2022)财务管理包括哪些环节？

8.(沈阳大学 2021、安徽工业大学 2021、北国会 2017)简述企业的财务活动。

9. (南京林业大学 2023、黑龙江大学 2022)企业的财务活动包括哪些内容?
10. (西安外国语大学 2022)财务管理主要进行哪些活动?分别进行阐述。
11. (中央民族大学 2023、北京信息科技大学 2022)财务管理的内容是什么?
12. (武汉科技 2020)请简述财务管理和财务会计的区别。
13. (新疆财经 2022)简述财务管理与财务会计的异同。
14. (新疆财经 2023、西安工程 2023、长沙理工 2023、内蒙古大学 2023、北京联合大学 2023、辽宁工程技术 2021~2023、武汉纺织 2023、哈尔滨师范 2022、云南大学 2022、北京物资学院 2022、苏州大学 2022、沈阳化工 2022、广东外语外贸 2022、石河子大学 2022、天津大学 2021、山东大学 2021、西南财经 2021、浙江农林 2021、中南民族 2021、上海对外经贸 2021、延安大学 2021、中南民族 2021、新疆农业 2020、桂林电子科技 2020、南京大学 2018)如何理解财务管理的目标?
15. (桂林理工大学 2023、青岛理工大学 2022)简述利润最大化的优缺点。
16. (浙江农林 2021)有人说企业的目标是利润最大化,你怎么评价?
17. (南京林业 2022、暨南大学 2018)将利润最大化作为企业财务目标的缺陷是什么?
18. (东北农业大学 2023、南京农业大学 2023、北京化工大学 2022、首经贸 2017、广东外语外贸 2018、山东财经 2017)简述股东财富最大化目标的优缺点。
19. (长春工业 2022、天津财经 2017)为什么企业财务管理最佳目标是股东财富最大化?
20. (云南大学 2022)如何看待财务管理的目标是股东财富最大化?
21. (安徽财经 2023、重庆工商 2023、北京物资学院 2022)谈谈对股东财富最大化的理解。
22. (哈尔滨师范 2022)企业以股东财富最大化作为财务管理的目标会产生哪些矛盾?如何解决?
23. (山西师范 2021)简述股东财富最大化和利润最大化的区别与联系。
24. (北华大学 2022)为什么股东财富最大化比利润最大化可靠?
25. (上海立信会计金融学院 2022)你认为企业最佳的财务管理目标是什么?请说明理由。
26. (山东大学 2021)说一说股东财富最大化和企业价值最大化的含义和区别,你认为哪一个更好?
27. (石河子大学 2014)企业所有者与经营者、所有者与债权人有什么冲突?协调方法是什么?
28. (华北电力 2021)如何处理好股东与经营者、股东与债权人之间的财务关系?
29. (延安大学 2021)如何协调财务管理目标的矛盾性?
30. (上海大学悉尼工商学院 2018、吉林财经 2021)简述股东与经营者的代理问题。
31. (北国会 2013)简述金融市场的功能。
32. (山东大学 2021)简述资本市场的有效性。
33. (北京化工 2021)资本市场的定义是什么?分为哪几类?
34. (桂林电子科技 2020)如何理解资本市场?

六、论述题

(上海对外经贸 2021)论述企业价值最大化目标。

02 第二章 价值评估基础

考情点拨

大白话解释本章内容
企业开展投资活动，核心就是"买赚不买亏"。要确保"买赚"就要评估投资对象的价值，并将其与当前的市场价格进行比较。评估投资对象的价值就是将投资产生的现金流按照折现率计算出现值。 　　为什么要计算现金流的现值呢？这是因为一项投资通常要持续好几年，由于货币具有时间价值，当前100万与一年后的100万价值不同，所以需要把现金流折算到相同时点才能进行比较和计算（通常是折算到当前时点，即折现）。本章我们要解决的就是不同情形下，如何确定现金流、折现率以及现金流量折现计算模型
本章难度 ★★
本章重要程度 ★★
本章复习策略
本章重点把握货币时间价值的计算、必要报酬率的计算。风险与报酬的内容有一定难度，着重把握资本资产定价模型，这是历年考试的高频考点，可考查计算题和简答题

考点精讲

第一节 货币时间价值

◆ **考点 10·财务管理的核心概念**

核心概念	含义	应用
货币时间价值	货币在经过一定时间的投资和再投资后所增加的价值	(1)现值概念：不同时点的货币具有不同的价值，则需要将其折算至同一时点再进行比较或运算； (2)"早收晚付"观念

续表

核心概念	含义	应用
收益与风险	高风险伴随高收益 低风险伴随低收益	为了把未来的收入（现金流入）和成本（现金流出）折现，必须确定货币的资本成本或折现率。高风险对应高折现率，低风险对应低折现率

◆考点 11 · 货币时间价值（time value of money）

1. 货币时间价值的含义

货币时间价值是指在没有风险和没有通货膨胀的情况下，货币经历一定时间的<u>投资</u>和<u>再投资</u>所增加的价值。

(1)货币时间价值产生于投资

只有将货币作为资本投入生产经营过程才能产生时间价值。资金投入经营以后，企业用它来购买所需的资源，然后生产出新的产品，产品出售时得到的货币量大于最初投入的货币量，形成资金的增值。

在一定时期内，资金从投入到回收形成一次周转循环。每次资金周转需要的时间越少，在特定时期内，资金的增值就越大。

(2)将货币作为资本投入生产过程所获得的价值增加并不全是货币的时间价值

因为所有的经营都不可避免地具有风险，而投资者承担风险要获得风险报酬；此外，在通货膨胀时，投资者必然要求更高的报酬以补偿其购买力损失，这部分补偿称为补偿通货膨胀贴水。所以，货币在生产经营过程中产生的价值增值不仅包括时间价值，还包括投资者要求的风险报酬和通货膨胀贴水。

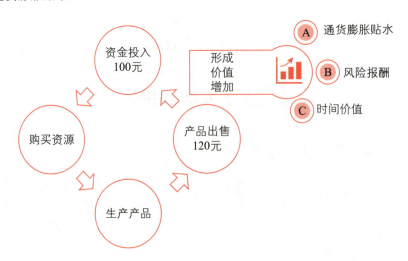

通常，影响货币时间价值大小的因素有：货币资金使用时间长短、货币资金数量大小和货币资金的周转速度等。

(3)货币时间价值反映了货币使用权让渡的补偿

当人们把手中的货币借给银行或他人时，货币的所有权与使用权就暂时分离了，借钱者要支付给所有者一定的利息，作为对其货币使用权暂时让渡的补偿。

(4)货币时间价值反映了消费者购买力交换的回报

拥有一定量货币的消费者，放弃现在的消费，而推迟到将来进行消费，这样消费者的购买力就发生了转移。对消费者来说，同样一笔钱在目前消费与在将来消费在效用上是不一样的。因此，时间价值就反映了这种购买力转移的回报。有了这种回报，消费者在现在消费与在将来消费才是无差异的。

(5)货币时间价值反映了使用或不使用货币时的机会成本

将货币这种稀缺资源用于一种用途而放弃在其他用途上的最大价值，就是使用(或不使用)货币的机会成本。

【例题1·单选题·中央财经大学2016】以下各项中不符合货币时间价值概念及特点的解释是(   )。

A. 货币时间价值是投资者推迟消费而得到的补偿

B. 货币时间价值的表现形式是价值增值

C. 货币时间价值产生于货币被当作资本使用时的资金运动过程

D. 货币时间价值的大小与时间长短呈反方向变化

【解析】一般而言，时间越久，货币增值越多。例如将钱存入银行，时间越长，产生的利息越多。因此，货币时间价值的大小与时间长短呈正方向变化。

【答案】D

2. 货币时间价值的表现形式

表现形式	含义
利息(绝对数)	是资金在生产经营过程中带来的真实增值额，是一定数额的资金与时间价值率的乘积
利息率(相对数)	是在没有风险和通货膨胀条件下的社会平均资金利润率，是企业资金利润率的最低限度，也是使用资金的最低成本率

【例题2·多选题·江汉大学2020】下列关于货币时间价值的叙述中，正确的有(   )。

A. 货币时间价值是指货币随时间自行增值的特性

B. 没有通货膨胀条件下的社会平均资金利润率

C. 货币时间价值的基本表现形式是利息

D. 不同时期的收支不宜直接进行比较，只有把它们换算到相同的时间基础上，才能进行大小的比较和比率的计算

【解析】只有将货币作为资本投入生产经营过程才能产生时间价值；货币时间价值是没有风险和通货膨胀条件下的社会平均资金利润率。

【答案】CD

【例题3·多选题】下列关于货币时间价值的说法中正确的有(　　)。
A. 并不是所有货币都有时间价值，只有把货币作为资本投入生产经营过程才能产生时间价值
B. 时间价值是在生产经营中产生
C. 时间价值包含风险报酬和通货膨胀贴水
D. 时间价值是扣除风险报酬和通货膨胀贴水后的真实报酬率
E. 银行存款利率可以看作投资报酬率，但与时间价值是有区别的

【解析】银行存款利率只有在没有风险和通货膨胀的情况下才与货币时间价值相等。

【答案】ABDE

◆考点 12·利率

1. 利率的含义

利率是衡量资金增值量的基本单位，即资金的增值同投入资金的价值之比。利率＝利息/本金×100%，主要分为月利率、年利率。

2. 利率的构成

既然是投资行为就会存在一定程度的风险，包括违约风险、期限风险和流动性风险等，而且在市场经济的条件下通货膨胀因素也是不可避免的。

构成	含义
纯利率	是没有风险和没有通货膨胀情况下资金市场的平均利率，它受市场中资金供需量的影响，不是一成不变的，随资金供求的变化而变化。通常以无通货膨胀情况下的无风险证券的利率代表纯利率
通货膨胀溢价/通货膨胀贴水	是指证券存续期间预期的平均通货膨胀率。投资者在通货膨胀的情况下，必然要求提高利率水平以补偿其购买力损失，所以无风险利率的债券，除纯利率之外还应加上通货膨胀的因素，以补偿通货膨胀所遭受的损失。例如，政府发行的短期国库券的利率就是由这两部分内容组成的。其表达式为 **无风险证券利率＝纯利率＋通货膨胀溢价**

续表

构成	含义
违约风险溢价	违约风险是指借款人无法按时支付利息或偿还本金而给投资人带来的风险。借款人不能按时支付本息,则违约风险高,为了弥补违约风险,需要提高利率 国库券等政府发行的证券,可以视为没有违约风险,其利率一般较低。对公司债券来说,信用评级越高,违约风险越小,违约风险溢价越低
流动性风险溢价	流动性是指将资产迅速转化为现金的可能性,因此流动性风险溢价就是指债券因存在不能短期内以合理价格变现的风险而给予债权人的补偿 国债、大公司的股票和债券的流动性好,流动性溢价较低;小公司发行的债券流动性较差,流动性溢价相对较高
期限风险溢价	一项负债到期日越长,债权人承受的不确定性因素越多,承担的风险就越大,为弥补这种风险而增加的利率就叫期限风险溢价。因此5年期证券的利率比3年期证券的利率高、长期利率一般也高于短期利率

【例题4·多选题·云南师范大学2023】债券风险包括(　　)。
A. 无风险利率风险　　　　　　　　B. 流动性风险
C. 通货膨胀风险　　　　　　　　　D. 违约风险
【答案】ABCD

3. 利率的影响因素
(1)经济因素:产业平均利润水平、经济发展状况、物价水平、国际经济状况。
(2)政策因素:利率管制、货币政策。
(3)市场因素:货币供给与需求状况。

◆考点 13·单利和复利

在货币时间价值的计算中,有单利和复利两种方法。

1. 单利
单利计息是只对本金计算利息,而不将以前计算期的利息累加到本金中,即利息不再生息的一种货币时间价值计算方法。

(1)单利终值的计算
终值是指现在的一笔钱按给定的利率计算得到的在未来某个时间点的价值。
单利终值的计算公式如下。

$$F = P \times (1 + i \times n)$$

【例题5·计算题】王某将1 000元存入银行,期限为2年,按照单利计息,年利率为10%,求两年后王某可以从银行取出多少钱?

【答案】两年后王某存款的本利和＝1 000＋1 000×10%×2＝1 200(元)

(2)单利现值的计算

现值是未来的一笔钱按给定的利率计算折现到现在的价值。

单利现值的计算公式如下。

$$P=\frac{F}{1+i\times n}$$

【例题6·计算题】王某想在两年后获得1 200元,现决定将手中资金存入银行,已知计息方式为单利计息,2年期的存款利率为10%,那么王某现在要存入银行多少钱?

【答案】两年后存款的本利和＝1 200,所以现在要存入银行的金额＝1 200/(1＋10%×2)＝1 000(元)

2. 复利

复利计息是每经过一个计息期,要将所生利息加入本金再计算利息,逐期滚算,俗称"利滚利"。

复利的概念充分体现了货币时间价值的含义,因为资金可以再投资,而且理性的投资者总是尽可能快地将资金投入合适的方向,以赚取报酬。在讨论货币的时间价值时,一般都按复利计算。

◆考点14·复利终值和复利现值

1. 复利终值

复利终值是一定量的本金按复利计算若干期后的本利和。

复利终值的计算公式如下。

$$F=P(1+i)^n$$

其中,F表示复利终值、P表示复利现值、i表示利率、n表示计息期数;$(1+i)^n$称为复利终值系数(future value interest factor),符号表示为$(F/P,i,n)$或$FVIF_{i,n}$。为便于计算,可自行查询"复利终值系数表"确定复利终值系数。

【例题7·计算题】王某将1 000元钱存入银行,年利息率为10%,按复利计算,请问2年后的终值是多少?

【答案】

方法一:直接计算,可得$F=1\,000\times(1+10\%)^2=1\,210$(元)

方法二:查表计算,可得$F=1\,000\times(F/P,10\%,2)=1\,000\times1.21=1\,210$(元)

2. 复利现值

复利现值是复利终值的逆运算，指未来一定时间的特定资金按复利计算的现在价值。

复利现值的计算公式如下。

$$P=\frac{F}{(1+i)^n}=F\times(1+i)^{-n}$$

其中，$(1+i)^{-n}$ 称为复利现值系数(present value interest factor)，符号表示为 $(P/F, i, n)$ 或 $PVIF_{i,n}$。为便于计算，可自行查询"复利现值系数表"确定复利现值系数。

【例题8·单选题·西安外国语大学2016、吉林财经2021】 张某想在三年后获得12 000元，已知银行年利率为5%(复利计息)，张某现在应存入银行(　　)元。

  A. 10 434.78　　　　B. 11 428.57　　　　C. 10 365.6　　　　D. 10 909.09

【解析】

方法一：直接计算，可得 $P=12\,000\times(1+5\%)^{-3}=10\,365.6$(元)。

方法二：查表计算，可得 $P=12\,000\times(P/F, 5\%, 3)=12\,000\times 0.863\,8=10\,365.6$(元)。

【答案】C

3. 名义利率与实际利率

(1) 一年多次计息时的名义利率与实际利率

复利计息会导致名义利率与实际利率不一致。复利的计息期不一定总是一年，有时可能是季度、月或日。

利率类型	含义
名义利率	是一年多次计息时，银行等金融机构给出的年利率，用 r 表示
实际利率	在按照给定的名义利率和每年复利次数计算利息时，能够产生相同效果的<u>每年复利一次</u>的年利率
	根据给定的名义年利率 r 和每年计息次数 m，计算出实际利率 实际利率 $=\left(1+\dfrac{r}{m}\right)^m-1$

【例题9·计算题】 某人打算存入银行1 000元，共存5年，年利率8%，按季度付息。要求：分别求出名义利率和实际年利率。

【答案】名义利率 $=8\%$

实际利率 $=\left(1+\dfrac{r}{m}\right)^m-1=\left(1+\dfrac{8\%}{4}\right)^4-1=8.24\%$

(2)通货膨胀情况下的名义利率与实际利率

利率类型	含义
名义利率	是央行或其他提供资金借贷的机构所公布的利率,是未调整通货膨胀因素的利率,即名义利率中包含通货膨胀率
实际利率	是指剔除通货膨胀率后的投资者得到利息回报的真实利率

用公式表达二者的关系如下。

$$1+名义利率=(1+实际利率)\times(1+通货膨胀率)$$

$$实际利率=\frac{1+名义利率}{1+通货膨胀率}-1$$

【例题 10·单选题·湖南大学 2023】 假设我国商业银行的年存款利率是 5%,已知当年通货膨胀率是 2%,则其实际利率是(   )。

A. 3.5% B. 7% C. 2.94% D. 3%

【解析】实际利率 $=\dfrac{1+名义利率}{1+通货膨胀率}-1=\dfrac{1+5\%}{1+2\%}-1=2.94\%$。

【答案】C

◆ 考点 15 · 年金终值和现值

年金(annuity),指一定期间内每期金额相等的收付款项。折旧、利息、租金等都表现为年金的形式。年金可分为普通年金(后付年金)、预付年金(先付年金)、递延年金和永续年金。

```
        ┌ 普通年金:每期期末等额收付款项
        │
        │ 预付年金:每期期初等额收付款项
年金 ───┤
        │ 递延年金:最初若干期没有收付的情况下,后面若干期等额收付
        │
        └ 永续年金:期限为无穷的等额收付款
```

1. 普通年金

普通年金又称为后付年金:每期期末有等额收付款项的年金。

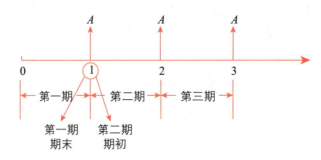

(1)普通年金终值

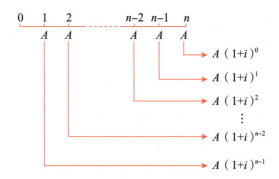

公式推导：

$F = A \times (1+i)^0 + A \times (1+i)^1 + A \times (1+i)^2 + \cdots + A \times (1+i)^{n-1}$

$F = A \times [(1+i)^0 + (1+i)^1 + (1+i)^2 + \cdots + (1+i)^{n-1}]$ ①

等式左右两边同时×(1+i)：

$F \times (1+i) = A \times [(1+i)^1 + (1+i)^2 + \cdots + (1+i)^n]$ ②

式②-式①：

$F \times i = A \times [(1+i)^n - (1+i)^0] = A \times [(1+i)^n - 1]$

$F = A \times \dfrac{[(1+i)^n - 1]}{i}$

$F = A \times (F/A, i, n)$

$F = A \times FVIFA_{i,n}$

其中，$\dfrac{[(1+i)^n - 1]}{i}$、$(F/A, i, n)$、$FVIFA_{i,n}$被称为年金终值系数(future value interest factors for annuity)。为便于计算，可自行查询"年金终值系数表"确定年金终值系数。

【例题 11·计算题·陕西理工 2021】某人在 5 年中每年年底存入银行 1 000 元，年利率 8%，复利计息，求第 5 年末的年金终值。

【答案】$F = 1\,000 \times (F/A, 8\%, 5) = 1\,000 \times 5.866\,6 = 5\,866.6$(元)

(2)普通年金现值

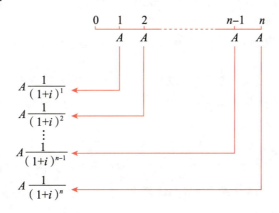

公式推导：
$$P = A \times (1+i)^{-1} + A \times (1+i)^{-2} + A \times (1+i)^{-3} + \cdots + A \times (1+i)^{-n}$$
$$P = A \times [(1+i)^{-1} + (1+i)^{-2} + (1+i)^{-3} + \cdots + (1+i)^{-n}] \quad ①$$

等式左右两边同时×(1+i)：
$$P \times (1+i) = A \times [(1+i)^0 + (1+i)^{-1} + (1+i)^{-2} + \cdots + (1+i)^{-(n-1)}] \quad ②$$

式②－式①：
$$P \times i = A \times [(1+i)^0 - (1+i)^{-n}] = A \times [1 - (1+i)^{-n}]$$
$$P = A \times \frac{1-(1+i)^{-n}}{i}$$
$$P = A \times (P/A, i, n)$$
$$P = A \times PVIFA_{i,n}$$

其中，$\frac{1-(1+i)^{-n}}{i}$、$(P/A, i, n)$、$PVIFA_{i,n}$ 被称为年金现值系数（present value interest factors for annuity）。为便于计算，可自行查询"年金现值系数表"确定年金现值系数。

【例题12·计算题】 某人准备在今后5年中每年年末从银行取1 000元，如果年利息率为10%，复利计息，则现在应存入多少元？

【答案】$P = A \times (P/A, i, n) = 1\,000 \times 3.790\,8 = 3\,790.8$(元)

(3)偿债基金

偿债基金是指为使年金终值达到既定金额每年末应支付的年金数额。

【例题13·计算题】 拟在5年后还清10 000元债务，从现在起每年末等额存入银行一笔款项。假设银行存款利率为10%，每年需要存入多少元？

【答案】每年应存入银行的金额 = $10\,000/(F/A, 10\%, 5) = 10\,000/6.105\,1 = 1\,637.97$(元)

(4)投资回收额

投资回收额也叫年投资回收额，是指在约定年限内等额回收初始投入资本或清偿所欠债务的金额。

【例题14·计算题】 假设以10%的利率借款20 000元，投资于某个寿命为10年的项目，每年至少要收回多少现金才是有利的？

【答案】每年收回的金额 = $20\,000/(P/A, 10\%, 10) = 20\,000/6.144\,6 = 3\,254.89$(元)

【例题15·计算题·西安科技大学2020】 小王父母给小王买房子，父母有两种选择，一种是先付50万，另一种是分期付款每年年末付6万，银行利息15%，十年付清，假如你是小王父母，你将选择哪种付款方式？

【答案】第一种付款方式：现值 $P = 50$(万元)

第二种付款方式：现值 $P = 6 \times (P/A, 15\%, 10) = 6 \times 5.018\,8 = 30.11$(万元)

30.11＜50，所以应该选择第二种付款方式

(5) 各系数之间的关系

名称	关系
复利终值系数与复利现值系数	互为倒数
普通年金终值系数与偿债基金系数	互为倒数
普通年金现值系数与投资回收系数	互为倒数

2. 预付年金

又称为先付年金，是指每期**期初**有等额收付款项的年金。

【**注意**】预付年金和普通年金的区别仅在于付款时间的不同。

(1) 预付年金终值

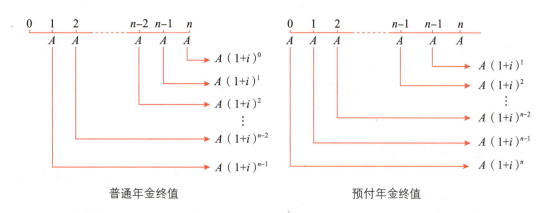

普通年金终值　　　　　　　　预付年金终值

如上图所示，预付年金的每笔现金流都比普通年金早发生一期，因此预付年金终值比普通年金终值多乘$(1+i)$。可得预付年金终值的第一种计算方法。

$$预付年金终值 = 普通年金终值 \times (1+i)$$
$$= A \times (F/A, i, n) \times (1+i)$$
$$= A \times FVIFA_{i,n} \times (1+i)$$

除此之外，预付年金终值还有另一种计算方法。

如上图，预付年金在 n 时点没有现金流，为计算方便，现在 n 时点补一笔现金流 A，这样就构成了 $n+1$ 期普通年金求终值问题，再减去人为补上的 n 时点现金流 A，即可求出预付年金终值。

$$预付年金终值 = A \times (F/A, i, n+1) - A$$
$$= A \times (FVIFA_{i,n+1} - 1)$$

上述过程可归纳为：**预付年金求终值，期数＋1，系数－1**。

【例题16·计算题】某人每年年初存入银行1 000元,银行年存款利率为8%,则第十年末的本利和应为多少?

【答案】预付年金终值 $=A\times(F/A,i,n)\times(1+i)=1\,000\times(F/A,8\%,10)\times(1+8\%)=1\,000\times14.486\,6\times(1+8\%)=15\,645.53$(元)

(2)预付年金现值

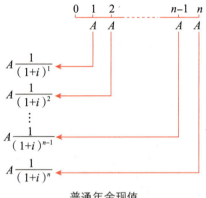
普通年金现值

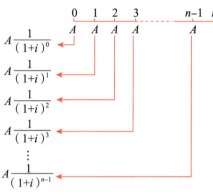
预付年金现值

如上图所示,预付年金的每笔现金流都比普通年金早发生一期,因此预付年金现值比普通年金现值多乘$(1+i)$。可得预付年金现值的第一种计算方法。

$$预付年金现值=普通年金现值\times(1+i)$$
$$=A\times(P/A,i,n)\times(1+i)$$
$$=A\times PVIFA_{i,n}\times(1+i)$$

除此之外,预付年金现值还有另一种计算方法。

如上图,预付年金0时点的现金流本身就是现值,无须参与折现,那么预付年金现值就是$n-1$期普通年金折现,再加上0时点现金流。

$$预付年金现值=A\times(P/A,i,n-1)+A$$
$$=A\times(PVIFA_{i,n-1}+1)$$

上述过程可归纳为:**预付年金求现值,期数-1,系数$+1$。**

【例题17·计算题】某企业租用一台设备,在10年中每年年初要支付租金5 000元,年利息率为8%,求这些租金的现值。

【答案】

第一种方法:$P=5\,000\times(P/A,8\%,10)\times(1+8\%)=5\,000\times6.710\,1\times(1+8\%)=36\,234.54$(元)

第二种方法:$P=5\,000\times[(P/A,8\%,9)+1]=5\,000\times7.246\,9=36\,234.50$(元)

3. 递延年金

在最初若干期没有收付款项的情况下,后面若干期有等额收付款项的年金。

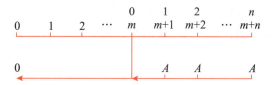

最初有 m 期没有收付款项，这段时间称为**递延期**，用字母 m 表示。后面 n 期每年有等额的系列收付款项，称为**连续等额收付期**，用字母 n 表示。

(1) 递延年金终值

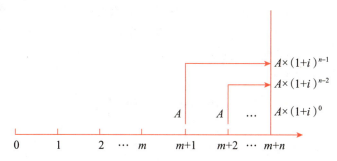

如上图所示，递延年金终值只与连续等额收付期(n)有关，与递延期(m)无关。

递延年金终值 $=A\times(F/A,i,n)$

(2) 递延年金现值

递延年金的现值有两种计算方法。

第一种是两次折现法：

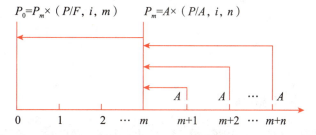

如上图所示，首先不看递延期，那么第 $m+1$ 期至第 $m+n$ 期的现金流就构成普通年金，先计算这个普通年金在第 m 期期末的现值 P_m；然后再看递延期，相当于第 m 期期末的现金流再折算到 0 时点的现值。

递延年金现值 $=A\times(P/A,i,n)\times(P/F,i,m)$

第二种是年金做差法：

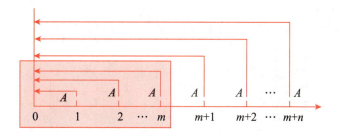

如上图所示，首先假设递延期每期的期末也发生现金流 A，那么就构造出 $m+n$ 期普通年金，求解这个普通年金的现值；然后再将我们假设的递延期 m 笔现金流的现值减掉，就是这笔递延年金的现值。

递延年金现值＝$A\times(P/A,i,m+n)-A\times(P/A,i,m)$

【例题 18·单选题·黑龙江八一农垦 2018&2019】 有一项年金，前 3 年无流入，后 5 年每年年初流入 500 万元，假设年利率为 10%，其现值为(　　)万元。

A. 1 994.59　　　　B. 1 566.36　　　　C. 1 813.48　　　　D. 1 423.21

【解析】 对于递延年金现值计算关键是确定递延期，本题总期限为 8 年，由于后 5 年每年初有流量，即在第 4~8 年的每年年初也就是第 3~7 年的每年末有流量，与普通年金相比，少了第 1 年末和第 2 年末的两期 A，所以递延期为 2。

现金流的分布如下图所示：

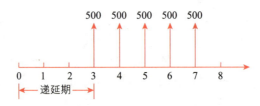

方法一：两次折现。

第一次折现：将 3 时点至 7 时点的现金流统一折现至 2 时点。

第二次折现：从 2 时点折现至 0 时点。

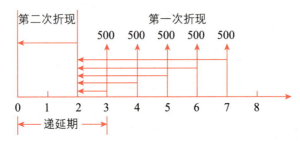

因此，现值＝$500\times(P/A,10\%,5)\times(P/F,10\%,2)=500\times3.790\,8\times0.826\,4=1\,566.36$(万元)。

方法二：年金做差。

假设 1 时点和 2 时点也各有 500 万元流入，则构成 7 年期普通年金折现，再减去多计算的前 2 期现金流的现值。

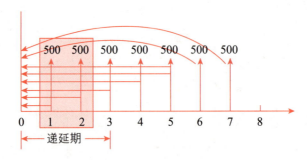

因此,现值=500×(P/A,10%,7)－500×(P/A,10%,2)=500×4.868 4－500×1.735 5=1 566.45(万元)。

【答案】B

4. 永续年金

永续年金是指期限为无穷的年金。现实中的存本取息、养老金等都可视为永续年金。

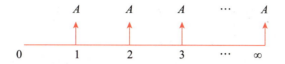

(1)永续年金终值

由于永续年金无期限,所以没有终值。

(2)永续年金现值(等比数列,比为利率)

永续年金的现值可以通过普通年金现值的计算公式推导出来:$P=A\times\dfrac{1-(1+i)^{-n}}{i}$。

当$n\to\infty$时,$(1+i)^{-n}\to 0$,故上式可写成:$P=\dfrac{A}{i}$。

【例题19·计算题】一项每年年底的收入为800元的永续年金投资,利息率为8%,其现值为多少?

【答案】$P=A/I=800/8\%=10\ 000$(元)

第二节 收益与风险

本节主要讨论收益与风险的关系,目的是解决财务估值时如何确定折现率的问题。

◆考点16·单项资产的收益与风险

1. 单项资产的收益

(1)资产收益的含义与计算

资产的收益是指资产的价值在一定时期的增值,通常有两种表述方式。

资产的收益	含义	形式
收益额	资产价值在一定期限内的增值量	绝对数
收益率/报酬率	资产增值量与期初资产价值(价格)的比值	相对数%

收益额与期初资产的价值(价格)相关,不利于不同规模资产之间收益的比较;而收益率则是一个相对指标,便于不同规模下资产收益的比较和分析。

所以,通常情况下,我们都是用 收益率 来表示资产的收益。

(2)资产收益率的类型

①期望收益率(期望报酬率)

期望收益率,是指在不确定的条件下,预测的某资产未来可能实现的收益率。

一般按照加权平均法计算期望收益率,公式如下。

$$期望收益率\ \overline{K} = \sum_{i=1}^{n}(P_i \times K_i)$$

其中:P_i 表示第 i 种结果出现的概率;K_i 表示第 i 种结果的收益率;n 表示所有可能结果的数目。

②必要收益率(必要报酬率)

必要收益率也称最低报酬率或最低要求的收益率,表示投资者对某资产合理要求的最低收益率。必要收益率由无风险收益率和风险收益率构成。

必要收益率	无风险收益率	无风险收益率＝纯利率(资金的时间价值)＋通货膨胀补偿率
	风险收益率	风险收益率是指某资产持有者因承担该资产的风险而要求的超过无风险收益率的额外收益,其大小取决于风险的大小、投资者对风险的偏好

综上所述:

必要收益率＝无风险收益率＋风险收益率

＝纯利率(资金的时间价值)＋通货膨胀补偿率＋风险收益率

期望收益率与必要收益率的关系

期望收益率和必要收益率的关系,决定了投资者的行为。

以股票投资为例,当期望收益率大于必要收益率时,表明投资会有超额回报,投资者应购入股票;

当期望收益率等于必要收益率时,表明投资获得与所承担风险相应的回报,投资者可选择采取或不采取行动;

当期望收益率小于必要收益率时,表明投资无法获得应有回报,投资者应卖出股票。

在完美的资本市场上,投资的期望收益率等于必要收益率。

2. 单项资产的风险

(1)风险的含义

风险是预期结果的不确定性,包括负面效应的不确定性和正面效应的不确定性,正面效应也称作"机会"。

企业风险,是指对企业的战略与经营目标实现产生影响的不确定性。

(2)单项资产的风险衡量

衡量风险的指标主要有收益率的方差、标准差和变异系数等。

指标	计算公式	结论
方差 σ^2	$\sigma^2 = \sum_{i=1}^{n}(K_i - \overline{K})^2 P_i$	属于绝对数指标、期望值相同的情况下,数值越大,风险越大
标准差 σ	$\sigma = \sqrt{\sum_{i=1}^{n}(K_i - \overline{K})^2 P_i}$	
变异系数 V(离散系数、标准离差率)	$V = \dfrac{标准差}{期望收益率} = \dfrac{\sigma}{\overline{K}}$	衡量整体风险的相对数指标,适用于期望值不同项目的风险比较。变异系数越大,则风险越大

(3)风险与收益的关系

通常情况下,风险与收益呈正相关关系,高风险伴随高收益,低风险伴随低收益。折现率通常为投资者要求的必要收益率,投资者承担的风险越大,要求的收益率越高。

【例题20·计算题·黑龙江八一农垦2018】某企业有A、B两个投资项目,两个投资项目的期望收益率及其概率分布情况如表所示,分析判断该企业应选择哪个项目?

公司未来经济情况表

经济情况	发生概率	A项目期望收益率	B项目期望收益率
繁荣	0.3	90%	20%
正常	0.4	15%	15%
衰退	0.3	−60%	10%
合计	1.0	—	—

【答案】

(1)期望收益率(A)=0.3×90%+0.4×15%+0.3×(−60%)=15%

期望收益率(B)=0.3×20%+0.4×15%+0.3×10%=15%

(2)σ_A^2=0.3×(90%−15%)²+0.4×(15%−15%)²+0.3×(−60%−15%)²=0.3375

σ_B^2=0.3×(20%−15%)²+0.4×(15%−15%)²+0.3×(10%−15%)²=0.0015

(3)$\sigma_A = \sqrt{0.3375} = 58.09\%$

$\sigma_B = \sqrt{0.0015} = 3.87\%$

(4)变异系数(A)=58.09%/15%=3.87

变异系数(B)=3.87%/15%=0.26

根据以上分析,A项目和B项目的期望收益率相同,但其概率分布不同,A项目的方差、标准差和变异系数均大于B项目,说明A项目的报酬率分散程度较大,风险较高。因此,甲公司应选择投资B项目。

【例题21·多选题·太原理工大学2016】 投资决策中用来衡量项目风险的，可以是项目的（   ）。

A. 报酬率的期望值　　　　　　　　　　B. 预期报酬率的标准离差率
C. 预期报酬率的方差　　　　　　　　　D. 预期报酬率的标准差

【解析】期望值反映未来某种资产的收益率，不能直接用来衡量风险，选项A错误；方差、标准差和标准离差率都可以用来衡量风险，其中标准离差率＝标准差/期望值，选项BCD正确。

【答案】BCD

◆ 考点17 · 投资组合理论

投资组合理论认为，若干种证券组成的投资组合，其**收益**是这些证券收益的**加权平均数**，但是其风险不是这些证券风险的加权平均风险，**投资组合可以降低风险**。

1. 证券组合的期望收益率

存在两种或两种以上证券的组合，其期望收益率为 $r_p = \sum_{j=1}^{m} r_j A_j$。

其中：r_j 是第 j 种证券的期望收益率；A_j 是第 j 种证券在全部投资额中的比重；m 是组合中的证券种类总数。

【总结】投资比重，个别资产的收益率共同影响证券组合的期望收益率。

【例题22·计算题】20×7年9月，某证券分析师预测四只股票的期望收益率，见下表。

股票代码及名称	期望收益率	股票代码及名称	期望收益率
600540 新赛股份	24%	600887 伊利股份	12%
600871 仪征化纤	18%	600900 长江电力	6%

对每只股票投入5万元，组成一个价值为20万元的证券组合，那么该证券组合的期望收益率为多少？

【答案】该证券组合的期望收益率＝24%×5/20＋12%×5/20＋18%×5/20＋6%×5/20＝15%

2. 两项资产组合的风险

与单项资产衡量风险的方法相同，我们仍可以使用方差或标准差来衡量投资组合的风险，但投资组合的风险不是各证券标准差的加权平均数，而是在此基础上考虑各资产之间的相关性。

两项资产投资组合报酬率概率分布的标准差计算公式如下。

$$\sigma = \sqrt{(A_j \sigma_j)^2 + (A_k \sigma_k)^2 + 2r_{jk} A_j \sigma_j A_k \sigma_k}$$

其中，A_j 表示第 j 种证券在投资总额中的比例；A_k 表示第 k 种证券在投资总额中的比例；σ_j 表示第 j 种证券的标准差；σ_K 表示第 k 种证券的标准差；r_{jk} 是证券 j 和证券 k 的报酬率之间的预期**相关系数**。

由此可得，**投资组合的风险不仅取决于组合内各资产的风险，还取决于各资产之间关系**。

相关系数用来衡量两个变量之间共同变动的程度，其取值范围是[-1，+1]。相关系数的不同取值对投资组合风险的影响见下表。

相关系数	资产之间的关系	投资组合的标准差	结论
$r_{jk}=1$	完全正相关	$\sigma=A_j\sigma_j+A_k\sigma_k$	无法分散风险
$-1\leq r_{jk}<1$	非完全正相关	$A_j\sigma_j-A_k\sigma_k<\sigma<A_j\sigma_j+A_k\sigma_k$	具有风险分散效应

【例题23·计算题】假设A股票的期望收益率为10%，标准差是12%；B股票的期望收益率是18%，标准差是20%。假设等比例投资于这两种股票，即投资占比各占50%，分别计算当两种股票的相关系数等于1和0.2时，该投资组合的期望收益率和标准差。

【答案】
(1)该组合的期望收益率 $r_p=10\%\times0.5+18\%\times0.5=14\%$
(2)①当 $r=1$ 时，无法分散风险，组合的标准差等于AB两种股票标准差的加权平均数 $\sigma_p=0.5\times12\%+0.5\times20\%=16\%$
② $r=0.2$ 时，组合的标准差小于两种股票标准差的加权平均数，即
$\sigma_p=\sqrt{(0.5\times12\%)^2+(0.5\times20\%)^2+2\times0.2(0.5\times12\%)\times(0.5\times20\%)}=12.65\%$

3. 证券组合的风险分类

在投资组合的讨论中，我们知道个别资产的风险，有些可以被分散掉，有些则不能。无法分散掉的是系统风险，可以分散掉的是非系统风险。

组合风险	说明	举例
系统风险 (system risk)	也称**不可分散风险、市场风险**，是影响所有公司的因素引起的风险	宏观经济政策的变化、利率及汇率的调整、地震、战争、经济危机、通货膨胀、疫情
	无法通过资产组合消除，用β系数来衡量	
非系统风险 (non-system risk)	也称**可分散风险、特有风险**，是指发生于个别公司的特有事件造成的风险	一家公司的工人罢工、新产品开发失败、陷入债务危机、宣告被接管、公司经营亏损
	可以通过多样化投资来分散	

由下图可得：随着更多的证券加入组合中，总风险降低的速度越来越慢。

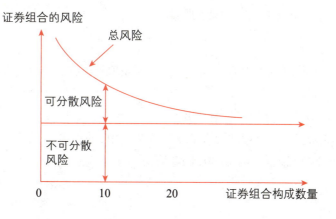

【例题 24·单选题·长沙理工大学 2018】 通过投资多样化可分散的风险是（ ）。

A. 系统风险 B. 总风险
C. 非系统风险 D. 市场风险

【解析】 只有非系统风险才可以通过多样化的投资分散，选项 C 正确；系统风险是针对所有公司的风险因素，无法通过投资组合分散，选项 A 错误；总风险包括系统风险和非系统风险，因此也不能通过多样化投资被分散，选项 B 错误；市场风险是系统风险，因此无法通过投资组合分散，选项 D 错误。

【答案】 C

◆考点 18·资本资产定价模型（CAPM：capital asset pricing model）

由于非系统风险可以通过分散投资得以降低或消除，假设投资者都是理智的，都会选择充分投资组合，非系统风险将与资本市场无关，市场不会对它给予任何价格补偿。

投资者承担系统风险会从市场上得到回报，即一项资产的必要收益率高低取决于该资产的系统风险大小。

资本资产定价模型是指在投资充分组合的情况下，风险与必要收益率之间关系的模型。这里的资本资产主要指的是股票资产，而定价则试图解释资本市场如何决定股票收益率，进而决定股票价格。

1. 基本原理

$$必要收益率 = 无风险收益率 + 风险收益率$$

2. 核心关系式

$$R = R_f + \beta \times (R_m - R_f)$$

其中，①R_f 表示无风险收益率，通常以短期国债的利率来近似代替；

②β 系数度量一项资产系统风险的指标；

③$R_m - R_f$ 称为市场风险溢价，反映的是投资者为补偿承担超过无风险收益率的平均风险而要求的额外收益。对风险越是厌恶与回避，要求的补偿就越高，市场风险溢价就越大，反之，市场风险溢价则越小；

④$\beta \times (R_m - R_f)$ 表示某项资产的风险收益率。

3. β 系数

β 系数是度量一项资产系统风险的指标，揭示了该项资产收益率波动与整个市场收益率波动之间的相关性及程度。

β 系数等于 1，表明该资产的收益率波动幅度与市场报酬率波动幅度一致；β 系数等于 0.5，表明该资产的收益率波动幅度为市场报酬率波动幅度的一半；β 系数等于 2，说明该资产的收益率波动幅度为市场报酬率波动幅度的 2 倍。

β 系数的计算

β 系数	计算公式
单项资产的 β 系数	$\beta = r_{JM}\left(\dfrac{\sigma_J}{\sigma_M}\right)$ 其中：r_{JM} 表示某资产与市场组合的相关系数；σ_J 表示某资产的标准差；σ_M 表示市场组合的标准差
投资组合的 β 系数	$\beta_p = \sum_{i=1}^{n} w_i \beta_i$ 其中：w_i 表示证券 i 在投资组合中所占的比重；β_i 表示证券 i 的贝塔值；n 表示证券组合中证券的数量

【例题 25·计算题·浙江财经 2023】甲公司准备投资 100 万元购入由 A、B、C 三种股票构成的投资组合，三种股票占用的资金分别为 20 万元、30 万元和 50 万元，即他们在证券组合中的比重分别为 20%、30% 和 50%，三种股票的贝塔系数分别为 0.8、1.0 和 1.8。无风险收益率为 10%，平均风险股票的市场收益率为 16%。

(1) 计算该股票组合的贝塔系数；
(2) 计算该股票组合的风险收益率；
(3) 计算该股票组合的必要收益率；
(4) 若甲公司目前要求期望收益率为 19%，且对 B 股票的投资比例不变，如何进行投资组合。

【答案】
(1) 该股票组合的 β 系数 = 0.8×20% + 1.0×30% + 1.8×50% = 1.36
(2) 该股票组合的风险收益率 = 1.36×(16% − 10%) = 8.16%
(3) 该股票组合的必要收益率 = 10% + 8.16% = 18.16%
(4) 若期望收益率为 19%，则组合 β 系数 = $\dfrac{19\% - 10\%}{16\% - 10\%}$ = 1.5，设投资于 A 股票的比例为 X，则 0.8X + 1.0×30% + 1.8×(1 − 30% − X) = 1.5，得到：X = 6%

即投资组合中，A 投资 6 万元，B 投资 30 万元，C 投资 64 万元

4. 资本资产定价模型的有效性和局限性

(1) 有效性

资本资产定价模型最大的贡献在于提供了对风险和收益之间的一种实质性的表述，资本资产定价模型首次将"高收益伴随着高风险"这样一种直观认识，用这样简单的关系式表达出来。

到目前为止，资本资产定价模型是对现实中风险与收益关系最为贴切的表述，因此长期以来，被财务人员、金融从业者以及经济学家作为处理风险问题的主要工具。

(2)局限性

①某些资产或企业的 β 值难以估计，特别是对一些缺乏历史数据的新兴行业。

②经济环境的不确定性和不断变化，使得依据历史数据估算出来的 β 值对未来的指导作用必然要打折扣。

③资本资产定价模型是建立在一系列假设之上的，其中一些假设与实际情况有较大偏差，使得资本资产定价模型的有效性受到质疑。这些假设包括市场是均衡的、市场不存在摩擦、市场参与者都是理性的、不存在交易费用、税收不影响资产的选择和交易等。

由于以上局限，资本资产定价模型只能大体描绘出证券市场风险与收益的基本情况，而不能完全确切地揭示证券市场的一切。

【例题26·计算题·南京理工2021】林纳公司股票的 β 系数为 2.0，无风险利率为 6%，市场上所有股票的平均收益率为 10%。当林纳公司股票收益率达到多少时，投资方才肯投资？

【答案】必要收益率 $=6\%+2\times(10\%-6\%)=14\%$，所以，当林纳公司股票收益率达到 14% 时，投资方才肯投资

5. 证券市场线（SML：security market line）

证券市场线是资本资产定价模型的图示表达，表示某证券风险与收益之间的关系。

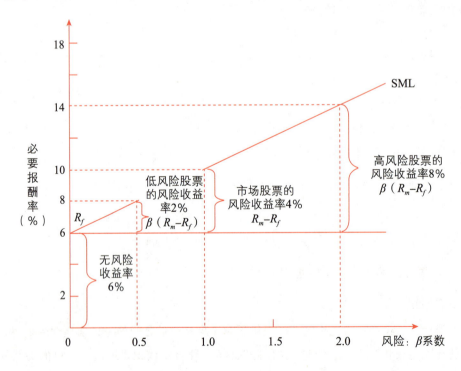

证券市场线：$R=R_f+\beta\times(R_m-R_f)$

证券市场线的解释如下：

(1)纵轴表示必要报酬率(投资者要求的最低收益)，横轴β系数表示风险。无风险证券的β=0，故R_f成为证券市场线在纵轴的截距。

(2)证券市场线的斜率R_m-R_f表示投资者对风险的厌恶程度。投资者对风险厌恶感越强，越规避风险，证券市场线的斜率越大，则投资者要求的必要收益率越高。

(3)投资者的必要收益率不仅取决于市场风险，还取决于无风险利率(证券市场线的截距)和市场风险补偿程度(证券市场线的斜率)。

预计通货膨胀提高时，无风险报酬率会随之提高，进而导致证券市场线的向上平移。风险厌恶感的加强，会提高证券市场线的斜率。

【例题27·单选题·西安外国语大学2017】 宏发公司股票的贝塔系数为1.5，无风险利率为4%，市场上所有股票的平均收益率为8%，则宏发公司股票的收益率应为(　　)。

A. 4%　　　　　　B. 12%　　　　　　C. 8%　　　　　　D. 10%

【解析】必要收益率$R=R_f+\beta\times(R_m-R_f)=4\%+1.5\times(8\%-4\%)=10\%$

【答案】D

真题精练

一、单项选择题

1. (云南师范大学2023)货币经历一定时间的投资和再投资所增加的价值体现了(　　)。
   A. 市场价值　　　B. 账面价值　　　C. 清算价值　　　D. 货币时间价值

2. (广东工业大学2016)投资者由于冒风险进行投资而获得的超过资金时间价值的额外收益，称为投资的(　　)。
   A. 时间价值率　　B. 风险报酬率　　C. 必要报酬率　　D. 期望报酬率

3. (武汉工程大学2023)货币的时间价值率是没有风险和没有通货膨胀下的(　　)。
   A. 预期报酬率　　B. 实际收益率　　C. 风险利率　　D. 资金市场的平均利率

4. (长沙理工大学2018)普通年金是指在一定时期内每期(　　)等额收付的系列款项。
   A. 期初　　　　　B. 期末　　　　　C. 期中　　　　　D. 期内

5. (西安外国语大学2021)企业发行债券，在名义利率相同的情况下，对其最不利的复利计息期是(　　)。
   A. 1年　　　　　B. 半年　　　　　C. 1季度　　　　D. 1月

6. (西安外国语大学2016)某人向银行借款，年利率为12%，按季度付息，则该借款的实际年利率为(　　)。
   A. 11.26%　　　　B. 12.00%　　　　C. 12.55%　　　　D. 12.81%

7. (齐齐哈尔大学2018)只有现值，没有终值的年金是(　　)。
   A. 递延年金　　　B. 永续年金　　　C. 普通年金　　　D. 先付年金

8. (西安外国语大学 2016)李大爷每年年末向银行存 10 000 元,年利率为 3%(按复利计息),十年后本利之和为(　　)元。
   A. 101 591　　　　　B. 114 639　　　　　C. 121 687　　　　　D. 131 808

9. (西安外国语 2017)某人年初存入银行 1 000 元,假设银行按每年 10% 的复利计息,每年末取出 200 元,则最后一次能够足额提款的时间是(　　)。
   A. 5 年末　　　　　B. 8 年末　　　　　C. 7 年末　　　　　D. 9 年末

10. (北京联合大学 2023)张某四年后需用资金 48 000 元,假定银行四年期存款年利率为 5%,则在复利计息情况下,目前需存入的资金为(　　)元。
    A. 40 000　　　　　B. 29 803.04　　　　　C. 39 489.60　　　　　D. 58 344

11. (西安外国语 2017、桂林电子科技 2017)某企业拟建立一项基金,每年初投入 100 000 元,若利率为 10%(按复利计息),五年后该项资本本利和将为(　　)元。
    A. 671 561　　　　　B. 564 100　　　　　C. 871 600　　　　　D. 610 500

12. (西安外国语 2017)甲方案在三年中每年年初付款 500 元,乙方案在三年中每年年末付款 500 元,若利率为 10%(按复利计息),则两个方案第三年年末时的终值相差(　　)。
    A. 105 元　　　　　B. 165.50 元　　　　　C. 665.50 元　　　　　D. 505 元

13. (三峡大学 2020)A 方案在三年中每年年初付款 1 000 元,B 方案在三年中每年年末付款 1 000 元,若利率为 10%(按复利计息),则二者在第三年年末时的终值相差(　　)元。
    A. 100　　　　　B. 121　　　　　C. 313　　　　　D. 331

14. (齐齐哈尔大学 2015)某企业于年初存入银行 1 000 元,假定年利息率为 12%,每年复利两次,已知 $FVIFA_{6\%,5}=1.338\ 2$,$FVIFA_{6\%,10}=1.790\ 8$,$FVIFA_{12\%,5}=1.762\ 3$,$FVIFA_{12\%,10}=3.105\ 8$,则第 5 年末的本利和为(　　)元。
    A. 17 623　　　　　B. 13 382　　　　　C. 31 058　　　　　D. 17 908

15. (云南师范 2017&2018)甲公司将于 5 年后一次还清所欠债务 100 000 元,假定银行利息率为 10%,5 年期 10% 的年金终值系数为 6.105 1,5 年期 10% 的年金现值系数为 3.790 8,则该公司应从现在起每年等额存入银行的偿债基金为(　　)元。
    A. 610 510　　　　　B. 379 080　　　　　C. 26 379.66　　　　　D. 16 379.75

16. (西安外国语大学 2016)已知甲方案投资收益率的期望值为 15%,乙方案投资收益率的期望值为 12%,两个方案都存在投资风险。比较甲、乙两方案风险大小应采用的指标是(　　)。
    A. 收益率的方差　　　　　　　　　B. 收益率的平均值
    C. 收益率的标准差　　　　　　　　D. 收益率的标准离差率

17. (西安外国语 2019)甲、乙两个投资项目的期望报酬率不同,但甲项目的标准离差率大于乙项目,则(　　)。
    A. 甲项目的风险小于乙项目　　　　B. 甲项目的风险不大于乙项目
    C. 甲项目的风险大于乙项目　　　　D. 难以判断风险大小

18. (江汉大学 2020)下列关于投资组合的叙述中,正确的是(　　)。
    A. 通过分散投资,非系统风险能够被降低　　B. 通过分散投资,系统风险能够被降低
    C. 通过分散投资,任何风险都能抵消　　　　D. 通过分散投资,任何风险不能抵消

19. (齐齐哈尔大学2015)下列因素引起的风险,企业可以通过多元化投资予以分散的是(　　)。
    A. 市场利率上升　　　　　　　　B. 社会经济衰退
    C. 通货膨胀　　　　　　　　　　D. 公司产品销量锐减
20. (云南师范2017)投资者对某项资产合理要求的最低收益率为(　　)。
    A. 实际收益率　　B. 无风险收益率　　C. 预期收益率　　D. 必要收益率
21. (齐齐哈尔大学2015)某公司股票的贝塔系数为2,无风险利率为6%,市场上所有股票的平均报酬率为10%,则该公司股票的必要报酬率为(　　)。
    A. 14%　　　　　B. 26%　　　　　C. 8%　　　　　D. 20%
22. (西安外国语2016、桂林电子科技2017)已知胜利公司股票的β值为1.2,无风险利率为6%,市场组合的平均收益率为10%,则该公司股票的必要收益率应为(　　)。
    A. 12%　　　　　B. 10.8%　　　　C. 7.2%　　　　D. 10%

二、多项选择题

1. (桂林电子科技2018)设年金为A,计息期为n,利息率为i,则先付年金终值的计算公式为(　　)。
    A. $V_o=A\times FVIFA_{i,n}\times(1+i)$　　　　B. $V_o=A\times FVIFA_{i,n}$
    C. $V_o=A\times(FVIFA_{i,n+1}-1)$　　　　　D. $V_o=A\times PVIFA_{i,n}\times(1+i)$
2. (西安外国语2019)设年金为A,计息期为n,利息率为i,则先付年金现值的计算公式为(　　)。
    A. $V_o=A\times PVIFA_{i,n}\times(1+i)$　　　　B. $V_o=A\times PVIFA_{i,n}$
    C. $V_o=A\times(PVIFA_{i,n-1}+1)$　　　　　D. $V_o=A\times FVIFA_{i,n}\times(1+i)$
3. (西安石油大学2017)下列关于资本资产定价模型β系数的表述中,正确的有(　　)。
    A. β系数可以为负数
    B. β系数是影响证券收益的唯一因素
    C. 投资组合的β系数一定会比组合中任一单只证券的β系数低
    D. β系数反映的是证券的系统风险
4. (云南师范2018)下列关于证券投资组合的表述中,正确的有(　　)。
    A. 两种证券的收益率完全正相关时可以消除风险
    B. 投资组合收益率为组合中各单项资产收益率的加权平均数
    C. 投资组合风险是各单项资产风险的加权平均数
    D. 投资组合能够分散的是非系统风险
5. (暨南大学2023)下列属于系统风险的是(　　)。
    A. 战争　　　　　　　　　　　　B. 经济衰退
    C. 诉讼失败　　　　　　　　　　D. 新产品开发失败

三、计算题

1. (西安外国语2016&2017)某投资项目于2001年动工,施工期5年,于2006年年初投产,从投产之日起连续10年,每年年末得到收益40 000元,按年利率6%计算,则十年收益于2001年年初的现值是多少?
2. (华侨大学2023)某公司拟租赁一间厂房,期限是10年,假设年利率是10%,出租方提出以下几种付款方案：

(1)立即付全部款项共计20万元；

(2)从第4年开始每年年初付款4万元，至第10年年初结束；

(3)第1到8年每年年末支付3万元，第9年年末支付4万元，第10年年末支付5万元。

要求：通过计算回答该公司应选择哪一种付款方案比较划算？

3. (云南师范2017)银风汽车销售公司针对售价为25万元的A款汽车提供两种促销方案。a方案为延期付款业务，消费者付现款10万元，余款两年后付清。b方案为商业折扣，银风汽车销售公司为全款付现的客户提供3%的商业折扣。假设利率为10%，消费者选择哪种方案购买更为划算？

4. (齐齐哈尔大学2015)某公司购买设备，现有三种付款方式，第一种付款方式是现在起15年内每年末支付10万元，第二种付款方式是现在起15年内每年初支付9.5万元，第三种付款方式是前5年不支付，第6年起到第15年每年末支付18万元，假设存款利率为10%。$(P/A, 10\%, 15)=7.6061$；$(P/A, 10\%, 5)=3.791$。

要求：

(1)这三种付款方式分别属于什么类型的年金？

(2)计算三种付款方式的年金现值，并分析哪一种付款方式最有利？

5. 东方公司投资了一个新项目，项目投产后每年年末获得的现金流入量如下表所示，折现率为10%。

项目现金流入量 单位：元

年次	现金流入量	年次	现金流入量
1	0	6	4 500
2	0	7	4 500
3	2 500	8	4 500
4	2 500	9	4 500
5	4 500	10	3 500

要求：计算这一系列现金流入量的现值。

6. (南京财经2023)某企业向银行借入一笔款项，银行贷款的年利率为10%，每年复利计息一次。银行规定前10年不用还本付息，第11—20年每年年末偿还本息5 000元。

要求：用两种方法计算这笔借款的现值。

7. (三峡大学2017)甲从银行贷款10 000元，利率10%，贷款期限为5年。

(1)若一次还本付息，5年后需还款多少元？

(2)若每年年末还本息，每年需还款多少元？

(3)若前两年不还款，后三年年末还，每年年末还款多少元？

8. (安徽财经2018)某人针对A、B、C三种股票设计了甲、乙两种投资组合。已知三种股票的β系数分别为1.5、1.2和1.0，甲投资组合下的投资比重分别为50%、30%和20%；乙投资组合的必要收益率为12.8%。同期市场上股票的平均收益率为12%，无风险收益率为8%。

要求：

(1)评价这三种股票相对于市场投资组合而言的投资风险大小；

(2)计算甲投资组合的β系数和风险收益率；
(3)计算乙投资组合的β系数和风险收益率；
(4)比较甲、乙两种投资组合的β系数，评价它们的投资风险大小。

9.(中南财经政法 2018)已知无风险报酬率为5%，市场平均报酬率为15%，如果该公司股票的必要报酬率为20%，求该公司普通股的贝塔系数。

四、名词解释

1.(南京农业 2023、天津工业 2023、广东金融 2023、南京信息工程 2023、内蒙古科技 2022、北国会 2017、广东工业 2016&2018、东南大学 2014、河海大学 2017、哈尔滨商业 2016、河科大 2016、长江大学 2021、沈阳工业 2021、长春工业 2021、石河子大学 2021、西安外国语 2015&2021)货币时间价值

2.(华北电力(保定)2022)利率

3.(昆明理工 2022、华北电力(北京)2021)复利

4.(武汉纺织 2022、华北电力(北京)2021)复利现值

5.(武汉纺织 2022)复利终值

6.(石河子大学 2023、吉林财经 2021)年金

7.(安徽工业 2023)普通年金

8.(新疆大学 2023、央财 2018)递延年金

9.(华北电力(保定)2022)永续年金

10.(吉林财经 2022)投资回收系数

11.(吉林财经 2022)偿债基金

12.(江西财经 2019、吉林财经 2021—2023)系统风险

13.(江西财经 2019、吉林财经 2021&2022)非系统风险

14.(华东交通 2017、中国海洋 2018、南京理工、吉林财经 2021)资本资产定价模型(CAPM)

15.(沈阳建筑 2019、上海大学悉尼工商 2021)贝塔系数

五、简答题

1.(安徽财经 2022、广东财经 2017、广州大学 2018)什么是货币时间价值？并举例分析。

2.(华南师范 2020)何为货币的时间价值？它和银行存款利率、债券利率有什么关系？

3.(东北财经 2022)什么是无风险利率？

4.(桂林电子科技 2020)如何理解国债利率？

5.(湖北工业 2022)利息率由哪几部分构成？

6.(郑州轻工业 2022)简述影响市场利率的因素。

7.(西安外国语 2022、长春大学 2022)名义利率是什么？

8.(广东工业 2020)简述名义利率和实际利率的区别与联系。

9.(昆明理工 2022)什么是复利？

10.(中国地质 2023、长春工业 2022)简述年金的类型。

11.(安徽财经 2023&2014、吉林财经 2021)简述年金的概念和种类。

12.(吉林财经 2021)先付年金和后付年金的区别是什么？

13.(吉林财经 2021)永续年金是什么？递延年金是什么？二者的异同是什么？

14. (天津财经2021)永续年金如何计算？
15. (天津财经2021)先付年金终值是什么？
16. (吉林财经2021)风险的特征是什么？风险如何计量？
17. (西安外国语2015&2021)如何计算单个项目和项目组合的风险？
18. (吉林财经2021)风险报酬是什么？风险报酬率是什么？
19. (沈阳大学2023、南京大学2018、辽宁工程技术2022)风险和收益是什么关系？
20. (四川轻化工2021)风险与危险的区别是什么？风险与报酬的关系是什么？你作为投资者会如何进行投资的选择？
21. (暨南大学2023)什么是风险？风险分为哪些类型？
22. (郑州轻工业大学2023)简述风险的类型。
23. (上海理工2021)公司投资的风险有哪些？投资者应如何避免这些风险？
24. (东北师范2016)简述市场风险和可分散风险的区别。
25. (兰州理工2023、吉林财经2021)简述系统性风险和非系统性风险。
26. (辽宁大学2023)什么是系统风险和非系统风险？简单介绍一下风险的类型。
27. (哈尔滨工业2019、吉林财经2021)什么是系统风险和非系统风险？哪种风险是可分散的？
28. (华北电力(保定)2021)风险、系统风险和非系统风险的含义是什么？如何衡量总体风险、系统风险的程度？
29. (石河子大学2022)什么是非系统性风险？
30. (辽宁石油化工2022)什么是系统性风险？
31. (上海大学悉尼工商学院2022、安徽财经2022)举例说明何为非系统风险、系统风险，并说明企业如何分散非系统风险？
32. (桂林电子科技2020)何为可分散风险？何为不可分散风险？在组合投资中，不同投资项目之间的相关系数对可分散风险起什么作用？
33. (广东外语外贸大学2023)什么是市场风险？什么是非市场风险？
34. (青岛科技2018)简述如何降低资产组合的风险。
35. (武汉纺织2022、安徽财经2015)证券组合的作用是什么？如何计算证券组合的报酬率？
36. (中国海洋2022)简述证券投资组合的优势。
37. (上海理工2021)β系数影响什么风险？
38. (沈阳建筑2022)系统风险和非系统风险有什么区别？β系数代表哪种风险？某企业的β系数等于1.8代表什么含义？
39. (北京航空航天2018、广州大学2017)简述资本资产定价模型的作用与缺点。
40. (上海大学2023、云南财经2022、西安外国语2022、湖北经济学院2021、上海理工2021、广西大学2018)如何理解资本资产定价模型？
41. (沈阳建筑2023)什么是资产资本定价模型？在CAPM模型中，β代表什么？
42. (广东外语外贸2023)简述资本资产定价模型的表达式，说明式中的字母分别代表什么含义？每个行业的β都一样吗？
43. (上海大学2021)等额本金和等额本息有什么区别？分别适合哪些人群？

第三章 财务分析

考情点拨

大白话解释本章内容
通过财务会计的学习大家已经具备了编制财务报表的能力，那么本章将带领大家"升维"，教大家解读财务报表中各项目的经济意义，并通过财务分析发现企业当前经营存在的问题，提出改善对策。 　　本章内容的逻辑很清晰：先单独评价企业的偿债能力、营运能力、盈利能力和发展能力，再通过杜邦分析法综合分析企业当前的问题并提出改善经营的对策
本章难度 ★★
本章重要程度 ★★
本章复习策略 ★
本章大家将学习到比较多的财务比率，对记忆力是一种挑战，但无须担心，通过课上的总结和对比归纳，这些财务比率都会被大家轻松拿下。 　　本章重点把握杜邦分析法，这是几乎年年必考的高频考点，以名词解释、简答题和计算分析题形式考查。 　　本章考查形式涉及名词解释、简答题、计算分析题、少量案例题。本章知识点的考查分为如下三个维度：①初级：初步了解企业不同能力对应的具体财务指标的名称；②中级：根据财务指标的内在关系，计算其他相关指标；③高级：根据题目给出的财务指标大小判断目前企业存在的问题并提出改进措施，达到财务分析的真正目的

考点精讲

第一节　财务分析概述

考点 19 · 财务分析的含义与目的

1. 含义

　　财务分析是财务管理的重要方法之一，它是以企业的<u>财务报告</u>等会计资料为<u>基础</u>，对企的财务状况、经营成果和现金流量进行分析和评价的一种方法。

2. 目的

将财务报表的数据进行分析，从而转换成有用的信息，有助于财务报表使用者做出决策。

会计信息使用者	财务分析的目的
债权人	了解当前的财务状况、资产的流动性、资金周转状况、未来的现金流量、未来的盈利能力、资本结构
股东	分析企业的盈利能力和风险状况
企业管理者	监控企业的经营活动和财务状况的变化，尽早发现问题，采取改进措施
政府部门	了解宏观经济的运行情况和企业经营活动的合法合规性，为制定相关政策提供决策依据

◆ 考点20·财务分析的方法

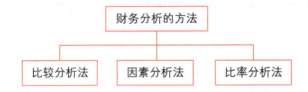

1. 比较分析法

(1) 含义

将同一企业不同时期的财务状况或不同企业之间的财务状况进行比较，从而揭示企业财务状况中所存在差异的分析方法。

(2) 比较对象(和谁比？)

比较方法	比较对象
预算差异分析法	计划预算
纵向比较法(趋势分析法)	企业历史数据
横向比较法	同类企业(行业平均、同业竞争对手)

(3) 比较的内容(比什么？)

比较的内容	说明
会计要素总量	是一个绝对值，可比性较差，采用时间序列分析
结构百分比	用于发现报表中占比不合理的项目，如流动资产占比
财务比率	是一个相对值，可比性较好，如资产负债率

2. 因素分析法

(1)含义

基于财务指标与其驱动因素之间的关系，在数量上确定各因素对指标的影响程度的一种分析方法。

(2)步骤

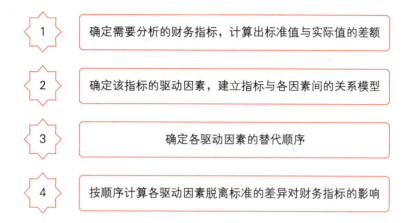

1. 确定需要分析的财务指标，计算出标准值与实际值的差额
2. 确定该指标的驱动因素，建立指标与各因素间的关系模型
3. 确定各驱动因素的替代顺序
4. 按顺序计算各驱动因素脱离标准的差异对财务指标的影响

(3)具体方法

因素分析法在计算过程中具体分为两种方法：连环替代法、差额分析法。

假设某一财务指标 F 是由相互联系的 A、B、C 三个驱动因素组成，且该财务指标与其驱动因素之间的函数关系为 $F=A \times B \times C$。

$F_0 = A_0 \times B_0 \times C_0$（按计划预算、上年度、同类企业作为基准对象）

$F_1 = A_1 \times B_1 \times C_1$（实际）

连环替代法

基准值：$A_0 \times B_0 \times C_0$ ①
第一次替代 A 因素：$A_1 \times B_0 \times C_0$ ②
第二次替代 B 因素：$A_1 \times B_1 \times C_0$ ③
第三次替代 C 因素：$A_1 \times B_1 \times C_1$ ④
因此：
A 因素变动对 F 的影响＝②－①
B 因素变动对 F 的影响＝③－②
C 因素变动对 F 的影响＝④－③

差额分析法（简化版连环替代法）

A 因素变动对 F 的影响＝$(A_1-A_0) \times B_0 \times C_0$
B 因素变动对 F 的影响＝$A_1 \times (B_1-B_0) \times C_0$
C 因素变动对 F 的影响＝$A_1 \times B_1 \times (C_1-C_0)$

【例题1·计算题】某企业2021年10月某种原材料费用的实际数是4 620元，而其计划数是4 000元。实际比计划增加620元。由于原材料费用是由产品产量、单位产品材料消耗量和材料单价三个因素的乘积组成，因此就可以把材料费用这一总指标分解为三个因素，然后逐个来分析它们对材料费用总额的影响程度。现假设这三个因素的数值见下表。

项目	单位	计划数	实际数
产品产量	件	100	110
单位产品材料消耗量	千克	8	7
材料单价	元	5	6
材料费用总额	元	4 000	4 620

要求：分别运用连环替代法、差额分析法计算各因素变动对材料费用总额的影响。

【答案】

(1)连环替代法：

计划指标：100×8×5＝4 000(元)①

第一次替代：110×8×5＝4 400(元)②替代产品产量

第二次替代：110×7×5＝3 850(元)③替代单位产品材料消耗量

第三次替代：110×7×6＝4 620(元)④替代材料单价(材料费用实际数)

产量增加对原材料费用的影响：②－①＝4 400－4 000＝400(元)

材料消耗节约对原材料费用的影响：③－②＝3 850－4 400＝－550(元)

价格提高对原材料费用的影响：④－③＝4 620－3 850＝770(元)

全部因素的影响＝4 620－4 000＝620(元)

(2)差额分析法：

由于产量增加对原材料费用的影响：②－①＝4 400－4 000＝400(元)

由于材料消耗节约对原材料费用的影响：③－②＝3 850－4 400＝－550(元)

由于价格提高对原材料费用的影响：④－③＝4 620－3 850＝770(元)

3. 比率分析法

比率分析法是将企业同一时期的财务报表中的相关项目进行比较，得出一系列财务比率，以此来揭示企业财务状况的分析方法。财务比率主要包括构成比率、效率比率和相关比率三类。

比率类型	内容
构成比率	(1)含义：某项财务指标的各组成部分数值占总体数额的百分比 (2)举例：流动资产、固定资产占资产总额的比重(资产构成比率) (3)意义：考察总体中某部分的形成和安排是否合理，以便协调各项财务活动
效率比率	(1)含义：某项财务活动中所费与所得的比率，反映投入与产出的关系 (2)举例：成本利润率、营业利润率、资本金利润率 (3)意义：进行得失比较，考察经营成果，评价经济效益

续表

比率类型	内容
相关比率	(1)含义：以某个项目和与其相关但又不同的项目加以比对所得的比率，反映有关经济活动的相互关系 (2)举例：流动比率（流动资产÷流动负债）、资产负债率（负债总额÷总资产） (3)意义：考察企业相互关联的业务安排是否合理，以保障经营活动顺畅进行

◆ 考点21·财务分析的局限性

角度	内容
资料来源	时效性、真实性、可靠性、可比性、完整性
分析方法	(1)比较分析法：比较的双方必须具备可比性； (2)比率分析法：针对单个指标的分析，综合程度较低，建立在以历史数据为基础的财务报表之上，决策相关性较差； (3)因素分析法：主观假定各因素的变化顺序而且规定每次只有一个因素发生变化，与事实不符； (4)所有分析法均是对过去经济事项的反映，环境的变化会导致比较标准发生变化，若只注重数据的比较而忽略经营环境的变化，会使分析结论不全面
财务分析指标	(1)财务指标体系不严密； (2)财务指标所反映的情况具有相对性； (3)评价标准不统一； (4)比较基础不统一

第二节 财务比率分析

尽管报表使用者关注的侧重点不同，但是从企业整体来看，财务分析的内容可归纳为：偿债能力分析、营运能力分析、盈利能力分析和发展能力分析。

以下述资产负债表、利润表和现金流量表为例，计算与公司有关的财务比率。为便于说明财务比率的计算和分析方法，仅以甲股份有限公司的财务报表数据为例。

资产负债表

编制单位：甲公司　　　　　　　20×9年12月31日　　　　　　　单位：万元

资产	年末余额	年初余额	负债及股东权益	年末余额	年初余额
流动资产：			流动负债：		
货币资金	44	25	短期借款	60	45
交易性金融资产	0	0	交易性金融负债	0	0
应收票据及应收账款	418	222	应付票据及应付账款	133	123
预付款项	22	4	预收款项	10	4
其他应收款①	12	22	应付职工薪酬	2	1
存货	119	326	应交税费	5	4
一年内到期的非流动资产	77	11	其他应付款②	37	38
其他流动资产	8	0	一年内到期的非流动负债	0	0
流动资产合计	700	610	其他流动负债	53	5
非流动资产：			流动负债合计	300	220
债权投资	0	0	非流动负债：		
其他债权投资	0	0	长期借款	450	245
长期应收款	0	0	应付债券	240	260
长期股权投资	30	0	长期应付款	50	60
其他权益工具投资	0	0	预计负债	0	0
投资性房地产	0	0	递延所得税负债	0	0
固定资产	1 238	1 000	其他非流动负债	0	15
在建工程	18	35	非流动负债合计	740	580
固定资产清理	0	12	负债合计	1 040	800
无形资产	6	8	股东权益：		
开发支出	0	0	股本	100	100
商誉	0	0	资本公积	10	10
长期待摊费用	5	15	其他综合收益	0	0
递延所得税资产	0	0	盈余公积	60	40
其他非流动资产	3	0	未分配利润	790	730
非流动资产合计	1 300	1 070	股东权益合计	960	880
资产总计	2 000	1 680	负债及股东权益总计	2 000	1 680

①其他应收款中，应收利息年初、年末金额均为 0；应收股利年初、年末金额均为 0。

②其他应付款中，应付利息年初、年末金额分别为 16 万元、12 万元；应付股利年初、年末金额均为 0。

利润表

编制单位：甲公司　　　　　　　　　20×9 年　　　　　　　　　单位：万元

项目	本年金额	上年金额
一、营业收入	3 000	2 850
减：营业成本	2 644	2 503
税金及附加	28	28
销售费用	22	20
管理费用	46	40
财务费用	110	96
资产减值损失	0	0
加：其他收益	0	0
投资收益	6	0
公允价值变动收益	0	0
资产处置收益	0	0
二、营业利润	156	163
加：营业外收入	45	72
减：营业外支出	1	0
三、利润总额	200	235
减：所得税费用	64	75
四、净利润	136	160
（一）持续经营净利润	120	140
（二）终止经营净利润	16	20
五、其他综合收益的税后净额	0	0
（一）不能重分类进损益的其他综合收益	0	0

续表

项目	本年金额	上年金额
(二)将重分类进损益的其他综合收益	0	0
六、综合收益总额	136	160
七、每股收益:		
(一)基本每股收益(元/股)	略	略
(二)稀释每股收益(元/股)	略	略

现金流量表

编制单位：甲公司　　　　20×9年　　　　单位：万元

项目	本年金额	上年金额(略)
一、经营活动产生的现金流量：		
销售商品、提供劳务收到的现金	2 810	
收到的税费返还	0	
收到其他与经营活动有关的现金	10	
经营活动现金流入小计	2 820	
购买商品、接受劳务支付的现金	2 445	
支付给职工以及为职工支付的现金	24	
支付的各项税费	91	
支付其他与经营活动有关的现金支出	14	
经营活动现金流出小计	2 574	
经营活动产生的现金流量净额	246	
二、投资活动产生的现金流量：		
收回投资收到的现金	0	
取得投资收益收到的现金	6	
处置固定资产、无形资产和其他长期资产收回的现金净额	82	
处置子公司及其他营业单位收到的现金净额	0	

续表

项目	本年金额	上年金额(略)
收到其他与投资活动有关的现金	0	
投资活动现金流入小计	88	
购建固定资产、无形资产和其他长期资产支付的现金	300	
投资支付的现金	30	
取得子公司及其他营业单位支付的现金净额	0	
支付其他与投资活动有关的现金	0	
投资活动现金流出小计	330	
投资活动产生的现金流量净额	－242	
三、筹资活动产生的现金流量：		
吸收投资收到的现金	0	
取得借款收到的现金	220	
收到其他与筹资活动有关的现金	0	
筹资活动现金流入小计	220	
偿还债务支付的现金	20	
分配股利、利润或偿付利息支付的现金	170	
支付其他与筹资活动有关的现金	15	
筹资活动现金流出小计	205	
筹资活动产生的现金流量净额	15	
四、汇率变动对现金及现金等价物的影响	0	
五、现金及现金等价物净增加额	19	
加：期初现金及现金等价物余额	25	
六、期末现金及现金等价物余额	44	

◆ 考点 22 · 偿债能力比率

偿债能力的衡量一般分为如下两种方法。

债务一般按到期时间分为短期债务和长期债务，偿债能力分析由此分为短期偿债能力分析和长期偿债能力分析两部分。

1. 短期偿债能力比率（1个绝对数＋4个相对数）

短期偿债能力是企业偿付流动负债的能力。按照前面所讲的思路，短期偿债能力也可以通过两种方式来衡量。

首先，企业可以使用可偿债资产的存量来偿还短期债务。此时可偿债资产的存量，是指资产负债表中列示的流动资产年末余额。短期债务，是指资产负债表中列示的流动负债年末余额。流动资产将在1年或1个营业周期内消耗或转变为现金，流动负债将在1年或1个营业周期内偿还，因此两者的比较可以反映短期偿债能力。

除此之外，企业还可以使用经营活动产生的现金流量来偿还短期债务。

将上述涉及的衡量指标和对应公式做了如下总结：

指标	公式	指标类型
营运资本	营运资本＝流动资产－流动负债	绝对数指标
流动比率	流动比率＝流动资产÷流动负债	相对数指标
速动比率	速动比率＝速动资产÷流动负债	
现金比率	现金比率＝现金资产÷流动负债 ＝（货币资金＋交易性金融资产）÷流动负债	
现金流量比率	现金流量比率＝经营活动现金流量净额÷流动负债	

(1)营运资本(working capital)

①公式

$$营运资本=流动资产-流动负债$$
$$=长期资本-长期资产$$

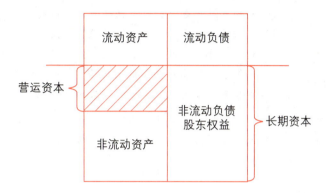

②作用

企业必须保持流动资产大于流动负债,保有一定数额的营运资本作为安全边际,以防止流动负债"穿透"流动资产。

营运资本之所以能够成为流动负债的"缓冲垫",是因为它是长期资本用于流动资产的部分,不需要在1年或1个营业周期内偿还。

③评价

营运资金是绝对指标,不利于横向(不同企业)和纵向(历史)比较;营运资本数额越大,财务状况越稳定,偿债越有保障。

(2)流动比率(liquidity ratio/current ratio)

①公式

流动比率=流动资产÷流动负债

②说明

流动比率假设全部流动资产都可用于偿还流动负债,表明每1元流动负债有多少流动资产作为偿债保障。

根据甲公司的财务报表数据:

本年末流动比率=700÷300=2.33。

上年末流动比率=610÷220=2.77。

甲公司的流动比率降低了0.44(2.77-2.33),即为每1元流动负债提供的流动资产保障减少了0.44元。

③局限性

流动比率假设全部流动资产都可以变为现金并用于偿债,全部流动负债都需要还清。

a. 实际上,有些流动资产的账面金额与变现金额有较大差异,如产成品等;

b. 经营性流动资产是企业持续经营所必需的,不能全部用于偿债;

c. 经营性应付项目可以滚动存续，无须动用现金全部结清。

因此，流动比率是对短期偿债能力的粗略估计。

④需要注意的问题

问题	答案
流动比率是越高越好吗？/流动比率高就一定代表企业的短期偿债能力强吗？	一般来说流动比率越高，企业偿还流动负债的能力越强。但是，有时流动比率较高，短期偿债能力未必很强，因为存货积压或滞销也会导致流动比率较高，此时存货变现能力较差，企业实际的短期偿债能力较差。而且企业很容易伪造流动比率，比如年终时故意将借款还清，下年初再借入，就可以人为提高期末的流动比率
一般来说，流动比率数值多少比较合适？	一般认为，流动比率在2左右比较合适。实际上，对流动比率的分析应该结合行业特点、流动资产结构及各项流动资产的实际变现能力等因素

(3) 速动比率 (quick ratio)

①公式

速动比率＝速动资产÷流动负债

②含义

速动比率又称为酸性测试比率。它假设速动资产是可偿债资产，表明每1元流动负债有多少速动资产作为偿债保障。

③说明

构成流动资产的各项目，流动性差别很大。其中，货币资金、交易性金融资产和各种应收款项(应收账款、应收票据、应收利息、应收股利、其他应收款)等，可以在较短时间内变现，称为速动资产；另外的流动资产，包括存货、预付款项、一年内到期的非流动资产及其他流动资产等，称为非速动资产。

流动资产	划分	原因
货币资金	速动资产	—
交易性金融资产	速动资产	—
应收票据、应收账款	速动资产	—
预付账款	非速动资产	变现速度慢
其他应收款	速动资产	—
存货	非速动资产	变现速度慢、估价与变现金额可能相差很远
1年内到期的非流动资产	非速动资产	金额具有偶然性，不代表正常变现能力
其他流动资产	非速动资产	

根据甲公司的财务报表数据：

本年末速动比率＝(44＋418＋12)÷300＝1.58。

上年末速动比率＝(25＋222＋22)÷220＝1.22。

甲公司的速动比率比上年提高了0.36，说明为每1元流动负债提供的速动资产保障增加了0.36元。

④标准

一般认为速动比率为1时比较合适。但在实际分析时，应该根据企业性质和其他因素综合判断，不可一概而论。

⑤缺点

影响速动比率可信度的重要因素是<u>应收账款</u>的变现能力。账面上的应收款项未必都能收回变现，实际坏账可能比计提的准备多；季节性的变化，可能使报表上的应收款项金额不能反映平均水平。这些情况，外部分析人员不易了解，而内部人员则可能作出合理的估计。

(4) 现金比率(cash ratio)

①含义

现金类资产与流动负债的比值称为现金比率，现金比率表明1元流动负债有多少现金类资产作为偿债保障。

②公式

现金比率＝现金资产÷流动负债

流动资产	划分
货币资金	现金资产
交易性金融资产	
应收票据、应收账款	非现金资产
预付账款	
其他应收款	
存货	
1年内到期的非流动资产	
其他流动资产	

根据甲公司的财务报表数据：

本年末现金比率＝44÷300＝0.147。

上年末现金比率＝25÷220＝0.114。

甲公司的现金比率比上年提高0.033，说明企业为每1元流动负债提供的现金保障增加了0.033元。

③说明

速动资产中，流动性最强、可直接用于偿债的资产是现金。与其他速动资产不同，现金本身可以直接偿债，而其他速动资产需要等待不确定的时间，才能转换为不确定金额的现金。

④评价

现金比率高，说明企业有较好的偿债能力，偿付债务是有保障的。但是如果这个比率过高，可能意味着企业拥有过多盈利能力较差的现金类资产，未能得到有效运用。

【总结】流动比率＞速动比率＞现金比率。

(5)现金流量比率(cash flow ratio)

①含义

现金流量比率表明每1元流动负债的经营活动现金流量保障程度。该比率越高，偿债能力越强。

②公式

现金流量比率＝经营活动现金流量净额÷流动负债

③说明

"经营活动现金流量净额"通常使用现金流量表中的"经营活动产生的现金流量净额"；该比率中"流动负债"应采用期末数，因为期末数是未来需要偿还的金额。

④评价

用经营活动现金流量净额代替可偿债资产存量，与流动负债进行比较以反映偿债能力，更具说服力。因为一方面它克服了可偿债资产未考虑未来变化及变现能力等问题；另一方面，实际用以支付债务的通常是现金，而不是其他可偿债资产。

(6)影响短期偿债能力的其他表外因素

方向	因素	说明
增强	可动用的银行授信额度	可随时借款，增加企业现金，提高支付能力
	可快速变现的非流动资产	未在"一年内到期的非流动资产"项目中列示，但可随时出售变现的资产
	偿债的声誉	若信用记录优秀，较容易筹集资金
降低	与担保有关的或有负债事项	若金额较大且很可能发生，应予关注

【例题2·单选题·北国会2016】以下指标中，能够反映公司短期偿债能力的财务比率是（　　）。

A. 现金比率　　　B. 利息保障倍数　　　C. 权益乘数　　　D. 资产负债率

【解析】BCD选项均为反映企业长期偿债能力的指标。

【答案】A

老丁翻译

流动资产、速动资产、现金资产的辨析

流动资产	速动资产/非速动资产	现金资产/非现金资产
货币资金	速动资产	现金资产
交易性金融资产		
应收票据、应收账款		非现金资产
预付账款	非速动资产	
其他应收款	速动资产	
存货	非速动资产	
1年内到期的非流动资产	非速动资产	
其他流动资产	非速动资产	

2. 长期偿债能力比率

企业不仅需要偿还流动负债，还需要偿还非流动负债，因此长期偿债能力是指企业偿还所有负债的能力。

指标	公式	指标类型
资产负债率	资产负债率 $=\dfrac{总负债}{总资产}$	还本能力
产权比率	产权比率 $=\dfrac{总负债}{股东权益}$	
权益乘数	权益乘数 $=\dfrac{总资产}{股东权益}=1+产权比率=\dfrac{1}{1-资产负债率}$	
长期资本负债率	长期资本负债率 $=\dfrac{非流动负债}{长期资本}=\dfrac{非流动负债}{非流动负债+股东权益}$	
现金流量债务比	现金流量债务比 $=\dfrac{经营活动现金流量净额}{总负债}$	
利息保障倍数	利息保障倍数 $=\dfrac{息税前利润\ EBIT}{利息费用}$	付息能力
现金流量利息保障倍数	现金流量利息保障倍数 $=\dfrac{经营活动现金流量净额}{利息费用}$	

(1)资产负债率(total debt ratio)

①含义

资产负债率是总负债与总资产的百分比，反映总资产中有多大比例是通过举债取得的。它可用于衡量企业清算时对债权人利益的保障程度。资产负债率越低，企业偿债越有保证，负债越安全。资产负债率还代表企业的举债能力。企业的资产负债率越低，举债越容易。如果资产负债率高到一定程度，财务风险很高，就无人愿意提供贷款了。这表明企业的举债能力已经用尽。

②公式

$$资产负债率 = \frac{总负债}{总资产}$$

根据甲公司的财务报表数据：

本年末资产负债率 = 1 040 ÷ 2 000 × 100% = 52%。

这表明本年甲公司的资产有 52% 来源于举债；或者说，甲公司每 52 元的债务，就有 100 元的资产作为偿还债务的保障。

③标准

通常，资产在破产拍卖时的售价不到账面价值的 50%，因此如果资产负债率高于 50%，债权人的利益就缺乏保障。各类资产变现能力有显著区别，房地产的变现价值损失小，专用设备则难以变现。但不同行业、不同类型的企业资产负债率会存在较大差异。

(2)产权比率(equity ratio)

①含义

产权比率是负债总额与股东权益总额的比值，它反映了每 1 元股东权益配套的总负债的金额。因此可以揭示企业的财务风险以及股东权益对债务的保障程度。该比率越低，说明企业长期财务状况越好，债权人贷款的安全性越有保障，企业财务风险越小。

②公式

$$产权比率 = \frac{总负债}{股东权益}$$

(3)权益乘数(equity multiplier)

①含义

权益乘数是资产总额与股东权益总额的比值，它表明每 1 元股东权益启动的总资产的金额。权益乘数越大，说明股东投入的资本在资产中所占比重越小，财务杠杆越大。

②公式

$$权益乘数 = \frac{总资产}{股东权益} = 1 + 产权比率 = \frac{1}{1 - 资产负债率}$$

③评价

产权比率和权益乘数是两种常用的财务杠杆比率，财务杠杆比率代表负债的比重，负债占比大,说明财务杠杆高,偿债越困难,则财务风险越大。

【例题 3·单选题·武汉科技 2023】 某企业的资产负债率 75%,产权比率是(　　)。

A. 1　　　　　　B. 2　　　　　　C. 3　　　　　　D. 4

【解析】 考查资产负债率与产权比率的关系,虽然给出了公式,但不建议直接背公式,可以用设置特殊值的方法计算。已知资产负债率 $=\dfrac{负债}{资产}=75\%$,那就不妨设负债 $=75$,资产 $=100$,根据会计恒等式"资产 $=$ 负债 $+$ 股东权益"推出:股东权益 $=100-75=25$,那么产权比率 $=\dfrac{负债}{股东权益}=\dfrac{75}{25}=3$。

【答案】 C

(4) 长期资本负债率

① 含义

长期资本负债率是指非流动负债占长期资本的百分比。长期资本负债率也是反映公司资本结构的一种形式。由于流动负债的金额经常变化,非流动负债较为稳定,资本结构通常使用长期资本结构衡量。

② 公式

$$长期资本负债率 = \dfrac{非流动负债}{长期资本} = \dfrac{非流动负债}{非流动负债 + 股东权益}$$

根据甲公司的财务报表数据:

本年末长期资本负债率 $= 740 \div (740 + 960) \times 100\% = 44\%$。

(5) 现金流量与负债比率

① 含义

现金流量与负债比率,是指经营活动现金流量净额与负债总额的比率。该比率表明企业用经营活动现金流量净额偿付全部债务的能力。比率越高,偿还负债总额的能力越强。

② 公式

现金流量与负债比率 $=$ 经营活动现金流量净额 $\div$ 总负债

根据甲公司的财务报表数据:

本年末现金流量与负债比率 $= 246 \div 1\,040 \times 100\% = 24\%$。

【注意】 "总负债"要用期末数,而非平均数。(对于负债来讲,需要偿还的是期末余额)

(6) 利息保障倍数(times interest earned ratio)

① 含义

利息保障倍数表明每 1 元利息支出有多少倍的息税前利润作为偿付保障。

② 公式

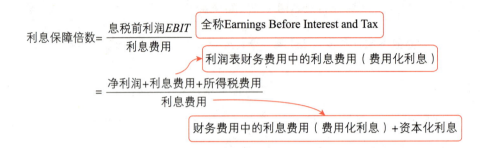

③说明

利息保障倍数越大,利息的支付越有保障;若利息保障倍数<1,说明公司产生的收益不能支持现有债务规模。

根据甲公司的财务报表数据:

本年利息保障倍数=(136+110+64)÷110=2.82。

(7)现金流量利息保障倍数

①含义

现金流量利息保障倍数是现金基础的利息保障倍数,表明每1元利息支出有多少倍的经营活动现金流量净额作为支付保障。它比利润基础的利息保障倍数更为可靠,因为实际用以支付利息的是现金,而不是利润。

②公式

3. 影响长期偿债能力的其他表外因素

因素	说明
债务担保	担保项目的时间长短不一,有的会影响长期偿债能力,有的会影响短期偿债能力。在分析公司长期偿债能力时,应根据有关资料判断担保责任可能带来的影响
未决诉讼	未决诉讼一旦败诉,会影响企业的偿债能力

【例题4·单选题·齐齐哈尔大学2015】下列各项中,会导致企业资产负债率下降的是( )。

A. 收回应收款项　　　　　　　B. 计提资产减值准备
C. 盈余公积转增资本　　　　　D. 接受股东追加投资

【解析】已知资产负债率=$\dfrac{负债总额}{资产总额}$，选项A收回应收款项，属于资产内部的一增一减，不改变资产总额，同时负债不变，所以资产负债率保持不变；选项B计提资产减值准备，使得资产总额降低，同时负债不变，所以资产负债率会提高；选项C盈余公积转增资本，属于所有者权益内部一增一减，不改变权益总额，资产和负债也不变，所以资产负债率也保持不变；选项D股东追加投资会引起权益总额的增加，进而增加资产总额，负债不变，资产负债率会降低。

【答案】D

【例题5·多选题·中央财经大学2018】下列各项指标中可以反映企业长期偿债能力的有（　　）。

A. 流动比率　　　　　　　　B. 速动比率　　　　　　　　C. 资产负债率
D. 利息保障倍数　　　　　　E. 应收账款周转率

【解析】A、B选项均为反映企业短期偿债能力的指标；E选项是反映企业营运能力的指标。

【答案】CD

【例题6·单选题】ABC公司无优先股，去年每股利润为4元，每股发放股利2元，留用利润在过去一年中增加了500万元，年底每股账面价值为30元；负债总额为5 000万元，则该公司的资产负债率为（　　）。

A. 30%　　　　　　B. 33%　　　　　　C. 40%　　　　　　D. 44%

【解析】由于资产负债率=$\dfrac{负债总额}{资产总额}$，题干告知负债总额，需计算出资产总额。根据会计恒等式"资产=负债+所有者权益"，此时需计算年底所有者权益总额。年底所有者权益总额=年底每股账面价值×股数=$30\times\dfrac{500}{4-2}=7\,500$（万元），所以资产总额=负债总额+所有者权益总额=5 000+7 500=12 500（万元），故资产负债率=$\dfrac{5\,000}{12\,500}\times100\%=40\%$。

【答案】C

◆ 考点23·营运能力比率

营运能力主要指资产运用、循环效率的高低，反映企业对资产的利用和管理能力。

企业的生产过程就是<u>利用资产取得收入的过程</u>。营运能力比率主要通过投入与产出（收入）之间的关系反映的。

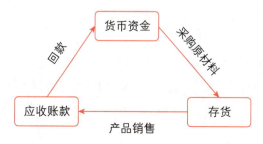

衡量企业营运能力的指标通常有：应收账款周转率、存货周转率、流动资产周转率、固定资产周转率和总资产周转率等。

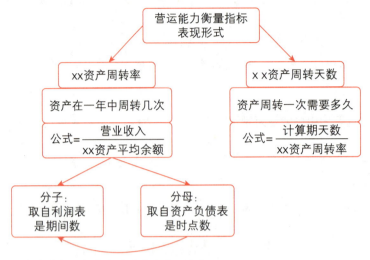

财务比率中分母的取值口径

老丁翻译．

当我们计算财务比率时，碰到分子取自利润表，而分母取自资产负债表的情形时，分母应当使用平均数。

资产负债表项目的平均数，一般使用期初余额和期末余额计算，为提高准确性也可使用各月份的期末余额计算，考试时看题目的要求。

1. 应收账款周转率（receivables turnover ratio）

(1) 含义

应收账款周转率是企业一定时期赊销收入净额与应收账款平均余额的比率，反映了应收账款在一个会计年度内的周转次数。该比率越高，说明应收账款的周转速度越快、流动性越强。此处应收账款实为"应收票据"及"应收账款"的合计，为顺应习惯称法，此处将其简称为"应收账款"。

(2) 计算方法

应收账款周转率(次数)＝营业收入÷应收账款平均余额

应收账款周转天数＝计算期天数÷(营业收入÷应收账款平均余额)

应收账款周转率(次数)，表明1年中应收账款周转的次数，或者说每1元应收账款投资支持的营业收入。

应收账款周转天数，也称为应收账款收现期，表明从销售开始到收回现金所需要的平均天数。

【注意】

①在计算时通常使用赊销额而非营业收入，若采用全部营业收入，会导致应收账款周转率被高估。

②采用应收账款年初和年末平均数计算指标时面临的问题：当发生季节性、偶然性的影响因素时，指标容易不准确。

③若应收账款坏账准备的金额较大，则对应收账款周转率的分母要进行调整，或使用未计提坏账准备的应收账款计算周转率和周转天数，若分母不加坏账准备平均余额，则会导致应收账款周转率被高估。

④应收账款周转率越高，表明其变现速度越快，流动性越强，越不容易发生坏账。

(3)分析

应收账款周转率并不是越高越好，分析应收账款周转率时应当结合企业的信用政策。

①如果企业应收账款周转率过高，可能是奉行了比较严格的信用政策，制定的信用标准和信用条件过于苛刻。这样会限制企业销售量的扩大，从而影响企业的盈利水平。

②如果企业的应收账款周转率过低，则说明企业收回应收账款的效率低，或者信用政策过于宽松，这样会导致应收账款占用资金数量过多，影响企业资金利用率和资金的正常周转。

2. 存货周转率（inventory turnover ratio）

(1)含义

存货周转率是营业收入与存货的比率，表明1年中存货周转的次数，或者说明每1元存货投资支持的营业收入。存货周转天数表明存货周转一次需要的时间，也就是存货转换成现金平均需要的时间。

(2)计算方法

存货周转率(次数)＝营业收入或营业成本÷存货平均余额

存货周转天数＝计算期天数÷(营业收入或营业成本÷存货平均余额)

【注意】分子选择营业收入或营业成本的情形

分析目的	分子
评估资产变现能力/分解总资产周转率（口径统一）	营业收入
评估存货管理的业绩	营业成本

(3)分析

①一般情况下，存货周转率越高越好，说明存货周转速度快，企业的销售能力强，企业资产流动性较好。但过高也有可能说明企业存货水平低，不能满足流转需要；过低说明企业存货持有过多，占用大量资金。因此，存货周转率应当结合企业的实际情况，具体问题具体分析。

②应关注存货的构成。存货通常包括原材料、在产品和产成品，我们也能从这三者周转速度中分析出企业不同环节存在的问题。

存货周转一次是从买入原材料到出售产成品的过程,可将该过程分解为如下三个阶段:

阶段	分析说明
买入原材料,未领用	可能是采购计划与生产计划不匹配,企业采购环节需改进
领用原材料,形成在产品	若此阶段时间过长,可能是企业生产计划不周全,生产管理需改进
产成品未销售出库	可能是产品无法适应市场需求或销售组织不力,企业销售能力需增强

3. 流动资产周转率（current assets turnover ratio）

(1) 含义

流动资产周转率是营业收入与流动资产平均余额的比率。表明1年中流动资产周转的次数,反映了流动资产周转的速度。该指标越高,说明企业流动资产的利用效率越高。

(2) 计算方法

流动资产周转率(次数)＝营业收入÷流动资产平均余额

流动资产周转天数＝计算期天数÷(营业收入÷流动资产平均余额)

4. 固定资产周转率（fixed asset turnover ratio）

(1) 含义

固定资产周转率是营业收入与固定资产平均余额的比率。表明1年中固定资产周转的次数,反映了固定资产周转的速度。该指标越高,说明企业固定资产的利用效率越高。

(2) 计算方法

固定资产周转率(次数)＝营业收入÷固定资产平均余额

固定资产周转天数＝计算期天数÷(营业收入÷固定资产平均余额)

(3) 分析

提高固定资产周转率可以从两方面入手。

充分利用固定资产,增加收入
餐厅和餐厅的设备除了正常午饭和晚饭时间,其余时间客流量较少都未被充分利用。可以推出早餐、下午茶增加这两个时间段的客流量,引起营业收入的增加

分子变大

$$固定资产周转率 = \frac{营业收入}{固定资产平均余额}$$

分母变小

合理规划,减少固定资产规模——轻资产模式
企业牢牢把握住研发环节和市场营销环节,在保证产品质量的同时,将利润率较低的生产环节外包给第三方,在劳动力成本较低的地区寻求代工厂

5. 总资产周转率（total assets turnover ratio）

(1) 含义

总资产周转率是营业收入与总资产平均余额的比率。表明1年中总资产周转的次数，反映了总资产周转的速度。该指标越高，说明企业总资产的利用效率越高。

(2) 计算方法

总资产周转率(次数)＝营业收入÷总资产平均余额

总资产周转天数＝计算期天数÷(营业收入÷总资产平均余额)

【例题7·单选题·太原理工大学2016】下列财务比率反映企业营运能力的是（　　）。

A. 存货周转率 B. 资产负债率
C. 流动比率 D. 资产报酬率

【解析】B选项为反映企业长期偿债能力的指标；C选项为反映企业短期偿债能力的指标；D选项是反映企业盈利能力的指标。

【答案】A

【例题8·判断题·太原理工大学2016】企业应收账款周转率越大，说明企业发生坏账损失的风险越大。（　　）

【解析】应收账款周转率高，说明应收账款回收的速度比较快，因此发生坏账损失的风险较低。

【答案】×

【例题9·单选题】某公司年末会计报表上部分数据为：流动负债60万元，流动比率为2，速动比率为1.2，该公司流动资产由速动资产和存货构成，销售成本100万元，年初存货为52万元，则本年度存货周转次数为（　　）次。

A. 1.65 B. 2 C. 2.3 D. 1.45

【解析】年末流动资产＝2×60＝120(万元)，年末速动资产＝1.2×60＝72(万元)，所以年末存货＝120－72＝48(万元)。因此，年度存货周转次数＝$\frac{100}{(52+48)/2}$＝2(次)。

【答案】B

◆ 考点24·盈利能力比率

盈利能力是指企业获取利润、实现资金增值的能力。

1. 营业净利率（profit margin on sales）

(1) 营业净利率是指净利润与营业收入的比率，表示每1元营业收入可实现的净利润是多少。

(2)计算公式如下。

$$营业净利率=\frac{净利润}{营业收入}$$

(3)"净利润""营业收入"两者相除可以概括公司的全部经营成果。该比率越大，公司的盈利能力越强。

2. 总资产净利率（ROA：return on assets）

(1)总资产净利率是指净利润与总资产平均余额的比率，它表明每1元总资产创造的净利润。

(2)计算公式如下。

$$总资产净利率=\frac{净利润}{总资产平均余额}$$

$$=\frac{净利润}{营业收入}\times\frac{营业收入}{总资产平均余额}$$

$$=营业净利率\times总资产周转率$$

(3)总资产净利率衡量的是企业资产的盈利能力。总资产净利率越高，表明企业资产的利用效果越好。影响总资产净利率的因素是营业净利率和总资产周转率。

因此，企业可以通过提高营业净利率、加速资产周转来提高总资产净利率。

3. 权益净利率（ROE：return on equity）

(1)权益净利率，也称净资产净利率，是净利润与股东权益的比率，它反映每1元股东权益赚取的净利润，反映权益资本经营的盈利能力。

(2)计算公式如下。

$$权益净利率=\frac{净利润}{权益平均余额}$$

$$=\frac{净利润}{营业收入}\times\frac{营业收入}{总资产平均余额}\times\frac{总资产平均余额}{权益平均余额}$$

$$=营业净利率\times总资产周转率\times权益乘数$$

$$=总资产净利率\times权益乘数$$

(3)权益净利率的分母是股东的投入，分子是股东的所得，具有很强的综合性，概括了公司的全部经营业绩和财务业绩。

通过上述公式可知，提高权益净利率有两种途径：一是保持财务杠杆不变时通过增收节支，提高总资产净利率来提高权益净利率；二是在资产利润率大于负债利息率的情况下，通过增加权益乘数（提高财务杠杆）来提高权益净利率。但是，第一种途径不会增加企业财务风险，第二种途径则会导致企业财务风险增大。

【例题10·单选题·武汉科技2023】某企业的总资产净利率为20%，若产权比率为1，则权益净利率为(   )。

A. 15%　　　　　B. 20%　　　　　C. 30%　　　　　D. 40%

【解析】 考查总资产净利率与权益净利率的关系。已知产权比率＝$\dfrac{负债}{股东权益}$＝1，说明负债＝股东权益，根据会计恒等式"资产＝负债＋股东权益"可得：权益乘数＝$\dfrac{资产}{权益}$＝2，权益净利率＝总资产净利率×权益乘数＝20%×2＝40%。

【答案】 D

考点 25·发展（成长）能力比率

发展能力是指企业在从事经营活动过程中所表现出的增长能力，如规模的扩大、盈利的持续增长、市场竞争力的增强等。反映企业发展能力的主要财务比率有销售增长率、资产增长率、股权资本增长率、利润增长率等。

比率	含义	公式	经济意义
销售增长率	企业本年营业收入增长额与上年营业收入总额的比率	$\dfrac{本年营业收入增长额}{上年营业收入总额}\times 100\%$	反映企业营业收入的变化情况，是评价企业成长性和市场竞争力的重要指标
资产增长率	企业本年总资产增长额与年初资产总额的比率	$\dfrac{本年总资产增长额}{年初资产总额}\times 100\%$	从企业资产规模扩张方面来衡量企业的发展能力
股权资本增长率	企业本年股东权益增长额与年初股东权益总额的比率	$\dfrac{本年股东权益增长额}{年初股东权益总额}\times 100\%$	反映了当年股东权益的变化水平，体现了企业资本的积累能力，是评价企业发展潜力的重要财务指标
利润增长率	企业本年利润总额增长额与上年利润总额的比率	$\dfrac{本年利润总额增长额}{上年利润总额}\times 100\%$	反映企业盈利能力的变化

老丁翻译

发展能力比率的特点

从名称上，这些比率都具有共同特征：××增长率；从计算公式上，这些比率都是用"××增长数"除以"××上年数"。

◆ 考点 26 · 上市公司特殊财务比率

1. 市价比率

市价比率	计算公式	说明
市盈率	$市盈率 = \dfrac{每股市价}{每股收益}$ $每股收益 = \dfrac{净利润 - 优先股股利}{流通在外的普通股加权平均数}$	市盈率反映普通股股东愿意为每1元净利润支付的价格，反映投资者对未来前景的预期。但如果某股票的市盈率过高，则意味着投资风险较高
市净率	$市净率 = \dfrac{每股市价}{每股净资产}$ $每股净资产 = \dfrac{权益总额 - 优先股权益}{流通在外的普通股股数}$	市净率反映普通股股东愿意为每1元净资产所支付的价格，反映市场对公司净资产质量的评价
市销率	$市销率 = \dfrac{每股市价}{每股营业收入}$ $每股营业收入 = \dfrac{营业收入}{流通在外的普通股加权平均数}$	市销率反映普通股股东愿意为每1元营业收入所支付的价格

> **老丁翻译**
>
> **市价比率分母的计算**
>
> 每股净资产的分子和分母均为时点数，口径匹配，所以分母可以直接取流通在外普通股股数，不需要加权。
>
> 但计算每股收益和每股营业收入时，分子属于时期数，分母应选择流通在外普通股加权平均股数与之匹配。

2. 每股收益（又称每股利润、每股盈余 EPS：earnings per share）

每股收益是综合反映企业盈利能力的重要指标，可以用来判断和评价管理层的经营业绩。每股收益概念包括基本每股收益和稀释每股收益。

每股收益	计算公式	特殊说明
基本每股收益	$基本每股收益 = \dfrac{净利润 - 优先股股利}{流通在外的普通股加权平均数}$	—

续表

每股收益	计算公式	特殊说明
稀释每股收益	稀释每股收益＝$\dfrac{\text{净利润－优先股股利}}{\text{流通在外的普通股加权平均数＋调整增加的普通股股数}}$	企业存在稀释性潜在普通股的，应当计算稀释每股收益。稀释性潜在普通股指假设当期转换为普通股会减少每股收益的潜在普通股。主要包括可转换公司债券、认股权证和股份期权

【例题11·单选题·南京信息工程大学2023】甲公司2×21年年初发行在外的普通股股数为20 000万股，3月1日新发行普通股10 800万股，12月1日回购普通股4 800万股，以备将来奖励职工之用。该公司当年度实现归属于普通股股东的净利润为6 500万元。不考虑其他因素，则甲公司2×21年度基本每股收益为(　　)元/股。

A. 0.33　　　　　　　　　　　　B. 0.23
C. 0.25　　　　　　　　　　　　D. 0.26

【解析】流通在外的普通股加权平均数＝$20\,000\times\dfrac{12}{12}+10\,800\times\dfrac{10}{12}-4\,800\times\dfrac{1}{12}=28\,600$(万股)。

基本每股收益＝$\dfrac{6\,500}{28\,600}=0.23$(元/股)。

【答案】B

【例题12·计算题】某公司20×7年度归属于普通股股东的净利润为2 750万元，发行在外普通股加权平均数为5 000万股，该普通股平均每股市场价格为8元。20×7年1月1日该公司对外发行1 000万份认股权证，行权日为20×8年3月1日，每份认股权证可以在行权日以7元的价格认购本公司1股新发的股份。求该公司20×7年度稀释每股收益是多少？

【答案】调整增加的普通股股数＝$1\,000-1\,000\times 7/8=125$(万股)

稀释每股收益＝$2\,750/(5\,000+125)=0.54$(元/股)

3. 补充指标

指标名称	含义	计算公式	二者关系
股利支付率	表明公司的净利润中有多少用于现金股利的分派	股利支付率＝$\dfrac{\text{每股股利}}{\text{每股利润}}=\dfrac{\text{股利}}{\text{净利润}}$	股利支付率＋利润留存率＝1

指标名称	含义	计算公式	二者关系
利润留存率	表明公司的净利润中有多少留存在企业内部	利润留存率＝$\dfrac{每股利润－每股股利}{每股利润}$＝$\dfrac{净利润－现金股利额}{净利润}$＝$\dfrac{留存收益}{净利润}$	股利支付率＋利润留存率＝1

【例题13·判断题·长沙理工大学2016】市盈率越高说明投资者对企业的发展前景越看好，投资者更愿意以较高的价格购买公司股票。（　　）

【答案】√

【例题14·计算题·河南财经政法大学2011】L公司2009年年末简化的资产负债表及相关资料如下：

单位：万元

资产	金额	负债所有者权益	金额
货币资金	100	应付账款	200
应收账款	200	长期负债	300
存货	200	实收资本	220
固定资产	500	留存收益	280
资产合计	1 000	负债及所有者权益合计	1 000

要求：

(1)计算L公司2009年资产负债率、流动比率、速动比率；

(2)假设L公司2009年的销售收入为1 800万元，年初的应收账款和存货分别为200万元和210万元。要求计算L公司2009年的应收账款周转率和存货周转率。

【答案】

(1)资产负债率＝(200＋300)÷1 000×100%＝50%

流动比率＝(100＋200＋200)÷200＝2.5

速动比率＝(100＋200)÷200＝1.5

(2)应收账款平均余额＝(200＋200)÷2＝200(万元)

应收账款周转率＝1 800÷200＝9(次)

存货平均余额＝(210＋200)÷2＝205(万元)

存货周转率＝1 800÷205＝8.78(次)

第三节 财务综合分析

企业的经营活动是一个有机的整体，各环节之间是紧密相连的。前述财务分析通常是单独分析某一项指标，或分析企业某一方面的情况，都难以准确、全面地评价企业的财务状况和经营成果，因此，有必要进行相互关联的分析，采用适当的标准进行综合性评价。

所谓财务状况的综合分析就是将偿债能力、营运能力和盈利能力等诸方面的分析纳入一个有机的整体之中，全面地对企业经营状况、财务状况进行解剖，从而对企业经济效益的优劣做出准确的评价与判断。

◆考点 27 · 杜邦分析体系（du pont analysis）——权益净利率

杜邦分析体系，是利用各主要财务比率之间的内在联系，对公司财务状况和经营成果进行综合评价的系统方法。该体系是以权益净利率为核心，以总资产净利率和权益乘数为分解因素，重点揭示公司获利能力及杠杆水平对权益净利率的影响，以及各相关指标间的相互关系。杜邦分析体系最初因美国杜邦公司成功应用而得名。

1. 杜邦分析体系的核心指标——权益净利率

企业财务管理的重要目标是实现股东财富的最大化，权益净利率正是反映了股东投入资本的盈利能力，这一比率反映了企业筹资、投资和生产运营等各方面活动的效率。同时权益净利率是一个相对比率，具有可比性，剔除了规模等因素的影响。

2. 核心公式

$$权益净利率 = \frac{净利润}{股东权益平均余额}$$

3. 杜邦分析体系的基本框架

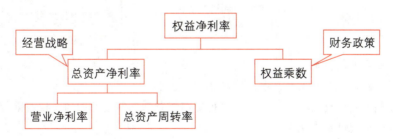

(1)基本框架详细拆分公式

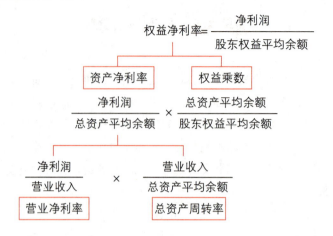

(2)杜邦分析体系下各指标含义

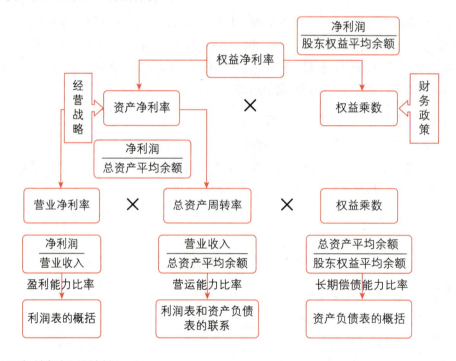

权益净利率有两层拆解：

第一层拆解：权益净利率＝总资产净利率×权益乘数。

总资产净利率主要反映企业运用资产进行生产经营活动的效率如何，权益乘数则主要反映企业的财务杠杆情况即资本结构。

财务杠杆(以权益乘数表示)可以反映企业的财务政策。

在总资产净利率不变的情况下，提高财务杠杆可以提高权益净利率，但同时也会增加财务风险。如何配置财务杠杆是公司最重要的财务政策。一般而言，总资产净利率较高的公司，财务杠杆较低，反之亦然。

经营风险低的公司可以得到较多的贷款，其财务杠杆较高；经营风险高的企业，只能得到较少的贷款，其财务杠杆较低。总资产净利率与财务杠杆负相关，共同决定了公司的权益净利率。因此，公司必须使其经营战略和财务政策相匹配。

老丁翻译

企业的经营战略与财务政策为何反向搭配？

为了提高权益净利率，公司倾向于尽可能提高财务杠杆。但是，债权人不一定会同意这种做法。债权人不分享超过利息的收益，更倾向于为预期未来经营活动现金流量净额比较稳定的企业提供贷款。

为了稳定现金流量，公司可以选择降低价格以减少竞争，或选择增加营运资本以防止现金流中断，这都会导致总资产净利率下降。

第二层拆解：权益净利率＝营业净利率×总资产周转率×权益乘数。

总资产净利率是营业净利率与总资产周转率的乘积。

营业净利率和总资产周转率，可以反映公司的经营战略。

两者经常呈反方向变化：一些公司营业净利率较高，而总资产周转率较低；另一些公司与之相反，总资产周转率较高而营业净利率较低。

采取"高盈利、低周转"还是"低盈利、高周转"的方针，都是企业根据外部环境和自身资源作出的战略选择。正因如此，仅从营业净利率的高低并不能看出业绩好坏，应把它与总资产周转率联系起来考察企业经营战略。

高盈利，低周转

低盈利，高周转

老丁翻译

1. 总资产周转率与营业净利率为何反向搭配？

企业为了提高营业净利率，就要增加产品附加值，往往需要增加投资，引起资产周转次数的下降；与此相反，为了加快周转，就要降低价格，引起营业净利率下降。

通常，营业净利率较高的制造业，其周转次数都较低；周转次数很高的零售业，营业净利率很低。

2. 权益净利率＝营业净利率×总资产周转率×权益乘数？

权益净利率的分解可以理解为企业生产经营的"三步走"(如下图所示)其实，股东最关心的不是企业资产规模的大小和营业收入的高低，而是投入的资金究竟能够为他们带来多少回报(权益净利率)。

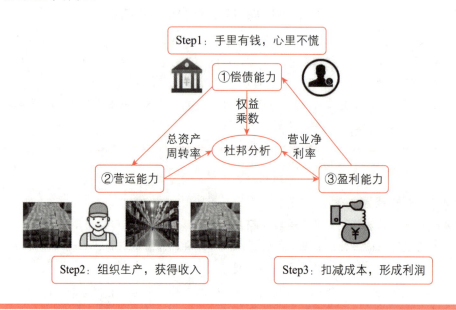

4. 提高权益净利率的途径

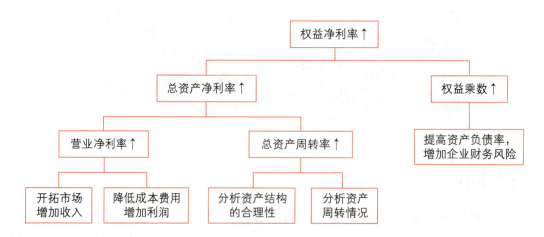

5. 杜邦分析体系的局限性

(1)计算总资产净利率的"总资产"与"净利润"不匹配。总资产为全部资产提供者享有，全部资产提供者既包括所有者，又包括债权人，而净利润则专属于股东，两者不匹配。

(2)没有区分经营活动损益和金融活动损益。

(3)没有区分金融负债和经营负债,负债的成本(利息支出)仅仅是金融负债的成本,经营负债是无息负债。

(4)没有区分经营资产和金融资产。

【例题15·多选题·黑龙江八一农垦2018&2019、西安石油2017】下列属于传统杜邦分析体系的局限性的是(   )。

A. 计算总资产净利率的"总资产"与"净利润"不匹配

B. 没有区分经营活动损益和金融活动损益

C. 没有区分金融负债与经营负债

D. 杜邦分析体系角度不能准确分析企业盈利能力、营运能力和偿债能力的变化

【解析】选项D说法错误,杜邦分析体系下,权益净利率可以分解为销售净利率、总资产周转率和权益乘数三者的乘积,其中销售净利率代表企业盈利能力;总资产周转率代表企业营运能力;权益乘数代表企业的长期偿债能力。

【答案】ABC

【例题16·计算题·中国财政科学研究院2017、云南师范2018】乙公司2016年12月31日的资产负债表显示:资产总额的年初数和年末数分别为9 600万元和1亿元,负债总额的年初数和年末数分别为4 800万元和5 000万元,乙公司2016年度利润表显示的营业收入为1.47亿元,净利润为588万元。

要求:

(1)根据年初、年末平均值计算乙公司2016年的权益乘数;

(2)计算该公司的总资产周转率;

(3)计算该公司2016年的销售净利率;

(4)根据(1)(2)(3)的计算结果,计算总资产净利率和净资产收益率。

【答案】

(1)权益年初余额=9 600-4 800=4 800(万元)

权益年末余额=10 000-5 000=5 000(万元)

权益平均余额=(4 800+5 000)÷2=4 900(万元)

总资产平均余额=(9 600+10 000)÷2=9 800(万元)

权益乘数=9 800÷4 900=2

(2)总资产周转率=14 700÷9 800=1.5

(3)销售净利率=588÷14 700×100%=4%

(4)总资产净利率=销售净利率×总资产周转率=4%×1.5=6%

净资产收益率=销售净利率×总资产周转率×权益乘数=4%×1.5×2=12%

真题精练

一、单项选择题

1.(西安外国语大学2018)反映企业获利能力的财务指标有(   )。
   A. 总资产净利率   B. 存货周转率   C. 资产负债率   D. 应收账款周转率

2.(西安外国语大学2019)下列各项业务中会提高流动比率的是(   )。
   A. 收回应收账款   B. 向银行借入长期借款
   C. 接受投资者投入固定资产   D. 购买固定资产

3.(西安外国语大学2019)下列指标关系中，正确的是(   )。
   A. 权益报酬率=资产净利率×权益乘数
   B. 资产净利率=资产周转率×权益乘数
   C. 资产周转率=净利润÷平均资产总额
   D. 权益乘数=权益报酬率×资产净利率

4.(云南师范2017&2018)下列各项中，不属于速动资产的是(   )。
   A. 应收账款   B. 预付账款   C. 应收票据   D. 货币资金

5.(武汉工程2023、云南师范2017&2018)在上市公司杜邦分析体系中，最具有综合性的财务指标是(   )。
   A. 净资产收益率   B. 营业净利率
   C. 总资产净利率   D. 总资产周转率

6.(黑龙江八一农垦2018&2019)已知某企业20×1年平均产权比率为1，平均资产为10 000万元，负债的平均利率为10%，则该企业的年利息为(   )万元。
   A. 1 000   B. 500   C. 100   D. 60

二、多项选择题

1.(西安外国语大学2018)下列经济业务会影响企业存货周转率的是(   )。
   A. 收回应收账款   B. 销售产成品
   C. 期末购买存货   D. 偿还应付账款

2.(云南师范2017&2018)在一定时期内，企业的应收账款周转次数多、周转天数少，这表明企业的(   )。
   A. 收账速度快   B. 信用管理政策宽松
   C. 应收账款流动性强 D. 应收账款管理效率高

3.(云南师范2017)如果企业延长信用期限可能导致的结果有(   )。
   A. 扩大当期销售   B. 延长平均收账期
   C. 增加坏账准备   D. 增加收账费用

4.某公司目前的速动资产大于流动负债，下列各项业务中会提高速动比率指标值的有(   )。
   A. 以银行存款购买短期有价证券   B. 加速应收账款的收回
   C. 以赊销方式销售库存商品   D. 以银行存款支付拖欠的应付账款

5. 下列关于营运资本的说法正确的有( )。
   A. 营运资本为负数，表明有部分非流动资产由流动负债提供资金来源
   B. 营运资本为正数，表明有部分流动资产由长期资本提供资金来源
   C. 营运资本的数额越大，短期偿债能力越强
   D. 营运资本为0时，表明全部流动资产均由长期资本提供资金来源

6. 甲公司的生产经营存在季节性，每年的6月到10月是生产经营旺季，11月到次年5月是生产经营淡季，假设其他条件不变，下列计算方法会使应收账款周转次数不能正确反映企业实际应收账款周转效率的有( )。
   A. 从使用营业收入改为使用赊销额进行计算
   B. 使用应收账款年初余额和年末余额的平均数计算
   C. 使用应收账款旺季的日平均余额进行计算
   D. 从使用应收账款核销坏账损失后的平均净额改为应收账款核销坏账损失前的平均余额进行计算

7. (西安石油大学2017)反映短期偿债能力的比率( )。
   A. 资产负债率 B. 流动比率 C. 现金比率 D. 权益乘数

8. (黑龙江八一农垦2018&2019)公司当年的经营利润很多，却不能偿还到期债务。为查清其原因，应检查的财务比率包括( )。
   A. 销售净利率   B. 流动比率
   C. 存货周转率   D. 应收账款周转率

9. (暨南大学2023)下列有关营运资本计算正确的是( )。
   A. 营运资本＝流动资产－流动负债
   B. 营运资本＝速动资产－流动负债
   C. 营运资本＝(所有者权益＋非流动负债)－非流动资产
   D. 营运资本＝长期资本－长期资产

三、计算题

1. (南京师范大学2023)甲公司近年来受宏观经济形势的影响，努力加强资产负债管理，不断降低杠杆水平，争取在2018年末将资产负债率控制在55%以内。为考查降杠杆对公司财务绩效的影响，现基于杜邦分析体系，将净资产收益率指标依次分解为营业净利率、总资产周转率和权益乘数三个因素，采用连环替代法予以分析。近几年有关财务指标见下表。

项目	2016年末	2017年末	2018年末	2017年度	2018年度
资产总额	6 480	6 520	6 980		
负债总额	4 080	3 720	3 780		
权益总额	2 400	2 800	3 200		
营业收入				9 750	16 200
净利润				1 170	1 458

要求：
(1)计算2018年末的资产负债率，并据以判断公司是否实现了降杠杆目标；
(2)计算2017年和2018年的净资产收益率(涉及的资产、负债、所有者权益均采用平均值计算)；
(3)计算2017年和2018年的权益乘数(涉及的资产、负债、所有者权益均采用平均值计算)；
(4)计算2018年与2017年净资产收益率之间的差额，使用连环替代法，计算营业净利率、总资产周转率、权益乘数变化对净资产收益率变化的影响(涉及的资产、负债、所有者权益均采用平均值计算)。

2. 甲公司是一个材料供应商，拟与乙公司建立长期合作关系，为了确定对乙公司采用何种信用政策，需要分析乙公司的偿债能力和营运能力。为此，甲公司收集了乙公司2020年度的财务报表，相关的财务报表数据以及财务报表附注中披露的信息如下：
(1)资产负债表项目

单位：万元

项目	年末余额	年初余额
流动资产合计	4 600	4 330
其中：货币资金	100	100
交易性金融资产	500	460
应收票据	1 500	1 360
应收账款	1 350	1 300
预付账款	150	130
存货	1 000	980
流动负债合计	2 350	2 250

(2)利润表项目

单位：万元

项目	本年金额
营业收入	14 500
财务费用	500
资产减值损失	10
所得税费用	32.50
净利润	97.50

(3)乙公司的生产经营存在季节性，每年3~10月份是经营旺季，11月~次年2月份是经营淡季。
(4)乙公司按照应收账款(包括应收票据，下同)余额的5%计提坏账准备，2020年年初坏账

准备余额 140 万元，2020 年年末坏账准备余额 150 万元。最近几年乙公司的应收账款回收情况不好，截至 2020 年年末账龄 3 年以上的应收账款已达到应收账款余额的 10%。为了控制应收账款的增长，乙公司在 2020 年收紧了信用政策，减少了赊销客户的比例。

(5) 乙公司 2020 年资本化利息支出 100 万元，计入在建工程。

(6) 计算财务比率时，涉及的资产负债表数据均使用其年初和年末的平均数。

要求：

(1) 计算乙公司 2020 年的速动比率；评价乙公司的短期偿债能力时，需要考虑哪些因素？具体分析这些因素对乙公司短期偿债能力的影响；

(2) 计算乙公司 2020 年的利息保障倍数；分析并评价乙公司的长期偿债能力；

(3) 计算乙公司 2020 年的应收账款周转次数；评价乙公司的应收账款变现速度时，需要考虑哪些因素？具体分析这些因素对乙公司应收账款变现速度的影响。

3. (三峡大学 2023) 某企业 2017 年销售收入为 20 万元，毛利率为 40%，赊销比例为 80%，销售净利率为 16%，存货周转率为 5 次，期初存货余额为 2 万元；期初应收账款余额为 4.8 万元，期末应收账款余额为 1.6 万元，速动比率为 1.6，流动比率为 2，流动资产占资产总额的 28%，该企业期初资产总额为 30 万元。该公司期末无待摊费用和待处理流动资产损失。

要求：

(1) 计算应收账款周转率；

(2) 计算总资产周转率；

(3) 计算资产净利率。

4. (安徽工业 2023) 某公司流动资产由速动资产和存货构成，年初存货为 145 万元，年初应收账款为 125 万元，年末流动比率为 3，年末速动比率为 1.5，存货周转率为 4 次，年末流动资产余额为 270 万元。一年按 360 天计算。

要求：

(1) 计算该公司流动负债年末余额；

(2) 计算该公司存货年末余额和年平均余额；

(3) 计算该公司本年销售成本；

(4) 假定本年赊销净额为 960 万元，应收账款以外的其他速动资产忽略不计，计算该公司应收账款平均收账期。

5. (财科所 2019) 甲公司 2018 年赊销收入净额为 2 000 万元，销售成本为 1 600 万元；年初、年末应收账款余额分别为 200 万元和 400 万元；年初、年末存货余额分别为 200 万元和 600 万元；年末速动比率为 1.2，年末现金比率为 0.7。假定该企业流动资产由速动资产和存货组成，速动资产由应收账款和现金资产组成，一年按 360 天计算。

要求：

(1) 计算 2018 年应收账款周转天数；

(2) 计算 2018 年存货周转天数；

(3) 计算 2018 年年末流动负债余额和速动资产余额；

(4) 计算 2018 年年末流动比率。

四、名词解释

1.(新疆大学2022、吉林财经2021、东北财经2018)流动比率

2.(新疆大学2022、央财2018)速动比率

3.(中国石油大学(北京)2022、中央民族大学2022、财科所2020、华南理工、华东理工2018、江西财经、中国海洋2018)权益乘数

4.(中国石油大学(北京)2022)权益净利率

5.(广西大学2017、中国石油大学(北京))杜邦分析法

6.(南京信息工程2017)股利支付率

7.(天津大学2021、江西财经)利息保障倍数

8.(东北林业大学、昆明理工大学2021)营运能力

9.(新疆农业大学2017)产权比率

10.(新疆大学2022、新疆农业大学2017)资产负债率

11.(内蒙古大学2023、新疆农业大学2020)存货周转率

12.(新疆农业大学2020)应收账款周转率

五、简答题

1.(昆明理工大学2022)谈谈财务比率分析的缺点。

2.(南京航空航天大学2022)谈谈财务比率分析是什么?

3.(内蒙古大学2023、武汉纺织大学2022)财务分析的方法有哪些?

4.(中央财经2018)简述趋势分析法及其应用。

5.(中南民族大学2021)怎样进行财务分析?财务分析的指标有哪些?

6.(天津财经大学2021)财务分析需要什么资料?

7.(西安外国语2022)财务分析中衡量了企业哪些方面的能力?

8.(新疆大学2022)企业可以从哪些方面进行财务报表分析?简述每个方面的指标及计算公式。

9.(安徽工业2023、辽宁石油化工2023、天津商业2023、新疆大学2022、陕西理工2022、天津大学2021、东北林业2021、西南财经2021、吉林财经2021、湖北工业2021、哈尔滨商业2021、西安外国语2021、山东师范2018&2019、西安科技)衡量企业偿债能力的指标有哪些?

10.(西南交通大学2022)衡量企业长期偿债能力指标有哪些?

11.(山东财经2022、天津工业2022、南京航空航天2022)衡量企业短期偿债能力的指标有哪些?

12.(新疆大学2022)简述衡量企业短期偿债能力的各个指标以及合理的界限。

13.(吉林财经大学2021)请列举短期偿债比率的影响因素。

14.(长沙理工大学2021)哪些资产属于速动资产?

15.(西安交通大学2022)流动比率、速动比率、现金比率计算公式是什么?分别代表什么含义?

16.(四川轻化工大学2019)请写出流动比率的含义和计算公式。简述流动比率过高过低导致的后果。

17.(河北地质大学2020)某企业速动比率1.3,大于行业比率1,这反映了什么问题?请从短期

偿债方面分析，可以适当举例。

18. (华北电力大学(保定)2021)根据ABC公司(制造业)的财务报告，计算出其流动比率远远高于同行业的平均水平，是否就可以认为其短期偿债保障程度高？说明理由。
19. (南京林业大学2022)速动比率中的速动资产包括哪些内容？相比于流动比率为什么剔除存货？
20. (新疆大学2022、四川轻化工大学2019)写出资产负债率的公式；分别从债权人、投资者与经营者角度分析和评价这一指标。
21. (海南大学2022)请问为什么债权人和股东对于资产负债率持不同态度？
22. (西安交通大学2022)资产负债率反映了什么？
23. (吉林财经2022)表外因素如何增强企业短期偿债能力？
24. (河南农业大学2022)如何提高企业的营运能力？
25. (东北财经大学2022)总资产周转率是什么？这个比率越高越好吗？
26. (东北财经2020)应收账款周转率如何计算？该比率是否越高越好？如果坏账提取比例较大而导致应收账款周转率提高应怎样处理？
27. (吉林财经大学2021)计算应收账款周转率应注意哪些问题？
28. (四川轻化工大学2019)写出应收账款周转率的公式、含义以及需要注意的问题。
29. (石河子大学2021)应收账款周转率偏低的原因有哪些？对企业的影响是什么？
30. (武汉工程2023、吉林财经2021)衡量企业营运能力的指标有哪些？并作简要说明。
31. (中南大学、北京印刷学院2021、北京信息科技2022、西安外国语2022)写出至少两个衡量企业盈利能力的指标，并说明如何利用指标判断盈利能力？
32. (首都经济贸易大学2018)何为市盈率？在进行股票投资的时候，是不是市盈率越高的公司股票越值得购买？
33. (江西财经大学2021)市盈率与市净率的区别是什么？
34. (浙江工商大学2021)股价对公司来说很重要，结合市盈率谈谈你对这句话的理解。
35. (安徽财经2022、新疆大学2022)如果你是银行信贷部经理，你在为企业发放贷款时会考虑什么指标？
36. (华东交通大学2022)投资人注重资产负债表的哪些要素？为什么？
37. (中南林业科技大学2022)如何利用利润表进行财务分析？
38. (广东财经2020)杜邦分析体系的缺点有哪些？
39. (武汉轻工2023、江苏科技2023、沈阳建筑2022、山东工商学院2022、中国传媒2022、上海大学2022、长春工业2022、中央民族2022、天津财经2021、四川轻化工2019、吉林财经、云南大学、东北石油大学、武汉科技)请你谈谈对杜邦分析体系的理解。
40. (北京联合大学2023、三峡大学2022)谈谈对杜邦分析法的理解，并具体阐述公式。
41. (青岛大学2022)为什么杜邦分析的核心是权益净利率？
42. (昆明理工大学2021)杜邦分析法的核心指标是什么？
43. (江苏大学2022)简述杜邦分析法的内核指标以及影响因素。
44. (上海大学管理学院2022)解释杜邦分析法，以及其中最重要的参考指标。

45.（南京信息工程2018）简述杜邦分析法相关指标及它们之间的关系。

46.（江苏大学2022）根据杜邦分析法，企业可以通过哪些途径提高净资产收益率？

六、案例题

1. 海虹公司2017年的资产负债表和利润表如下：

资产负债表

2017年12月31日　　　　　　　　　　　　　　　　　　　　　单位：万元

资产	年初数	年末数	负债及股东权益	年初数	年末数
货币资金	110	160	短期借款	180	200
以公允价值计量且其变动计入当期损益的金融资产	80	100	应付账款	182	285
			应付职工薪酬	60	65
			应交税费	48	60
应收账款	350	472	流动负债合计	470	610
存货	304	332	长期借款	280	440
流动资产合计	844	1 020	应付债券	140	260
固定资产	470	640	长期应付款	44	50
长期股权投资	82	180	非流动负债合计	464	750
无形资产	18	20	负债合计	934	1 360
			股本	300	300
			资本公积	50	70
			盈余公积	84	92
			未分配利润	46	38
			股东权益合计	480	500
资产总计	1 414	1 860	负债及股东权益合计	1 414	1 860

利润表

2017年12月　　　　　　　　　　　　　　　　　　　　　单位：万元

项目	本年累计数
一、营业收入	5 800
减：营业成本	3 480
税金及附加	454
销售费用	486

续表

项目	本年累计数
管理费用	568
财务费用	82
资产减值损失	
加：公允价值变动损益	
投资收益	54
资产处置收益	
其他收益	
二、营业利润	784
加：营业外收入	32
减：营业外支出	48
三、利润总额	768
减：所得税费用	254
四、净利润	514

其他资料：

(1)该公司2017年年末有一项未决诉讼，如果败诉预计要赔偿对方50万元。

(2)2017年是该公司享受税收优惠政策的最后一年，从2018年起不再享受优惠政策，预计综合税率将从现行的8%上升到同行业的平均税率12%。

(3)该公司所处行业的财务比率平均值如下表所示。

财务比率	行业均值	财务比率	行业均值
流动比率	2	总资产周转率	2.65
速动比率	1.2	资产净利率	19.88%
资产负债率	0.42	销售净利率	7.5%
应收账款周转率	16	净资产收益率	34.21%
存货周转率	8.5	—	—

要求：

(1)计算该公司2017年年初与年末的流动比率、速动比率和资产负债率，并分析该公司的偿债能力；

(2)计算该公司2017年应收账款周转率、存货周转率和总资产周转率，并分析该公司的营运

能力;

(3)计算该公司2017年的资产净利率、销售净利率和净资产收益率,并分析该公司的盈利能力;

(4)通过以上计算分析,评价该公司财务状况存在的主要问题,并提出改进意见。

2.(西安外国语大学2018)某公司2001年有关财务比率如下:

项目	1月	2月	3月	4月	5月	6月	7月	8月	9月	10月	11月	12月
流动比率	2.2	2.3	2.4	2.2	2.0	1.9	1.8	1.9	2.0	2.1	2.2	2.2
速动比率	0.7	0.8	0.9	1.0	1.1	1.15	1.2	1.15	1.1	1.0	0.9	0.8
资产负债率/%	52	55	60	55	53	50	42	45	46	48	50	52
资产净利率/%	4	6	8	13	15	16	18	16	10	6	4	2
销售净利率/%	7	8	8	9	10	11	12	11	10	8	8	7

请根据上述材料中的有关信息回答下列问题:

(1)该公司生产经营有何特点?

(2)流动比率与速动比率的变动趋势为何会产生差异?如何消除这种差异?

(3)资产负债率的变动说明什么问题?3月份资产负债率最高说明什么问题?

(4)资产净利率与销售净利率变动程度为什么不一致?

(5)该公司在筹资、投资方面应注意什么问题?

第二篇

投资活动篇

04 第四章 证券估值

考情点拨

大白话解释本章内容
企业作为金融市场的参与者,既是资金的提供者,又是资金的需求者。 　　当企业有闲置资金时,为提高资金使用效率,可以选择投资股票、债券等。 　　此时企业最担心的是花大价钱买到了"垃圾"股票、债券,所以需要对股票、债券的价值进行估计,判断它们的市场价格是否虚高。 　　同理,当企业需要资金维持生产经营时,可以选择发行股票或债券进行筹资。那么如何确定合理的发行价格呢?也需要企业正确评估股票和债券的价值
本章难度 ★★ **本章重要程度** ★★
本章复习策略
本章内容看似深奥,实则只需把握资产估值的底层逻辑:现金流量折现模型。根据题干,准确计算股票、债券的现金流量,再按照必要报酬率进行折现即可。本章内容可考查计算题和简答题,总体难度不高

考点精讲

第一节 债券价值评估

　　债券(bond)是发行者为筹集资金而发行的、约定在一定期限内向债权人还本付息的有价证券。政府债券通常称为国库券,而公司发行的债券通常称为公司债。发行债券是政府和公司资金的一个重要来源。本节主要讨论公司债券。

◆ 考点 28 · 债券价值评估

1. 债券的基本要素

基本要素	含义	说明
债券面值	到期归还本金的金额	—
票面利率	利息＝面值×票面利率(双面)	付息方式：按年、半年、季度、月份等 利息＝面值×(票面利率/年付息次数)
债券到期日	归还本金的时间	—

2. 债券价值的评估方法

任何金融资产的价值都是资产预期创造现金流的现值，债券也不例外。债券的未来现金流包括预计收到的利息和到期可以收回的本金。

折现率一方面反映投资者的机会成本，另一方面反映持有债券的最低可接受的收益，因此折现率为当前等风险投资的市场利率或投资者要求的必要报酬率，而不是债券的票面利率。

(1) 基本模型——固定利率、按年付息、到期还本

$$V=\frac{I_1}{(1+r_d)^1}+\frac{I_2}{(1+r_d)^2}+\frac{I_3}{(1+r_d)^3}+\cdots+\frac{I_n}{(1+r_d)^n}+\frac{M}{(1+r_d)^n}$$

其中：I 表示每年利息；M 表示面值；n 表示到期前的年数；r_d 表示折现率，取决于当前等风险投资的市场利率。对于折现率题目中有可能描述为：资本成本、必要报酬率、现行市场报酬率等。

【例题 1·计算题】 A 公司拟购买另一家公司发行的债券，该债券面值为 1 000 元，期限 5 年，票面利率 10%，按年计息，当前市场利率为 8%。求该债券市场价格为多少时，A 公司才会购买？

【答案】$V = 1\,000 \times 10\% \times (P/A, 8\%, 5) + 1\,000 \times (P/F, 8\%, 5)$
$= 100 \times 3.992\,7 + 1\,000 \times 0.680\,6 = 1\,079.87(元)$

所以，只有当债券价格低于或等于 1 079.87 元时，公司才能购买

(2) 平息债券——利息在到期时间内平均支付

平息债券是指利息在期限内平均支付的债券。支付的频率可能是一年一次、半年一次或每季度一次等。

平息债券价值的计算公式如下：

$$V=\sum_{t=1}^{mn}\frac{I/m}{[(1+r_d)^{\frac{1}{m}}]^t}+\frac{M}{[(1+r_d)^{\frac{1}{m}}]^{m\cdot n}}$$

其中：I 表示每年利息；M 表示面值；m 表示年付息次数；n 表示到期前的年数；r_d 表示年折现率。

【例题2·计算题】有一债券面值为1 000元,票面利率为10%,每半年支付一次利息,5年到期。假设年折现率为8%(此处为报价利率)。

要求:计算该债券的内在价值。

【答案】$V = 1\,000 \times 10\%/2 \times (P/A, 4\%, 10) + 1\,000 \times (P/F, 4\%, 10)$
$= 50 \times 8.110\,9 + 1\,000 \times 0.675\,6 = 1\,081.15(元)$

(3)到期一次还本付息的债券

$$V = \frac{M + I \times n}{(1+r_d)^n}$$

其中:I 表示每年利息;M 表示面值;n 表示持有年数;r_d 表示折现率,取决于当前等风险投资的市场利率。

【例题3·单选题】甲公司于2020年7月1日发行面值为1 000元的债券,其票面利率为6%,单利计息,到期一次还本付息,并于2025年6月30日到期。债券的市场利率为8%,计算2022年7月1日的债券价值为( )元。

A. 1 031.94
B. 1 027.41
C. 936.72
D. 884.76

【解析】甲公司发行的债券是单利计息、到期一次还本付息债券,对于2022年7月1日来说未来的持有债券期限只有3年,但是未来的现金流量是5期利息和到期本金,所以债券价值$=(1\,000 + 1\,000 \times 6\% \times 5) \times (P/F, 8\%, 3) = 1\,300 \times 0.793\,8 = 1\,031.94(元)$。

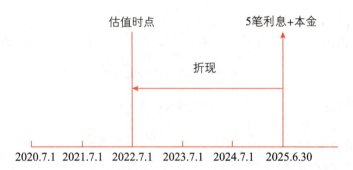

【答案】A

【例题4·单选题】甲公司于2020年7月1日发行面值为1 000元的债券,其票面利率为6%,每年6月30日计算并支付一次利息,并于2025年的6月30日到期。债券的市场利率为8%,计算2022年7月1日的债券价值为( )元。

A. 918.93
B. 920.16
C. 947.56
D. 948.43

【解析】甲公司发行的债券是平息债券,对于2022年7月1日来说已经支付了2期利息,未来只剩下3期利息和到期本金,所以债券价值$= 1\,000 \times 6\% \times (P/A, 8\%, 3) + 1\,000 \times (P/F, 8\%, 3) = 60 \times 2.577\,1 + 1\,000 \times 0.793\,8 = 948.43(元)$。

【答案】 D

3. 价值、利率与债券发行方式

债券发行价格按照与面值的大小关系,分为折价发行、平价发行和溢价发行。企业发行债券选择哪种发行价格,取决于票面利率与折现率的大小关系,具体影响如下表。

票面利率VS折现率	债券价值VS面值	债券发行价格
票面利率＜折现率 ⇒	债券价值＜面值 ⇒	折价
票面利率＝折现率 ⇒	债券价值＝面值 ⇒	平价
票面利率＞折现率 ⇒	债券价值＞面值 ⇒	溢价

4. 债券价值的影响因素

影响因素	折价	平价	溢价
面值	面值越大,债券价值越大		
票面利率	票面利率越大,债券价值越大		
折现率(当前等风险投资的市场利率)	折现率越大,债券价值越小(根据债券价值计算公式,折现率位于分母位置,因此折现率越大,折现计算出的价值越小)		
到期时间(逐渐缩短)	到期时间越短(越临近到期日)债券价值越接近面值		
	上升	不变	下降
付息周期(周期缩短＝频率提高)	付息周期越短(付息次数越多)债券价值越大(随着付息周期的缩短,原本到年底才能收到的利息,现在可以更早拿到手,所以债券价值也就越大)		
	上升	上升	上升

下面,我们对债券价值影响因素中的到期时间分为两种情况进行说明。

情况1：连续付息的债券。
折价、平价、溢价发行的债券在到期日前价值变动如下。

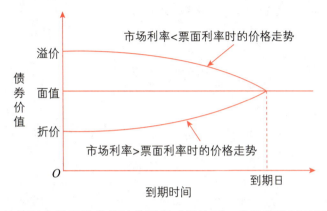

如上图所示，连续付息的债券价值随着到期时间缩短，其价值趋近于面值，至到期日等于面值。折价发行的债券其价值随着到期时间缩短而逐渐提高，到期日等于面值；溢价发行的债券其价值随着到期时间缩短而逐渐降低，到期日等于面值。

情况2：间隔付息的债券。
折价、平价、溢价发行的债券在到期日前价值变动如下。
折价发行的债券在到期日前价值呈波动上升的趋势，在到期日前的价值可能高于、等于或低于债券面值。
折价发行的债券其价值在到期日前的变动见下图。

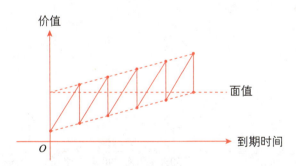

平价发行的债券在到期日前价值呈波动持平的趋势，在到期日前的价值可能高于或等于债券面值。
平价发行的债券其价值在到期日前的变动见下图。

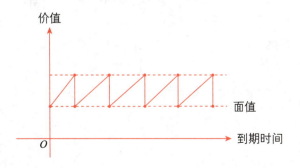

溢价发行的债券在到期日前价值呈波动下降的趋势，在到期日前的价值一直高于债券面值。

溢价发行的债券其价值在到期日前的变动见下图。

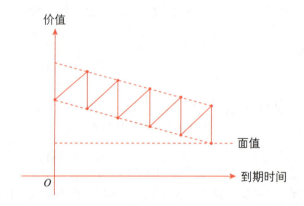

老丁翻译

间隔付息债券价值波动原理

证券价值呈现出上述特征的原因是每个付息周期内的应计未付利息。在每个付息日前，由于计息，债券价值逐渐升高；付息后，债券价值由于割息骤然下降。

该原理类似于农民"割韭菜"。

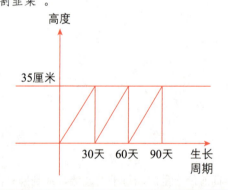

【例题5·单选题】假设其他因素不变，当平息债券的票面利率高于折现率时，债券的价值与面值的关系是（　　）。

A. 债券价值大于面值　　　　　　　B. 债券价值小于面值

C. 债券价值等于面值　　　　　　　D. 无法确定

【解析】当票面利率＞折现率时，债券价值大于面值，为溢价发行债券。

【答案】A

5. 债券的到期收益率（期望报酬率）

债券估价除采用内在价值的评估方法之外，人们习惯采用另外一种方法来评估债券，即债券的到期收益率。

(1) 含义

到期收益率是指以特定价格购买债券并持有至到期日所能获得的报酬率。它是能使未来现金流量现值等于债券购入价格的折现率。当到期收益率高于投资者要求的必要报酬率时，应买入债券。

(2) 到期收益率的计算

到期收益率的计算分为两种情况。

情况一：查阅系数表，可以直接查到对应的数值，则对应利率就是所求的到期收益率。

比如，某企业发行 3 年期、面值为 1 000 元、票面利率为 6％的到期一次还本付息的债券，发行价格为 936.68 元，求解债券的到期收益率。根据债券估值公式，发行价格＝（1 000＋1 000×6％×3）×$(P/F, r_d, 3)$＝1 180×$(P/F, r_d, 3)$＝936.68，可得$(P/F, r_d, 3)$＝0.793 8，通过查阅"复利现值系数表"可得r_d＝8％，即该债券的到期收益率为 8％。

情况二：无法通过查表找到对应的数值，则需要通过内插法计算出对应的到期收益率。

比如，某企业发行 3 年期、面值为 1 000 元、票面利率为 6％的按年付息到期一次还本的债券，发行价格为 936.68 元，求解债券的到期收益率。根据债券估值公式，发行价格＝1 000×6％×$(P/A, r_d, 3)$＋1 000×$(P/F, r_d, 3)$＝60×$(P/A, r_d, 3)$＋1 000×$(P/F, r_d, 3)$＝936.68。此时，无法直接通过查阅系数表求解r_d，需要使用内插法求出r_d。

(3) 内插法的计算方法

根据货币时间价值，当期限相同时，折现率越大，对应的年金现值系数和复利现值系数越小。因此，现值系数与折现率的关系可以用直线 L 表示在下图中。

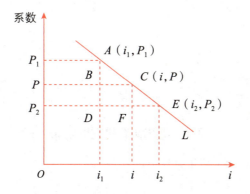

图中点 C 横坐标 i 为所求解的内含报酬率，其纵坐标 P 为对应的现值系数。利用内插法求解 i，需要在点 C 的左右两端各找到一点（点 A 和点 E）。分别从 A、C、E 三点向 X 轴、Y 轴做垂线，就可得到一对相似的三角形：△ABC 和△ADE，根据相似三角形等比关系，可得如下关系式。

$$\frac{BC}{DE}=\frac{AB}{AD}=\frac{i-i_1}{i_1-i_2}=\frac{P-P_1}{P_1-P_2}$$

列方程时注意把握"**以左定右，左边随意，右边对应**"原则，即具有对应关系的数字在等式两边的位置相同（例如 i_2 在等式左边的位置与 P_2 在等式右边的位置相同）。最终，通过下面的公式即可求解 i。

$$i = \frac{(P-P_1)\times(i_1-i_2)}{P_1-P_2} + i_1$$

【例题6·计算题】 ABC公司20×1年2月1日平价购买一张面额为1 000元的债券，其票面利率为8%，每年1月31日计算并支付一次利息，并于5年后的1月31日到期。该公司持有该债券至到期日。[$(P/A, 4\%, 5) = 4.451\ 8$；$(P/A, 6\%, 5) = 4.212\ 4$；$(P/F, 4\%, 5) = 0.821\ 9$；$(P/F, 6\%, 5) = 0.747\ 3$]

要求：
(1)计算其到期收益率；
(2)若该债券为溢价发行，购买价格为1 105元，计算其到期收益率（用内插法）。

【答案】
(1)因为是平价发行，因此票面利率＝折现率，用 $i = 8\%$ 试算：
$$80\times(P/A, 8\%, 5) + 1\ 000\times(P/F, 8\%, 5) = 1\ 000(元)$$
所以，到期收益率＝8%

(2) $1\ 105 = 1\ 000\times 8\% \times (P/A, i, 5) + 1\ 000\times(P/F, i, 5)$

将 $i = 6\%$ 代入上式：
$$80\times(P/A, 6\%, 5) + 1\ 000\times(P/F, 6\%, 5) = 1\ 084.29(元)$$

将 $i = 4\%$ 代入上式：
$$80\times(P/A, 4\%, 5) + 1\ 000\times(P/F, 4\%, 5) = 1\ 178.04(元)$$

此时，1 105处于1 084.29和1 178.04之间，则 i 处于6%和4%之间，用内插法计算：

$$\frac{i-4\%}{6\%-4\%} = \frac{1\ 105 - 1\ 178.04}{1\ 084.29 - 1\ 178.04}$$

得到 $i = 5.56\%$

老丁翻译

债券投资决策的判断标准

债券投资决策有两种不同的比较标准：
①比较市场价格与价值的大小关系：
当市场价格＜价值，投资人会选择投资该债券；
当市场价格＞价值，投资人不会购买该债券。
②比较到期收益率与必要报酬率的大小关系：
当到期收益率＞必要报酬率，投资人会选择投资该债券；
当到期收益率＜必要报酬率，投资人不会购买该债券。

6. 债券投资的优缺点

优缺点	说明
优点	(1)本金安全性高；(2)收入比较稳定；(3)许多债券都具有较好的流动性
缺点	(1)购买力风险比较大；(2)没有经营管理权；(3)需要承受利率风险

第二节 普通股价值评估

◆ 考点 29 · 普通股价值评估

股票(stock)是股份公司发给股东的所有权凭证，是股东借以取得股利的一种有价证券。股票持有者即为公司的股东，股东对公司的收益、剩余财产享有要求权。

股票按股东享有的权利，可分为普通股(common stock)和优先股(preferred stock)。

普通股股东是公司的所有者，可以参与选举公司的董事，但当公司破产时，只能最后得到偿付；

优先股是公司发行的求偿权介于债券和普通股之间的混合证券。优先股股东优先于普通股股东分配公司的利润和剩余财产，但参与公司决策管理等权利受到限制。

1. 普通股价值的含义

普通股价值是指普通股预期能够提供的所有未来现金流量的现值，股票带来的现金流入包括股利收入和出售时的售价。

2. 股票估值的方法

与债券估值原理相同，股票估值也是将未来现金流量进行折现。如果打算永远持有股票，股票的现金流量就是股利收入；如果仅持有一段时间，股票的现金流量就是持有期间的股利收入与卖出收入。

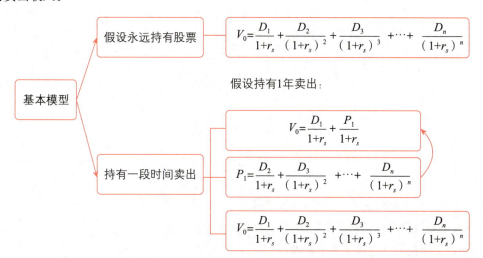

其中：D_t 表示各期股利；P_n 表示股票出售价格；r_s 表示折现率，即投资人要求的必要报酬率。

要想使用上图的公式进行股票估值,就需要无限期地预计历年的股利,实际上不可能做到,因此需要给未来的现金股利做一些假设,采用简化办法对股票进行估值。基于不同的假设前提,可将股票估值的方法分为零增长股票模型、固定增长股票模型、两阶段模型。

(1) 零增长股票的价值

假设未来股利不变,永续支付,构成永续年金。

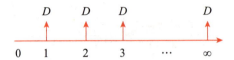

计算公式如下。

$$V = \frac{D}{r_s}$$

其中:D 表示各期股利;r_s 表示折现率,即投资人要求的必要报酬率。

【例题7·单选题·西安外国语大学2017】 某企业购入一种股票准备长期持有,预计每年股利为每股2元,预期收益率为10%,则该股票价格为(　　)元。

A. 1　　　　　　B. 2　　　　　　C. 10　　　　　　D. 20

【解析】 该股票为零增长模式,$V = \frac{D}{r_s} = \frac{2}{10\%} = 20$(元)。

【答案】 D

(2) 固定增长股票的价值

有些企业的股利是不断增长的。当公司进入可持续增长状态时,其增长率是固定的。

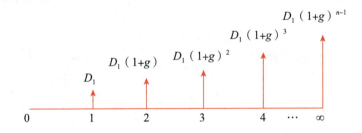

计算公式如下。

$$V = \frac{D_0(1+g)}{r_s - g} = \frac{D_1}{r_s - g}$$

其中:D_0 表示最近刚支付的股利(当前股利);D_1 表示预计第一年的股利;r_s 表示年折现率(资本成本或投资者要求的必要报酬率);g 表示股利固定增长率。

运用时必须同时满足以下三个条件:

① 现金流是逐年稳定增长;

②无穷期限；

③$r_s > g$。

【注意】在股利稳定增长的情况下，股票的资本利得收益率等于股利的增长率 g。

固定增长股票的价值公式推导如下：

$$V = \frac{D_1}{(1+r_s)^1} + \frac{D_2}{(1+r_s)^2} + \frac{D_3}{(1+r_s)^3} + \cdots + \frac{D_n}{(1+r_s)^n} + \boxed{\frac{P_n}{(1+r_s)^n}} \rightarrow \boxed{\begin{array}{c} n \text{ 趋近于}\infty, \\ \text{该分式趋近于 } 0 \end{array}}$$

$$V = \frac{D_0(1+g)}{(1+r_s)^1} + \frac{D_0(1+g)^2}{(1+r_s)^2} + \frac{D_0(1+g)^3}{(1+r_s)^3} + \cdots + \frac{D_0(1+g)^n}{(1+r_s)^n} \quad ①$$

①两端同时乘 $\frac{1+r_s}{1+g}$：

$$\frac{V(1+r_s)}{1+g} = D_0 + \frac{D_0(1+g)}{(1+r_s)^1} + \frac{D_0(1+g)^2}{(1+r_s)^2} + \cdots \frac{D_0(1+g)^{n-1}}{(1+r_s)^{n-1}} \quad ②$$

②－①得：

$$\frac{V(r_s - g)}{1+g} = D_0 - \boxed{\frac{D_0(1+g)^n}{(1+r_s)^n}} \rightarrow \boxed{\begin{array}{c} n \text{ 趋近于}\infty, \\ \text{该分式趋近于 } 0 \end{array}}$$

$$V = \frac{D_0(1+g)}{r_s - g}$$

【例题 8・单选题・中国地质大学(武汉)2021】 甲公司已进入稳定增长状态，固定股利增长率为 4%，股东要求的必要报酬率为 10%。公司最近一期每股股利 0.75 元，预计下一年股票价格是(　　)元。

A. 7.5　　　　　　　　　　　　　　B. 13
C. 12.5　　　　　　　　　　　　　　D. 13.52

【解析】甲公司股票属于固定增长模式，故此题应使用固定增长股票价值的计算公式：

$$V_0 = \frac{D_0(1+g)}{r_s - g} = \frac{D_1}{r_s - g} = \frac{0.75 \times (1+4\%)}{10\% - 4\%} = 13(元)。$$

$V_1 = 13 \times (1+4\%) = 13.52(元)$。

陷阱提示：固定股利模型下注意区分 D_0 和 D_1 在题干表述的区别。

D_0：本期、本年、已经、实际支付了、最近一期；

D_1：下一年、下一期、将要、预期、预计。

【答案】D

(3)非固定增长股票的价值(两阶段模型)

指先高速增长，再进入稳定增长阶段(股利按照固定的增长率增长)的股票。需要分段计算确定股票的价值。

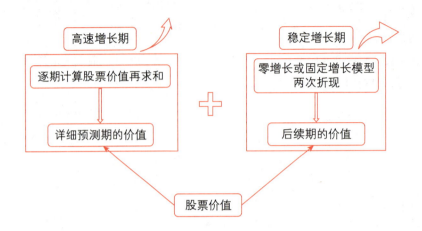

【例题9·计算题·注会例题】 一个投资人持有甲公司的股票,投资必要报酬率为15%。预计甲公司未来3年股利将高速增长,增长率为20%。此后转为正常增长,增长率为12%。公司最近支付的股利是2元。

要求:计算该公司股票的价值。

【解析】

$D_0 = 2$

$D_1 = 2 \times (1+20\%) = 2.4$

$D_2 = 2.4 \times (1+20\%) = 2.88$

$D_3 = 2.88 \times (1+20\%) = 3.456$

$D_4 = 3.456 \times (1+12\%) = 3.871$

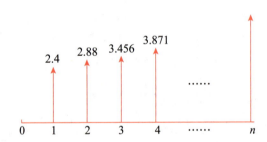

其中,第1和2时点是详细预测期,第3时点既是详细预测期的终点,也是后续期的起点。既可以将其计入详细预测期,单独计算该股利的现值,也可将其计入后续期,一并计算整个后续期价值的现值。

因此,本题可使用两种方法计算。方法一:将第3时点视为详细预测期,即从4时点开始进入后续期,后续期是固定增长股利模型;方法二:将第3时点视为后续期,后续期是固定增长股利模型。

【答案】

方法一:

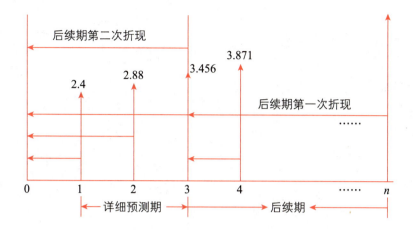

详细预测期价值 $= \dfrac{2.4}{1+15\%} + \dfrac{2.88}{(1+15\%)^2} + \dfrac{3.456}{(1+15\%)^3} = 2.087 + 2.178 + 2.272 = 6.537(元)$

后续期在第 3 年年末的价值 $= \dfrac{3.456 \times (1+12\%)}{15\% - 12\%} = 129.024(元)$

后续期价值 $= 129.024 \times (P/F, 15\%, 3) = 129.024 \times 0.657\,5 = 84.833(元)$

股票的内在价值 $= 6.537 + 84.833 = 91.37(元)$

方法二：

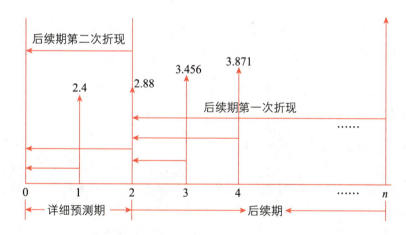

详细预测期价值 $= \dfrac{2.4}{1+15\%} + \dfrac{2.88}{(1+15\%)^2} = 4.265(元)$

后续期在第 2 年年末的价值 $= \dfrac{3.456}{15\% - 12\%} = 115.2(元)$

后续期价值 $= 115.2 \times (P/F, 15\%, 2) = 87.108(元)$

股票的内在价值 $= 4.265 + 87.108 = 91.37(元)$

3. 普通股的期望报酬率（求 r_s）

类型	计算公式
零增长股票	$r_s = \dfrac{D}{P_0}$
固定增长股票	$r_s = \dfrac{D_1}{P_0} + g$

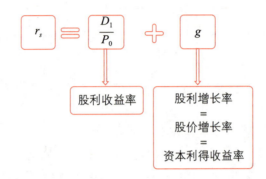

【说明】三率相等推导

$P_0 = D_1/(r_s - g)$。

$P_1 = D_2/(r_s - g)$。

股价增长率 $= P_1/P_0 = (D_2 - D_1)/D_1 = [D_1 \times (1+g) - D_1]/D_1 = g$。

资本利得收益率 $=$ 资本利得/买价 $= (P_1 - P_0)/P_0 = g$。

【例题10·计算题·注会例题】甲公司普通股当前每股价格为20元，预计下一期的股利为1元，该股利将以10%的速度持续增长，计算该股票的期望报酬率。

【答案】$r_s = \dfrac{D_1}{P_0} + g = \dfrac{1}{20} + 10\% = 15\%$

【例题11·单选题·注会真题】在其他条件不变的情况下，下列事项中，能够引起股票期望收益率上升的是（　　）。

A. 当前股票价格上升
B. 资本利得收益率上升
C. 预期现金股利下降
D. 预期持有该股票的时间延长

【解析】股票的期望收益率 $r_s = \dfrac{D_1}{P_0} + g$，当前股票价格上升使得 $\dfrac{D_1}{P_0}$ 降低，引起股票期望收益率降低，选项A错误；资本利得收益率上升，会引起股票期望收益率上升，选项B正确；预期现金股利下降，将导致 $\dfrac{D_1}{P_0}$ 下降，选项C错误；预期持有该股票的时间延长不会影响股票期望收益率，选项D错误。

【答案】B

4. 股票投资的优缺点

优点	(1)能获得比较高的报酬；(2)能适当降低购买力风险；(3)拥有一定的控制权
缺点 （总体来说投资风险大）	(1)普通股对公司资产和盈利的求偿权均居最后；(2)普通股的价格受众多因素影响，很不稳定；(3)普通股的股利收入不稳定

第三节　优先股价值评估

◆ 考点 30·优先股价值评估

1. 优先股的特征

优先分配利润、优先分配剩余财产、表决权限制。优先股按照约定的票面股息率支付股利，票面股息率可以是固定股息率或浮动股息率。当优先股存续期内采用相同的固定股息率时，每期股息就形成了无限期定额支付的年金，即永续年金，优先股则相当于永续债。

2. 优先股价值

通过对未来优先股股利的折现进行估计，即采用股利的现金流量折现模型估计。

3. 优先股价值的评估方法

计算公式为 $V_p = \dfrac{D}{r_y}$

其中：r_y 表示年折现率，一般采用资本成本或投资的必要报酬率；D 表示优先股每期股息；V_p 表示优先股的价值。

4. 优先股的期望报酬率

计算公式为 $r_y = \dfrac{D}{p_p}$

其中：p_p 表示优先股当前股价。

【例题 12·计算题】有一优先股，每年付股利 40 元。假设年折现率为 10%，则其价值为多少？

【答案】$V = 40/10\% = 400$（元）

真题精练

一、单项选择题

1. (西安外国语大学2016)大华公司股票为固定增长股票，股利年增长率6%，今年刚分配的股利为8元，无风险收益率为10%，该股票的必要收益率为17.8%，则该股票的价值为(　　)元。
   A. 55.63　　　　B. 68.96　　　　C. 65.53　　　　D. 71.86

2. (西安石油大学2017、黑龙江八一农垦2018&2019)A股票目前的市价为50元/股，预计下一期的股利是1元，该股利将以5%的速度持续增长。则该股票的资本利得收益率为(　　)。
   A. 2%　　　　B. 5%　　　　C. 7%　　　　D. 9%

3. (齐齐哈尔大学2015)公司当前的股价为30元，投资者要求收益率为13%，如果公司下一年支付每股股利3元，预期公司股价增长率为(　　)。
   A. 1.5%　　　　B. 2%　　　　C. 2.5%　　　　D. 3%

4. 下列因素变动不会影响债券到期收益率的是(　　)。
   A. 债券面值　　B. 票面利率　　C. 市场利率　　D. 债券购买价格

二、多项选择题

1. (西藏民族2023、云南师范2023)下列因素变动会影响债券内在价值的有(　　)。
   A. 债券市场价格　B. 债券面值　　C. 债券期限　　D. 债券票面利率

2. (云南师范2023)在其他因素不变的情况下，下列各项变动中，会提高债券价值的有(　　)。
   A. 票面利率提高　B. 计息期缩短　C. 发行价格提高　D. 折现率提高

三、计算题

1. (河南财经政法2023、西安外国语2018)某债券面值为1 000元，票面利率为8%，期限为6年，某企业要对这种债券进行投资，当前的市场利率为10%。
   要求：计算分析在下列两种情况下，该债券价格多少时才能进行投资。
   (1)该债券按年付息；
   (2)该债券不计复利，到期一次还本付息。
   (已知：$PVIFA_{10\%,6}=4.355\ 3$；$PVIF_{10\%,6}=0.564\ 5$)

2. (江西财经2021)一项投资由A、B、C三种证券组成，占比分别为50%，30%，20%，对应的β值为2，1，0.5，无风险报酬率为10%，平均报酬率为15%。
   要求：
   (1)此项投资的必要报酬率；
   (2)若A的每股股利为1.2元，该股票适用于零增长股票模型。请问在股价为12元时卖出，划不划算？

3. (青岛科技大学2022)某债券面值为1 000元，票面利率为12%，期限为5年，每年末支付利息，某公司要对这种债券进行投资，要求必须获得15%的报酬率。要求：计算该债券价格为多少时才能进行投资。[已知：$(P/F,15\%,5)=0.497$；$(P/A,15\%,5)=3.352$]

4. (华北电力大学(保定)2022)王某拟购买A公司债券，该公司债券面值为1 000元，票面利率为8%，期限为5年，每年付息一次，已知王某要求的必要报酬率为12%。请问：债券发行价格为多少时，可以购买？

5. (重庆工商大学2023)国库券的利息率为4%，市场证券组合的报酬率为12%。

   要求：

   (1)计算市场风险报酬率；

   (2)计算β值为1.5时的必要报酬率；

   (3)如果一项投资计划的β值为0.8，期望报酬率为9.8%，判断是否应当进行投资；

   (4)如果某只股票的必要报酬率为11.2%，计算其β值。

6. 某公司5年前发行的一种第20年年末一次还本的债券，面值100元，票面利率为6%，每年年末付息一次，第5次利息刚支付过，目前刚发行的与之风险相当的债券，票面利率为8%。

   要求：计算该债券目前的价值。

7. (天津商业2023、黑龙江八一农垦2017)甲公司持有A、B、C三种股票，在由上述股票组成的证券投资组合中，各股票所占的比重分别为50%、30%和20%，其β系数分别为2.0、1.0和0.5。股票市场平均收益率为15%，无风险收益率为10%。A股票当前每股市价为12元，刚收到上一年度派发的每股1.2元的现金股利，预计股利以后每年将增长8%。

   要求：

   (1)计算以下指标：

   ①甲公司证券组合的β系数；

   ②甲公司证券组合的风险收益率；

   ③甲公司证券组合的必要投资收益率；

   ④投资A股票的必要报酬率。

   (2)利用股票估值模型分析当前出售A股票是否对甲公司有利。

8. (中南财经政法2017)某企业考虑购入A公司股票或者B公司股票。A公司股票投资的无风险报酬率为6%，股票市场的平均投资报酬率为10%，企业预计投资该股票的期望报酬率为12%，β系数为1.3。B公司股票的现行市价为9.45元，β系数为2.0，今年的每股股利为1.2元，采用固定增长的股利政策，股利逐年递增5%，该时期股票市场的平均收益率为10%，无风险利率为4%。

   要求：试分析A公司、B公司的股票实际价值和价格相比较判断是否值得购买？

9. (西藏民族2023)甲公司拟于2021年2月1日发行面额为1 000元的债券，其票面利率为8%，每年1月31日计算并支付一次利息，并于5年后的1月31日到期。分别计算等风险投资的必要报酬率为10%、8%和6%时，该债券的价值。

10. (东北师范2018、三峡大学2019)某股票投资者拟购买甲公司的股票，该股票刚支付的每股股利为2.4元，现行国库券的利率为12%，股票市场的平均风险报酬率为16%，该股票β系数为1.5。

    要求：

    (1)假设股票股利保持不变，目前该股票的市价为15元/股，该投资者是否应购买？

    (2)假设该股票股利固定增长，增长率为4%，则该股票的价值为多少？

11. (华北电力(保定)2021)某公司本年度的净收益为 1 亿元，最近一期支付股利每股 2 元。预计该公司未来 3 年进入高速成长期，净收益第一年增长 13%，第二年增长 11%，第三年增长 6%，第四年及以后将保持其净收益水平。该公司一直采用固定股利支付率政策，并打算今后继续实行该政策。该公司没有增发普通股和发行优先股的计划。

    要求：
    (1)如果投资的必要报酬率为 10%，计算该股票的内在价值；
    (2)如该股票现行市价为 30 元/股，应否购入？

四、简答题

1. (安徽财经 2017、南京信息工程 2017、吉林财经 2021、天津财经 2021、华北电力(保定) 2021)债券价值的影响因素有哪些？简要说明各因素对债券价值产生的具体影响。
2. (吉林财经大学 2022)债券价值的影响因素有哪些？
3. (上海海事 2021)计算债券的到期收益率时应考虑什么因素？
4. (华北电力大学(保定)2022)如何测算债券的价值？债券价值受哪些因素的影响？举例说明各影响因素对债券价值产生的具体影响。
5. (北京林业大学 2022、山东工商学院 2022)普通股的估值有哪些方法？
6. (山东大学 2023、陕西理工大学 2022)简述债券估值的方法。
7. (南京师范大学 2022)简述股票估值和债券估值方法。
8. (西安工程大学 2023)企业如何通过市场价格进行证券投资决策？
9. (安徽工业大学 2023)简述企业证券投资的目的。
10. (河南财经政法大学 2023)简述企业证券投资的动机。
11. (河北经贸大学 2023、天津财经大学 2023)简述普通股投资的优缺点。
12. (山东师范大学 2023)简述债券投资的优缺点。
13. (内蒙古大学 2023)简述普通股和债券投资的优缺点。

05 第五章
投资项目资本预算

考情点拨

大白话解释本章内容

　　企业通过筹资活动筹集到了所需的资金，接下来就是要开展投资活动。企业的投资按照投资的方向可分为：对外投资和对内投资。上一章我们学习了对外投资，本章我们来学习对内投资。

　　比如企业当前有一个项目到底要不要投资呢？这需要我们从财管的角度给出专业的意见；再如，老板对A、B、C三个项目都感兴趣，但是企业的资金是有限的，不能支撑三个项目同时进行，那要如何选出最适合企业投资的项目呢？又如，经过多年的经营，企业原有固定资产的大修理支出和次品率逐年攀升，是继续"忍受"原有资产的小毛病还是购入新资产让其原资产"寿终正寝"？

　　相信通过本章的学习，大家一定能轻松解决这些小case。

本章难度 ★★★
本章重要程度 ★★★

本章复习策略

　　本章是计算题的"主战场"，乍一看难度较大，其实就是"纸老虎"。本章主要把握两个内容：①各年现金流量的计算；②各种项目评价方法。

　　建议大家把学习的重点放在<u>现金流量的计算</u>上。项目评价方法重点掌握<u>净现值法</u>和<u>内含报酬率法</u>，这些评价方法都是对现金流量进行折现的过程，与证券价值评估的底层逻辑也是一致的。

　　简答题主要考查项目评价方法各自的优缺点、适用范围以及各方法之间的比较。

考点精讲

第一节 投资项目概述

◆ 考点 31 · 企业投资的含义、意义及分类（简单了解）

1. 项目投资的含义

项目投资是指企业进行的<u>长期生产性资本投资</u>。项目投资的内容非常广泛，包括固定资产的购置，厂房、设备的更新改造，新产品的研制等。

2. 投资的意义

(1) 投资是公司实现财务管理目标的基本前提。财务管理的目标是不断提高企业价值，为股东创造财富，因此需要进行投资，从投资中获益。

(2) 投资是公司生产发展的必要手段。

(3) 投资是公司降低经营风险的重要方法。

3. 企业投资的分类

分类标准	类别
投资与企业生产经营的关系	直接投资（投资于企业的生产经营中，获取产业利润）
	间接投资（投资于各项金融资产中，取得短期收益）
投资回收时间的长短	长期投资
	短期投资
投资的方向	对内投资（将资金投向公司内部，购置各种生产经营用资产）
	对外投资（以公司的现金、实物资产等方式购买股票、债券、对其他单位的投资等）
不同项目之间的相互关系	独立项目（各个项目之间互不影响，可以共存）
	互斥项目（各个项目之间相互替代，不可共存）
项目现金流入与流出的时间	常规项目（只有一期初始现金流出，随后是一期或更多期的预期未来现金流入的项目）
	非常规项目（现金净流出不发生在期初或者期初和以后各期有多次现金净流出的项目）

第二节　投资项目现金流量的估计

现金流量是投资项目财务可行性分析的主要分析对象，净现值、现值指数、内含收益率、回收期等财务评价指标，均是以现金流量为对象进行可行性评价的。

投资项目的可行性分析，使用现金流量而不使用利润，主要基于以下两个原因。

(1)采用现金流量有利于科学地考虑资金的时间价值因素。不同时间的资金具有不同的价值，这就要求在决策时一定要弄清每笔预期收入款项和支出款项的具体时间。而利润是以权责发生制为基础计算的，并不考虑资金收付的时间。

(2)采用现金流量才能使投资决策更符合客观实际情况。第一，利润的计算在一定程度上要受存货估价、费用分配和不同折旧计提方法的影响。因此，利润的计算比现金流量的计算有更大的主观随意性，以此作为决策的主要依据不太可靠。第二，利润反映的是某一会计期间"应计"的现金流量，而不是实际的现金流量。若以未实际收到现金的收入作为报酬，具有较大风险，容易高估投资项目的经济效益，存在不科学、不合理的成分。

◆ 考点32·投资项目现金流量的估计方法

1. 现金流量的确定原则——增量现金流量法

增量现金流量是指接受或拒绝某个投资方案后，企业总现金流量因此发生的变动。只有那些由于采纳某个项目引起的现金支出增加额，才是该项目的现金流出；只有那些由于采纳某个项目引起的现金流入增加额，才是该项目的现金流入。

2. 增量现金流量的影响因素

(1)区分相关成本和非相关成本

成本类型	定义	举例
相关成本	与特定决策有关的、在分析评价时必须考虑的成本	变动成本、边际成本、机会成本、重置成本、付现成本、可避免成本、可延缓成本、专属成本、差量成本
非相关成本	与特定决策无关的、在分析评价时不必考虑的成本	沉没成本、不可避免成本、不可延缓成本、共同成本

(2)考虑机会成本(opportunity cost)

在投资方案的选择中，如果选择了一个投资方案，则必须放弃投资于其他途径的机会。其他投资机会可能取得的收益是实行本方案的一种代价，被称为这项投资方案的机会成本。

比如，新建车间的投资方案，需要使用公司以前年度花费5万元购置的一块土地。在进行投资分析时，因为公司不必动用资金去购置土地，可否不将此土地的成本考虑在内呢？答案是否定的。因为该公司若不利用这块土地来新建车间，可将这块土地出售获得收入 15 万元。只是由于在这块土地上新建车间才放弃了这笔收入，而这笔收入代表新建车间使用土地的机会成本。注意机会成本的金额是土地的<u>现行市价，与购置价格无关</u>。

(3)不考虑沉没成本(sunk cost)

沉没成本，是指以往发生的，但与当前决策无关的费用。从决策的角度看，以往发生的费用只是造成当前状态的某个因素，当前决策所要考虑的是未来可能发生的费用及所带来的收益，而不考虑以往发生的费用。

例如，某公司在 20×1 年曾经打算新建车间，并请一家会计公司做过可行性分析，支付咨询费 5 万元。但后来该项目被搁置下来，该笔咨询费作为费用已经入账了。20×3 年旧事重提，在进行投资分析时，这笔咨询费就是非相关成本。该笔支出已经发生，不管公司是否采纳新建车间的方案，它都已无法收回，与公司未来的总现金流量无关。

(4)要考虑投资方案对公司其他项目的影响

当我们采纳一个新的项目后，该项目可能对公司的其他项目造成有利或不利的影响，也应考虑此类影响产生的增量现金流。

例如，新建厂房生产的产品上市后，预计每年可实现销售收入 1 000 万元。原有产品 A 受到新产品冲击，预计每年销售收入减少 200 万元；原有产品 B 可与新产品配套销售，预计每年销售收入增长 100 万元。

原有产品的销售变化是新建厂房生产的新产品带来的影响，因此应在投资项目现金流分析中予以考虑，即每年增量收入应当为 1 000－200＋100＝900(万元)。

(5)对营运资本的影响

一般情况下，当公司开办一个新业务并使销售额扩大后，一方面，对存货和应收账款等经营性流动资产的需求会增加，公司必须筹措新的资金以满足这种额外需求；另一方面，应付账款与一些应付费用等经营性流动负债也会同时增加，从而降低公司营运资金的实际需要。<u>所谓营运资本的需要，指增加的经营性流动资产与增加的经营性流动负债之间的差额</u>。

当投资方案的寿命周期快要结束时，公司将与项目有关的存货出售，应收账款变为现金，应付账款和应付费用也随之偿付，营运资本恢复到原有水平。通常，在进行投资分析时，<u>假定开始投资时筹措的营运资本在项目结束时收回</u>。

【例题 1·判断题·天津商业大学 2015】某公司 2 年前开始的 A 项目，目前已经为该项目投入资金 20 万元，如果欲继续 A 项目需要再投入资金 10 万元，则目前公司在做出是否继续 A 项目的决策时需要考虑的相关成本为 30 万元。(   )

【解析】在做出项目决策时，需要考虑与项目决策相关的成本，已经为该项目投入的资金属于<u>沉没成本</u>，为非相关成本，不需考虑，因此做出是否继续 A 项目的决策时只需考虑 10 万元资金即可。

【答案】×

◆ 考点 33 · 投资项目现金流量的构成

投资项目从整个经济寿命周期来看,大致可以分为三个阶段:投资期、营业期、终结期,项目的现金流量也可归属于各个阶段之中。

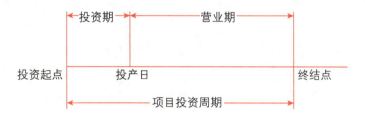

由一项长期投资方案所引起的在未来一定期间所发生的现金收支,叫作现金流量(cash flows)。其中,现金收入称为现金流入量,现金支出称为现金流出量,现金流入量与现金流出量相抵后的余额,称为现金净流量(NCF:net cash flows)。

1. 计算现金流量的假设

为简化投资项目现金流量的分析,设置如下假设。

(1) 全投资假设

在确定项目的现金流量时,仅站在投资者立场考虑全部投资的运行情况,而不具体区分自有资金和借入资金等具体形式的现金流量。即使实际存在借入资金,也将其作为自有资金对待(但在计算固定资产原值和项目总投资时,还需要考虑建设期资本化利息因素)。

(2) 现金流量时点假设

为便于折现,不论现金流量实际发生在哪个时点,均假设按照年初或年末的时点指标处理。其中,建设投资在建设期内有关年度的年初或年末发生;经营期内各年的收入、成本、折旧、摊销、利润、税金等项目的确认均在年末发生;项目最终报废或清理均发生在终结点。

2. 不考虑企业所得税时的现金流量

(1) 初始现金流量(投资期)

现金流构成	含义
长期资产投资	包括固定资产、无形资产等的购入、建造、安装等方面的现金流出
垫支营运资本	①开办新业务会导致企业对经营性流动资产的需求增加,同时扣减经营性流动负债,就是企业需要垫支的营运资本; ②营运资本一般在项目投资期垫支,于项目终结期收回;营运资本不是企业的经营所得,所以在收回时无须缴纳企业所得税,收回的金额与垫支的金额一致
机会成本	占用原有资产(土地、厂房、设备等),丧失原有资产处置或出租带来的现金流入

东财版《管理会计》的特殊规定

这本教材中,将项目总投资分为原始投资和建设期资本化利息两部分。其中原始投资包括建设投资(含固定资产投资、无形资产投资、生产准备费投资和开办费投资)和流动资金投资。

此时,固定资产原值包括固定资产投资和建设期资本化利息两部分。固定资产的折旧金额也是以固定资产原值为基础计算的。比如,某项目建设期发生的资本化利息10万元,固定资产投资200万元,那么固定资产原值等于210万元,并以此为基础计算折旧额。

【例题2·单选题·注会真题2020年】 甲公司拟投资某项目,一年前花费10万元做过市场调查,后因故中止。现重启该项目,拟使用闲置的一间厂房,厂房购入时价格2 000万元,当前市价2 500万元;项目还需投资500万元购入新设备。在进行该项目投资决策时,初始投资是( )万元。

A. 2 500   B. 2 510   C. 3 000   D. 3 010

【解析】 一年前的10万元调查费和厂房购入价格2 000万元,无论是否重启项目,均已经发生,是沉没成本,是非相关现金流量;当前市价2 500万元是重启项目的机会成本,是因为重启项目丧失的变现收入,500万元是重启项目需新增加的投入,因此2 500万元和500万元是相关现金流出量,所以初始投资=2 500+500=3 000(万元)。

【答案】 C

(2)营业期现金流量

营业阶段是投资项目的主要阶段,该阶段既有现金流入量,也有现金流出量。

现金流构成	营业收入	不考虑赊销问题,假设全部收入在当期均能收到现金
	付现营业成本	企业的营业成本可分为付现营业成本和非付现营业成本(如折旧、摊销等),而非付现营业成本未发生现金的流出,计算现金流时不予考虑
计算方法	直接法	NCF=营业收入-付现营业成本 =营业收入-(营业成本-折旧、摊销)
	间接法	NCF=营业利润+折旧、摊销

【例题3·单选题】 某投资方案的年营业收入为10 000元,年营业成本为6 000元,年折旧额为1 000元,不考虑企业所得税的影响,该方案的每年营业现金流量为( )。

A. 4 000   B. 5 000
C. 3 250   D. 3 990

【解析】
①直接法：10 000－(6 000－1 000)＝5 000。
②间接法：10 000－6 000＋1 000＝5 000。
【答案】B

(3)终结期/回收期现金流量(即营业期期末)

终结期既是营业期的最后一年，又是项目结束的年份，因此终结期现金流量除了包括正常的营业收入、付现营业成本外，还包括固定资产变现净现金流入和收回垫支的营运资本。

现金流构成	含义
固定资产变现净现金流入	①题干提及变价收入，则为固定资产的变价收入； ②题干未提及变价收入，则为固定资产的净残值
收回垫支的营运资本	①开办新业务会导致企业对经营性流动资产的需求增加，同时扣减经营性流动负债，就是企业需要垫支的营运资本； ②营运资本一般在项目投资期垫支，于项目终结期收回。营运资本不是企业的经营所得，所以在收回时无须缴纳企业所得税，收回的金额与垫支的金额一致

3. 考虑企业所得税时的现金流量

前面我们已经学习了不考虑所得税时项目各阶段现金流量的计算，接下来我们将所得税纳入考虑。所得税是企业的一种现金流出，它取决于利润大小和税率高低，而利润大小受收入和费用的影响。因为费用可以在计算企业所得税前扣除，所以应以税后的费用来计量。同样地，企业的收入也应当缴纳所得税，所以对于企业来说，真正的收入应当以税后收入来计量。

考虑所得税的影响后费用、收入、折旧与摊销的计算如下。

税后费用＝支出金额×(1－税率)

税后收入＝收入金额×(1－税率)

折旧与摊销抵税额＝折旧与摊销×税率

(1)初始现金流量(投资期)

现金流构成	含义
长期资产投资	包括固定资产、无形资产等的购入、建造、安装等方面的现金流出
垫支营运资本	①开办新业务会导致企业对经营性流动资产的需求增加，同时扣减经营性流动负债，就是企业需要垫支的营运资本； ②营运资本一般在项目投资期垫支，于项目终结期收回；营运资本不是企业的经营所得，所以在收回时无须缴纳企业所得税，收回的金额与垫支的金额一致
机会成本	占用原有资产(土地、厂房、设备等)，丧失原有资产处置或出租带来的现金流入；在考虑企业所得税的情况下，原有资产的变现价值＝变现价值－(变现价值－净残值)×所得税税率

(2)营业期现金流量

计算现金净流量时除了考虑营业收入和付现营业成本外,还需要考虑所得税。

计算方法	公式
①直接法	$NCF=$营业收入－付现营业成本－所得税
②间接法	$NCF=$税后利润(净利润)＋折旧、摊销
③分别考虑所得税	$NCF=$营业收入$\times$(1－税率)－付现营业成本$\times$(1－税率)＋折旧、摊销$\times$税率 【注意】折旧、摊销虽不构成付现成本,但计算企业所得税时可扣除,减少了税费的流出,相当于现金流入

> **老丁翻译**
>
> **营业现金净流量的公式推导**
>
> 为帮助大家理解营业现金净流量三个公式之间的等价关系,现做如下公式推导。
>
> (1)公式①推导出公式②:
>
> 营业现金净流量
>
> ＝营业收入－付现营业成本－所得税①
>
> ＝营业收入－(营业成本－折旧、摊销)－(营业收入－营业成本)$\times$税率
>
> ＝营业收入－营业成本＋折旧、摊销－营业收入$\times$税率＋营业成本$\times$税率
>
> ＝营业收入$\times$(1－税率)－营业成本$\times$(1－税率)＋折旧、摊销
>
> ＝净利润＋折旧、摊销②
>
> (2)公式①推导出公式③:
>
> 营业现金净流量
>
> ＝营业收入－付现营业成本－所得税①
>
> ＝营业收入－付现营业成本－(营业收入－付现营业成本－折旧、摊销)$\times$税率
>
> ＝营业收入－付现营业成本－营业收入$\times$税率＋付现营业成本$\times$税率＋折旧、摊销$\times$税率
>
> ＝营业收入$\times$(1－税率)－付现营业成本$\times$(1－税率)＋折旧、摊销$\times$税率③
>
> (3)公式③推导出公式②:
>
> 营业现金净流量
>
> ＝营业收入$\times$(1－税率)－付现营业成本$\times$(1－税率)＋折旧、摊销$\times$税率③
>
> ＝营业收入－营业收入$\times$税率－付现营业成本＋付现营业成本$\times$税率＋折旧、摊销$\times$税率
>
> ＝营业收入－付现营业成本－(营业收入－付现营业成本－折旧、摊销)$\times$税率
>
> ＝营业收入－(营业成本－折旧、摊销)－(营业收入－营业成本)$\times$税率
>
> ＝营业收入－营业成本＋折旧、摊销－(营业收入－营业成本)$\times$税率
>
> ＝(营业收入－营业成本)$\times$(1－税率)＋折旧、摊销
>
> ＝净利润＋折旧、摊销②

【例题4·判断题·天津商业大学2015】某公司适用的所得税税率为25%，固定资产的年折旧额为10万元。由于折旧为非付现成本，因此在估算固定资产投资的年现金流量时不需考虑10万元折旧。（   ）

【解析】虽然折旧为非付现成本，但折旧作为利润表中的一项费用可以抵税，从而产生现金流入。

【答案】×

【例题5·判断题·太原理工大学2016】每年净现金流量既等于每年营业收入与付现成本和所得税之差，又等于净利润与折旧之和。（   ）

【解析】营运期现金流量＝营业收入×(1－税率)－付现营业成本×(1－税率)＋折旧×税率，或者营运期现金流量＝税后利润＋非付现成本(折旧)。

【答案】√

【例题6·单选题】某投资方案的年营业收入为10 000元，年付现成本为6 000元，年折旧额为1 000元，所得税税率为25%，该方案的每年营业现金流量为（   ）。

A. 1 680　　　　　　　　　B. 2 680
C. 3 250　　　　　　　　　D. 3 990

【解析】
①直接法：10 000－6 000－(10 000－6 000－1 000)×25%＝3 250。
②间接法：(10 000－6 000－1 000)×(1－25%)＋1 000＝3 250。
③根据所得税对收入、费用和折旧的影响：10 000×(1－25%)－6 000×(1－25%)＋1 000×25%＝3 250。

【答案】C

(3)终结期/回收期现金流量(即营业期期末)

终结期现金流量主要包括固定资产变现净现金流入和收回垫支的营运资本。
①固定资产变现净现金流入的考虑因素及计算见下表。

情况		所得税的影响	固定资产变现净现金流入
题干未提及变价收入		不产生纳税所得	固定资产的净残值
题干提及变价收入	变价收入＞净残值	产生变现利得，差额部分需缴纳企业所得税	变价收入－(变价收入－净残值)×所得税税率
	变价收入＜净残值	产生变现损失，会减少企业所得税，视同现金的流入	
	变价收入＝净残值	不产生纳税所得	变现收入

②收回垫支的营运资本的考虑因素及计算见下表。

垫支时点	注意题目要求是在项目投产开始一次投入，还是营业期各年年初均投入
收回时点	假设都是垫支的营运资本在项目终结期一次收回（垫支多少钱就收回多少钱）
不考虑所得税影响	无论题干条件是否考虑企业所得税，营运资本均不受所得税的影响

【总结】企业所得税对现金净流量计算的影响

现金流量	具体影响
初始现金流量	原有资产处置的现金流量，考虑账面价值和变现价值之差是否要缴纳/抵减企业所得税
营业现金流量	①收入、付现营业成本均×(1－税率) ②折旧抵税效应
终结现金流量	固定资产变现现金流量，考虑账面价值和变现价值之差是否要缴纳/抵减企业所得税

【例题7·单选题】已知某设备原值60 000元，税法规定的残值率为10%，最终报废残值5 000元，该公司所得税税率为25%，则该设备最终报废由于残值带来的现金流入量为（　　）元。

A. 5 250　　　　　　　　　　B. 6 000
C. 5 250　　　　　　　　　　D. 4 600

【解析】设备报废的现金流入量＝5 000－(5 000－60 000×10%)×25%＝5 250。

【答案】A

【例题8·计算题】E公司某项目投资期为2年，每年年初需投资200万元。第3年开始投产，投产开始时垫支营运资本50万元，于项目结束时收回。项目有效期为6年，净残值40万元，按直线法计提折旧。每年营业收入400万元，付现成本280万元，公司所得税税率25%。要求：列表计算各年现金净流量。

【解析】本题涉及投资期，较为复杂，为更清晰表达，可以先画出项目的时间轴，再计算各年现金净流量。

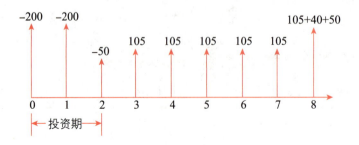

【答案】

项目	0时点	第1年年末	第2年年末	第3年年末—第7年年末	第8年年末
初始投资	−200	−200			
垫支营运资本			−50		
税后营业收入				300	300
税后付现成本				−210	−210
折旧抵税				15	15
收回营运资本					50
残值回收					40
现金净流量	−200	−200	−50	105	195

年折旧额＝(200×2−40)÷6＝60

年折旧抵税额＝60×25%＝15

营业现金净流量＝400×(1−25%)−280×(1−25%)+60×25%＝105

【例题9·计算题·中国地质大学(武汉)2023】 大华公司准备购入一设备以扩充生产能力。现有甲、乙两个方案可供选择，甲方案需投资10 000元，使用寿命为5年，采用直线法计提折旧，5年后设备无残值。5年中每年销售收入为6 000元，每年的付现成本为2 000元。乙方案需投资12 000元，采用直线法计提折旧，使用寿命也为5年，5年后有残值收入2 000元。5年中每年的销售收入为8 000元，付现成本第1年为3 000元，以后随着设备陈旧，逐年将增加修理费400元。第一年年初需垫支营运资金3 000元，假设所得税税率为25%，试计算两个方案的现金流量。

【答案】

甲方案：

甲方案每年折旧额＝10 000÷5＝2 000(元)

投资项目现金流量　　　　　　　　　　　　　　　　　　　单位：元

项目	第0年	第1年	第2年	第3年	第4年	第5年
固定资产投资	−10 000					
销售收入(1)		6 000	6 000	6 000	6 000	6 000
付现成本(2)		2 000	2 000	2 000	2 000	2 000
折旧(3)		2 000	2 000	2 000	2 000	2 000

续表

项目	第0年	第1年	第2年	第3年	第4年	第5年
税前利润(4)=(1)−(2)−(3)		2 000	2 000	2 000	2 000	2 000
所得税(5)=(4)×25%		500	500	500	500	500
税后净利润(6)=(4)−(5)		1 500	1 500	1 500	1 500	1 500
营业净现金流量(7)=(1)−(2)−(5)		3 500	3 500	3 500	3 500	3 500
现金流量合计	−10 000	3 500	3 500	3 500	3 500	3 500

乙方案：

乙方案每年折旧额=(12 000−2 000)÷5=2 000(元)

投资项目现金流量　　　　　　　　　　　　　　　　　　　单位：元

项目	第0年	第1年	第2年	第3年	第4年	第5年
固定资产投资	−12 000					
营运资本垫支	−3 000					
销售收入(1)		8 000	8 000	8 000	8 000	8 000
付现成本(2)		3 000	3 400	3 800	4 200	4 600
折旧(3)		2 000	2 000	2 000	2 000	2 000
税前利润(4)=(1)−(2)−(3)		3 000	2 600	2 200	1 800	1 400
所得税(5)=(4)×25%		750	650	550	450	350
净利润(6)=(4)−(5)		2 250	1 950	1 650	1 350	1 050
营业现金净流量(7)=(1)−(2)−(5)		4 250	3 950	3 650	3 350	3 050
固定资产残值						2 000
营运资本回收						3 000
现金流量合计	−15 000	4 250	3 950	3 650	3 350	8 050

第三节 投资项目的评价方法

◆ 考点 34 · 独立项目的评价方法

独立项目是相容性投资，各投资项目之间互不关联、互不影响，可以同时并存。独立投资项目决策考虑的是方案本身是否满足某种决策标准。

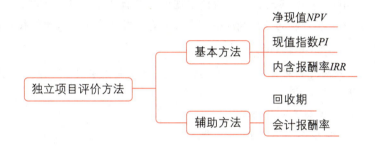

1. 净现值（NPV：net present value）

含义	净现值是指特定项目未来现金净流量现值与原始投资额现值的差额
公式	净现值（NPV）＝未来现金净流量现值－原始投资额现值＝A－B
决策原则	NPV＞0，采纳；否则就拒绝
优缺点	优点：考虑了货币时间价值，能够反映各种投资方案的净收益 缺点： （1）不能揭示各个投资方案本身可能达到的实际报酬率是多少，内含报酬率法则弥补了这一缺陷； （2）净现值是一个金额的绝对值，在比较投资额不同的项目时具有一定的局限性

【例题 10 · 计算题】设企业的资本成本为 10%，有两个投资项目。有关数据如下表所示。请比较两个项目的净现值。

单位：万元

年份	甲项目			乙项目		
	净收益	折旧	现金流量	净收益	折旧	现金流量
0			－20 000			－9 000
1	1 800	10 000	11 800	－1 800	3 000	1 200
2	3 240	10 000	13 240	3 000	3 000	6 000
3				3 000	3 000	6 000
合计	5 040		5 040	4 200		4 200

【答案】$NPV_甲=(11\ 800×0.909\ 1+13\ 240×0.826\ 4)-20\ 000=21\ 668.92-20\ 000=1\ 668.92$（万元）

$NPV_乙=(1\ 200×0.909\ 1+6\ 000×0.826\ 4+6\ 000×0.751\ 3)-9\ 000=10\ 557.12-9\ 000=1\ 557.12$（万元）

2. 现值指数（PI：profitability index/PVI：present value index）

例题10中，甲项目和乙项目相比，哪一个更好？不能根据净现值直接判断。两个项目的期限和投资额不同，甲项目用20 000万元投资、2年时间取得较多的净现值，乙项目用9 000万元投资、3年时间取得较少的净现值，两个净现值没有直接可比性。这就如同一个大企业2年的利润多一些，一个小企业的3年利润少一些，不好判断哪个更好。比较投资额不同的项目之间的**效率**问题，可以使用现值指数法。

含义	现值指数又称利润指数或获利指数，是投资项目未来现金净流量现值与初始投资额现值之比
公式	$PI=\dfrac{未来现金净流量的现值}{初始投资额现值}=\dfrac{A}{B}$
决策规则	获利指数＞1，则采纳；否则就拒绝
优缺点	优点：考虑了货币时间价值，能够真实地反映投资项目的盈利能力，有利于在**初始投资额不同**的投资方案之间进行对比
	缺点：不代表实际可能获得的财富，忽略了项目之间期限上的差异

【例题11·计算题】设企业的资本成本为10%，有两个投资项目。有关数据沿用例题10。根据例题10中的资料，在投资额不同的情况下，计算两个项目的现值指数。

【答案】

现值指数（甲）＝$(11\ 800×0.909\ 1+13\ 240×0.826\ 4)÷20\ 000=21\ 668.92÷20\ 000=1.08$

现值指数（乙）＝$(1\ 200×0.909\ 1+6\ 000×0.826\ 4+6\ 000×0.751\ 3)÷9\ 000=10\ 557.12÷9\ 000=1.17$

3. 内含报酬率（IRR：internal rate of return）

净现值法和现值指数法均考虑了时间价值，可以说明投资项目的报酬率高于或低于资本成本，但没有揭示项目本身可以达到的报酬率是多少。内含报酬率是根据项目的现金流量计算的项目本身可能达到的投资报酬率。

含义	内含报酬率是指能够使企业未来现金净流量的现值等于原始投资额现值的折现率，即净现值等于0时的折现率
公式	$\dfrac{NCF_1}{(1+r)^1}+\dfrac{NCF_2}{(1+r)^2}+\cdots+\dfrac{NCF_n}{(1+r)^n}-C=0$
	$\sum\limits_{t=1}^{n}\dfrac{NCF_t}{(1+r)^t}-C=0$
	r表示内含报酬率：当净现值等于零时的折现率

续表

决策原则	内含报酬率＞公司的资本成本或必要报酬率时采纳；反之拒绝
优缺点	优点：考虑了货币时间价值，反映了投资项目的真实报酬率，概念也易于理解
	缺点： (1)计算过程比较复杂，特别是对于每年 NCF 不相等的投资项目，一般要经过多次测算； (2)在**非常规项目决策**时(即项目现金流在项目周期中发生正负变动时)，内含报酬率法可能会产生多个 IRR，造成决策困难； (3)在衡量**互斥**项目时，传统内含报酬率法和净现值法可能会给出矛盾的意见，在这种情况下，采用**净现值法**往往会得出正确的决策判断
计算方法	一般采用逐步测试法。当各年现金流入量相等时可以直接利用年金现值系数表，然后通过内插法求出内含报酬率

【**例题12·计算题**】有关数据沿用例题10。根据例题10所示图表的资料，计算两个投资项目的内含报酬率。有关货币时间价值的系数如下。

$(P/F，16\%，1)=0.862\ 1$	$(P/F，16\%，2)=0.743\ 2$	$(P/F，16\%，3)=0.640\ 7$
$(P/F，17\%，1)=0.854\ 7$	$(P/F，17\%，2)=0.730\ 5$	$(P/F，17\%，3)=0.624\ 4$
$(P/F，18\%，1)=0.847\ 5$	$(P/F，18\%，2)=0.718\ 2$	$(P/F，18\%，3)=0.608\ 6$

【**答案**】

(1)甲项目：

$11\ 800\times(P/F，i，1)+13\ 240\times(P/F，i，2)-20\ 000=0$

当 $i=16\%$ 时

$NPV=11\ 800\times0.862\ 1+13\ 240\times0.743\ 2-20\ 000=12.75$

当 $i=17\%$ 时

$NPV=11\ 800\times0.854\ 7+13\ 240\times0.730\ 5-20\ 000=-242.72$

$$\frac{17\%-16\%}{i-16\%}=\frac{-242.72-12.75}{0-12.75}$$

解得 $i=16.05\%$

(2)乙项目：

$1\ 200\times(P/F，i，1)+6\ 000\times(P/F，i，2)+6\ 000\times(P/F，i，3)-9\ 000=0$

当 $i=17\%$ 时

$NPV=1\ 200\times0.854\ 7+6\ 000\times0.730\ 5+6\ 000\times0.624\ 4-9\ 000=155.04$

当 $i=18\%$ 时

$NPV=1\ 200\times0.847\ 5+6\ 000\times0.718\ 2+6\ 000\times0.608\ 6-9\ 000=-22.2$

$$\frac{18\%-17\%}{i-17\%}=\frac{-22.2-155.04}{0-155.04}$$

解得 $i=17.87\%$

4. 净现值（NPV）、现值指数（PI）和内含报酬率（IRR）的比较

(1)相同点

净现值法、现值指数法和内含报酬率法都体现了折现现金流量的思想。即三种方法均考虑了货币时间价值；考虑了项目期限内全部、增量、现金流；计算结果均受现金流量及其时间分布的影响。

(2)不同点

事项	净现值(NPV)	现值指数(PI)	内含报酬率(IRR)
投资额不同是否可比	×	√	√
投资期不同是否可比	×	×	√
可比性强弱	差	一般	强
结果特征	绝对数	相对数	相对数
反映效率还是效果	效果	效率	效率

(3)净现值(NPV)、现值指数(PI)和内含报酬率(IRR)的关系

采用净现值、现值指数和内含报酬率对同一项目进行可行性决策，得出的结论是一致的。

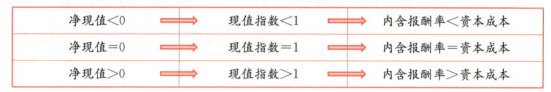

净现值<0　⟹　现值指数<1　⟹　内含报酬率<资本成本
净现值=0　⟹　现值指数=1　⟹　内含报酬率=资本成本
净现值>0　⟹　现值指数>1　⟹　内含报酬率>资本成本

5. 投资回收期（PP: payback period）

回收期是指投资项目的未来现金净流量与原始投资额相等时所经历的时间，即原始投资额通过未来现金流量回收所需要的时间。

投资者希望投入的资本能以某种方式尽快地收回来，收回的时间越长，所担风险就越大。因而，投资方案回收期的长短是投资者十分关心的问题，也是评价方案优劣的标准之一。用回收期指标评价方案时，回收期越短越好。

(1)静态回收期

含义	投资后收到的累计现金净流量达到原始投资额时所需要的时间，即收回投资需要的时间，时间越短，项目越有利
公式	(1)原始投资一次性支出，每年现金净流量相等时： $$\text{回收期} = \frac{\text{原始投资额}}{\text{每年现金净流量}}$$ (2)每年现金净流量不相等时： 设 N 是收回原始投资的前一年，$\text{回收期} = N + \frac{\text{第}N\text{年尚未回收额}}{\text{第}N+1\text{年现金净流入量}}$
决策原则	项目回收期<可接受的回收期，项目可行，反之项目不可行

续表

优缺点	优点：投资回收期法的概念容易理解，计算也比较简便
	缺点：它不仅忽视了货币的时间价值，而且没有考虑回收期满后的现金流量状况

【例题13·计算题】天天公司欲进行一项投资，初始投资额10 000元，项目为期5年，每年净现金流量有关资料详见下表，试计算该方案的投资回收期。

单位：元

年份	每年净现金流量	年末尚未回收的投资额
1	3 000	7 000
2	3 000	4 000
3	3 000	1 000
4	3 000	0
5	3 000	/

【答案】投资回收期=10 000/3 000=3.33(年)

【例题14·计算题】沿用例题10的数据，根据乙方案的现金流量，计算该方案的投资回收期。

单位：元

时点	0	1	2	3
现金净流量	−9 000	1 200	6 000	6 000
累计现金净流量	−9 000	−7 800	−1 800	4 200

【答案】投资回收期=2+1 800/6 000=2.3(年)

(2)动态回收期(折现回收期)

含义	折现回收期是指在考虑货币时间价值的情况下以项目现金流入量抵偿全部投资所需要的时间
计算公式	设 M 是收回原始投资额现值的前一年 回收期 $=M+\dfrac{\text{第 }M\text{ 年尚未回收额的现值}}{\text{第 }M+1\text{ 年现金净流入量的现值}}$
决策原则	项目回收期<可接受的回收期，项目可行，反之项目不可行
优点	对不同时点的现金流分别折现，考虑了货币时间价值
缺点	没有考虑回收期以后的收益

【例题15·计算题】沿用例题13中天天公司的投资项目现金流量表，假定折现率为10%，见下表。计算该方案的折现回收期。

单位：元

项目	0	1	2	3	4	5
现金净流量	−10 000	3 000	3 000	3 000	3 000	3 000
折现系数	1	0.909 1	0.826 4	0.751 3	0.683 0	0.620 9
折现后现金流量	−10 000	2 727	2 479	2 254	2 049	1 863
累计折现后现金流量	—	−7 273	−4 794	−2 540	−491	1 372

【答案】折现回收期＝4＋491/1 863＝4.26(年)

(3) 投资回收期评价

优点	(1) 计算简便，容易理解； (2) 可以粗略衡量项目的风险、流动性
缺点	(1) 没有考虑回收期以后的现金流，无法衡量项目整体盈利性； (2) 促使公司放弃具有战略意义的长期项目，接受短期项目

6. 会计报酬率法（ARR：accounting rate of return）

公式	会计报酬率＝年平均税后经营净利润/原始投资额×100%
决策原则	项目的会计报酬率＞可接受的报酬率，项目可行；反之项目不可行
优缺点	优点：概念容易理解，计算简便；使用财务报告数据容易获取；考虑了整个项目寿命期的全部利润 缺点：使用账面利润忽视了折旧对现金流量的影响；忽视了净收益的时间分布对项目经济价值的影响

【例题16·计算题】沿用例题10的资料，设企业的资本成本为10%，有两个投资项目，分别计算它们的会计报酬率。

【答案】

会计报酬率(甲)＝[(1 800＋3 240)/2]/20 000×100%＝12.6%

会计报酬率(乙)＝[(−1 800＋3 000＋3 000)/3]/9 000×100%＝15.6%

7. 独立项目评价方法归纳

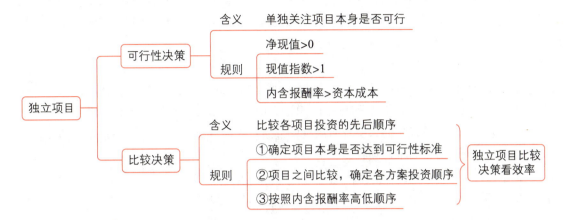

◆ 考点 35·互斥项目的评价方法

互斥项目是指接受一个项目就必须放弃另一个项目的情况。面对互斥项目，仅仅评价哪一个项目方案可以接受是不够的，它们一般都有正的净现值，我们需要比较哪个项目更有利。

1. 互斥项目评价的原理

某公司现有 A、B、C 三个互斥投资方案，相关数据如下表。需从中选择一个最优方案进行投资。

如果方案 A 所有的评价指标，包括净现值、内含报酬率、回收期和会计报酬率，均优于方案 B 和方案 C，那么选择方案 A 是毋庸置疑的。但实际上，由于投资额和项目寿命的不同，方案间各指标往往会出现矛盾。因此，我们需要根据具体情况选取合适的指标进行决策。

互斥项目的比较决策

项目	A 项目	B 项目	C 项目
原始投资额	10 000	18 000	18 000
年现金净流量	4 000	6 500	5 000
期限(年)	5	5	8
净现值	5 164	6 642	8 675
现值指数	1.52	1.37	1.48
内含报酬率	28.68%	23.61%	22.28%
等额年金额	1 362	1 752	1 626

情况 1：项目的寿命期相等时。

A 项目和 B 项目的寿命期相同，但原始投资额不等。尽管 A 项目的内含报酬率和现值指数都较高，但 B 项目的净现值较高，股东需要的是实实在在的报酬，而不是报酬的比率。因此，当寿命期相等时，要选择净现值较大的项目。

情况 2：项目的寿命期不等时。

B 项目和 C 项目的原始投资额相同，但寿命期不等。尽管 C 项目的净现值较大，但它是 8 年内取得的。按每年平均的获利数额来看，B 项目的等额年金额 1 752 元高于 C 项目 1 626 元，如果 B 项目 5 年寿命期届满后，所收回的投资重新投入原方案，达到与 C 项目同样的投资年限，取得的经济效益也高于 C 项目。

因此，互斥项目投资决策的依据总结见下表。

寿命期	
相同	不同
比较净现值，选择净现值较大的项目	采用共同年限法或等额年金法，选择重置净现值或永续净现值较大的项目

【提示】评估互斥项目时，应以净现值为基准。因为净现值代表给公司带来的财富，最高的净现值符合企业的最大利益，这与企业的目标是一致的。

当项目的寿命期不同时，采用共同年限法或等额年金法进行互斥项目决策。

2. 共同年限法（最小公倍寿命法）

计算原理	决策原则
假设投资项目可以在终止时进行重置，通过重置使两个项目达到相同的年限，然后比较重置净现值 【提示】通常选最小公倍数为共同年限	选择重置净现值最大的方案为优

3. 等额年金法

计算步骤	决策原则
(1) 计算两项目的净现值 (2) 计算净现值的等额年金额=该方案净现值/(P/A, i, n) (3) 永续净现值=等额年金额/资本成本 【提示】在资本成本相同时，可以直接根据等额年金额的大小进行判断，等额年金大的项目永续净现值肯定大	选择永续净现值或等额年金额最大的方案为优

【例题 17·计算题】假设公司资本成本是 10%，有 A 和 B 两个互斥的投资项目。A 项目的年限为 6 年，净现值 12 441 万元，内含报酬率 19.73%；B 项目的年限为 3 年，净现值为 8 324 万元，内含报酬率 32.67%。

项目现金流量分布　　　　　　　　　　　　　　　　　　　单位：万元

项目		A		B	
时间	折现系数（10%）	现金流	现值	现金流	现值
0	1	−40 000	−40 000	−17 800	−17 800
1	0.909 1	13 000	11 818	7 000	6 364
2	0.826 4	8 000	6 611	13 000	10 743
3	0.751 3	14 000	10 518	12 000	9 016
4	0.683 0	12 000	8 196		
5	0.620 9	11 000	6 830		
6	0.564 5	15 000	8 468		
净现值			12 441		8 323
内含报酬率		19.73%		32.67%	

要求：

(1)采用共同年限法进行投资项目决策；

(2)采用等额年金法进行投资项目决策。

$(P/A, 10\%, 6) = 4.355$；$(P/A, 10\%, 3) = 2.487$。

【答案】(1)共同年限法。

B项目的现金流量如下图所示：

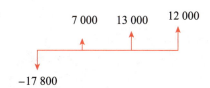

假设B项目在第3年年末可以重置，则现金流量如下图所示：

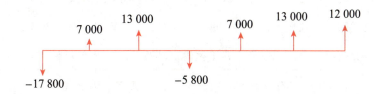

项目的现金流量分布　　　　　　　　　　　　　单位：万元

项目		A		B		重置 B	
时间	折现系数(10%)	现金流	现值	现金流	现值	现金流	现值
0	1	−40 000	−40 000	−17 800	−17 800	−17 800	−17 800
1	0.909 1	13 000	11 818	7 000	6 364	7 000	6 364
2	0.826 4	8 000	6 611	13 000	10 743	13 000	10 743
3	0.751 3	14 000	10 518	12 000	9 016	−5 800	−4 358
4	0.683 0	12 000	8 196			7 000	4 781
5	0.620 9	11 000	6 830			13 000	8 072
6	0.564 5	15 000	8 468			12 000	6 774
净现值			12 441		8 323		14 576
内含报酬率		19.73%		32.67%			

比较重置净现值，B 项目优于 A 项目

（2）等额年金法。

①A 项目的净现值＝12 441（万元）

A 项目净现值的等额年金额＝12 441/(P/A，10%，6)＝12 441/4.355 3＝2 857（万元）

A 项目的永续净现值＝2 857/10%＝28 570（万元）

②B 项目的净现值＝8 323（万元）

B 项目净现值的等额年金额＝8 323/(P/A，10%，3)＝8 323/2.486 9＝3 347（万元）

B 项目的永续净现值＝3 347/10%＝33 470（万元）

比较永续净现值，B 项目优于 A 项目，结论与共同年限法相同

4. 共同年限法和等额年金法的共同缺点

技术角度	有的领域<u>技术</u>进步快，升级换代不可避免，不可能原样复制
成本角度	若通货膨胀比较严重，必须考虑<u>重置成本</u>上升，两种方法没有考虑
利润角度	竞争会使项目<u>净利润</u>下降，甚至被淘汰，两种方法没有考虑

【注意】通常在实务中，只有重置概率很高的项目才适宜采用上述分析方法。对于预计项目年限差别不大的项目，可直接比较净现值，不需要做重置现金流分析。

互斥项目决策中净现值、现值指数、内含报酬率结论矛盾的原因

互斥项目决策中应选择净现值较大的项目,相信大家已经可以理解其中的原理了。但是为什么在互斥项目决策中,使用净现值与现值指数、内含报酬率会得出相互矛盾的结论呢?

1. 净现值与现值指数矛盾的原因

当投资规模不同时两者会产生矛盾。比如上文提到的 A 项目原始投资额 10 000 元、净现值 5 164 元、现值指数 1.52;B 项目原始投资额 18 000 元、净现值 6 642 元、现值指数 1.37。

由于净现值是用各期现金流量现值减去初始投资额现值得到的,是一个绝对数,表示投资的效果;而现值指数是用现金流量现值除以初始投资额现值,是一个相对数,表示投资的效率,因而评价的结果可能会不一致。

2. 净现值与内含报酬率矛盾的原因

(1)项目规模不同,现金流量发生的时间规律相同

当两个项目的投资规模不同时,规模小的项目的内含报酬率可能较大但净现值可能较小。例如,某公司要在下面两个互斥方案中选择一个,公司的必要报酬率为20%,具体数据如下:

方案	0时点	1时点	2时点	净现值	内含报酬率
方案一	−10	50	30	52.5	454%
方案二	−20	70	40	66.11	300%

虽然方案一的内含报酬率较高,但由于投资规模较小,只能给公司带来52.5万元的新增价值;方案二则相反。如果公司有20万元资金,应选择方案二,因为方案二可以给公司带来更多的财富。

(2)项目的规模相同,但是现金流量发生的时间不同

有的项目早期现金流入量比较大,而有的项目早期现金流入量比较小。导致两种方法的决策结果出现矛盾的原因是"再投资率假设"的不合理。

净现值法假定产生的现金流入量重新投资会产生相当于企业资本成本的利润率,而内含报酬率法却假定现金流入量重新投资产生的利润率与本项目的内含报酬率相同。很显然,内含报酬率法的假设不合理,项目收回的资金当用于企业其他方面,而不会再用于该项目。项目产生的现金流入量应以投资者要求的必要报酬率(即企业资本成本)作为再投资率。

考点 36·资本总量有限时的分配

在实务中常常会出现资本总量受限制的情形，无法同时为全部净现值为正的项目筹资。这时就需要考虑有限的资本分配给哪些项目。资本分配问题是指在企业投资项目有总量预算约束的情况下，如何选择相互独立的项目。

决策前提	决策原则
资本总量不受限制时	凡是净现值为正数的项目或内含报酬率大于资本成本的项目，都可以采用
资本总量受到限制时	按现值指数排序并寻找其中净现值最大的组合。项目的选择只有通过比较所有可能项目组合的总净现值才能得出，净现值最大且不超过投资限额的项目组合为最优投资方案

【例题 18·计算题】A 公司明年资本限额为 45 000 元，现有 4 个项目可供选择，且各项目不可分割，各项目的投资规模、净现值和现值指数见下表，试做出最佳投资组合决策。

项目	A 项目	B 项目	C 项目	D 项目
原始投资额/元	26 000	20 000	10 000	12 000
净现值	818.2	552.2	191.5	255.26
现值指数	1.031	1.276	1.019	1.213

【解析】4 个项目的净现值均大于 0，现值指数大于 1，均具备可行性。但在资本限额为 45 000 元的情况下，不能全部投资，只能投资于净现值之和最大的组合。应当对 4 个项目按现值指数由大到小进行排序，然后在资本限额内选择净现值之和最大的投资组合。

【答案】4 个项目按现值指数由大到小进行排序如下：

项目	原始投资额	现值指数	净现值
B	20 000	1.276	552.2
D	12 000	1.213	255.26
A	26 000	1.031	818.2
C	10 000	1.019	191.5

4 个项目在资本限额为 45 000 元情况下的组合有 B+D+C、D+A、A+C 三种。
三个组合的净现值合计为
B+D+C 的净现值＝552.2＋255.26＋191.5＝998.96(元)

D＋A 的净现值＝255.26＋818.2＝1 073.46(元)
A＋C 的净现值＝818.2＋191.5＝1 009.7(元)

显然，D＋A 是最佳投资组合。

第四节 投资项目评价方法的应用

◆考点 37 · 固定资产更新决策（互斥项目）

固定资产更新决策实质上是<u>互斥项目</u>的投资决策问题，企业要么继续使用旧设备，要么更换新设备。根据上节的内容，互斥项目的投资决策主要关注的是项目的<u>投资期限</u>是否相同。当投资期限相同时，直接比较<u>净现值</u>；当投资期限不同时，则需要选择<u>共同年限法</u>或<u>等额年金法</u>进行决策，分别比较<u>重置净现值</u>和<u>永续净现值</u>。下面，我们沿着这个思路来分两种情况具体讲解固定资产更新改造决策过程。

1. 新旧设备的使用寿命相同：净现值法

情形	现金流量特征
替换重置	新设备替代旧设备，两者产能一致，不会增加企业的营业收入，现金流量主要为现金流出量
扩建重置	新设备性能提升，产能提高，现金流入量发生变化

【例题 19·计算题·长沙理工 2018】某公司原有设备一台，购置成本为 150 万元，预计使用 10 年，已使用 5 年，预计净残值为原值的 10%，该公司采用直线法计提折旧，现该公司拟购买新设备替换旧设备，以提高生产率，降低成本。新设备购置成本为 200 万元，使用年限为 5 年，同样用直线法计提折旧，预计净残值为购置成本的 10%，使用新设备后公司每年的销售额可以从 1 500 万元上升至 1 650 万元，每年付现成本将从 1 100 万元上升至 1 150 万元，公司如购置新设备，旧设备当前出售可得收入 100 万元，该公司的所得税税率为 25%，资本成本率为 10%。试做出该公司是继续使用旧设备还是对其进行更新的决策。

【解析】固定资产更新改造是典型的互斥项目决策问题，首先需要看两种方案的使用寿命是否一致。本题中，新旧设备的使用寿命相同，有两种解题思路。方法一将新设备和旧设备视作两种不同的方案，分而治之；方法二采用差量分析法，将两个方案的现金流量进行对比，求出 Δ 现金流量(新设备的现金流－旧设备的现金流)。使用方法一时需要注意，旧设备当前变现的现金流量要么算作继续使用旧设备产生的机会成本，要么算作使用新设备的现金流入，无论如何处理，旧设备当前变现的现金流量只能计算一次。

此外，本题已给出所得税税率，计算现金流量的时候一定要考虑所得税的影响。

【答案】

方法一：

①继续使用旧设备：

旧设备的年折旧额＝150×(1－10%)÷10＝13.5(万元)

旧设备的账面价值＝150－13.5×5＝82.5(万元)

旧设备的目前变现价值＝100万元

丧失旧设备变现初始现金流量＝100－(100－82.5)×25%＝95.625(万元)

$NCF_0 = -95.625$(万元)

$NCF_{1-4} = 1\,500×(1-25\%) - 1\,100×(1-25\%) + 13.5×25\% = 303.375$(万元)

$NCF_5 = 1\,500×(1-25\%) - 1\,100×(1-25\%) + 13.5×25\% + 150×10\% = 318.375$(万元)

$NPV = -95.625×1 + 303.375×(P/A,10\%,4) + 318.375×(P/F,10\%,5)$

$\quad\quad = -95.625 + 303.375×3.169\,9 + 318.375×0.620\,9 = 1\,063.72$(万元)

②购置新设备：

新设备的年折旧额＝200×(1－10%)÷5＝36(万元)

$NCF_0 = -200$(万元)

$NCF_{1-4} = 1\,650×(1-25\%) - 1\,150×(1-25\%) + 36×25\% = 384$(万元)

$NCF_5 = 1\,650×(1-25\%) - 1\,150×(1-25\%) + 36×25\% + 200×10\% = 404$(万元)

$NPV = -200×1 + 384×(P/A,10\%,4) + 404×(P/F,10\%,5)$

$\quad\quad = -200 + 384×3.169\,9 + 404×0.620\,9 = 1\,268.09$(万元)

购置新设备的净现值大于使用旧设备的净现值，因此应该购置新设备。

方法二：

Δ初始投资额＝－200＋95.625＝－104.375

Δ税后营业收入＝(1 650－1 500)×(1－25%)＝112.5

Δ税后付现成本＝(1 150－1 100)×(1－25%)＝37.5

Δ折旧抵税＝(36－13.5)×25%＝5.625

Δ设备残值变现＝200×10%－150×10%＝5

$\Delta NPV = -104.375 + (112.5 - 37.5 + 5.625)×3.169\,9 + (112.5 - 37.5 + 5.625 + 5)×0.620\,9 = 204.36$(万元)

由于ΔNPV＞0，说明固定资产更新后能够增加净现值，因此应该购置新设备。

2. 新旧设备的使用寿命不同

(1) 采用共同年限法(最小公倍寿命法)

它将两个方案各自复制多次，直到使复制之后的两个方案的寿命周期一致，即假设两个方案在最小公倍寿命区间内进行多次重复投资，然后对比两个方案的重置净现值作出决策。

(2)等额年金法

含义	等额年金法是把投资项目在寿命期内总的净现值转化为每年的平均净现值，并进行比较分析的方法
计算公式	等额年金额＝净现值/年金现值系数

【注意】使用等额年金法需要注意的问题：

①等额年金法是把"继续使用旧设备"和"购置新设备"看成两个互斥的方案，而不是一个更换设备的特定方案。因此，购置新设备时，不能将旧设备的变现价值作为购置新设备的一项现金流入。

②对于更新决策来说，若未来尚可使用年限不同，则不能根据净现值或内含报酬率法解决问题。

【例题20·计算题】丰达公司考虑用一台效率更高的新设备来替换旧设备，以提高生产能力并降低成本。新旧设备的详细资料如下表所示，两设备均采用直线法折旧。假设不考虑所得税，资本成本为10%。试作出丰达公司是否更新设备的决策。

内容	旧设备	新设备
原值/元	155 000	160 000
预计使用年限/年	10	12
已经使用年限/年	4	0
尚可使用年限/年	6	12
净残值/元	5 000	10 000
目前变现价值/元	120 000	160 000
年营业收入/元	50 000	58 000
年付现运行成本/元	20 000	10 000

【答案】

(1)继续使用旧设备：

旧设备的年折旧额＝(155 000－5 000)÷10＝15 000(元)

旧设备的账面价值＝155 000－15 000×4＝95 000(元)

旧设备的目前变现价值＝120 000(元)

NCF_0＝－120 000(元)

NCF_{1-5}＝50 000－20 000＝30 000(元)

NCF_6＝30 000＋5 000＝35 000(元)

NPV＝－120 000＋30 000×$(P/A, 10\%, 5)$＋35 000×$(P/F, 10\%, 6)$

＝－120 000＋30 000×3.790 8＋35 000×0.564 5

＝13 481.5(元)

旧设备的等额年金额＝13 481.5÷(P/A，10%，6)＝13 481.5÷4.355 3＝3 095.42(元)

(2)购置新设备：

新设备的年折旧额＝(160 000－10 000)÷12＝12 500(元)

$NCF_0 = -160\ 000(元)$

$NCF_{1-11} = 58\ 000 - 10\ 000 = 48\ 000(元)$

$NCF_{12} = 58\ 000 - 10\ 000 + 10\ 000 = 58\ 000(万元)$

$NPV = -160\ 000 + 48\ 000 \times (P/A，10\%，11) + 58\ 000 \times (P/F，10\%，12)$

$\quad\quad = -160\ 000 + 48\ 000 \times 6.495\ 1 + 58\ 000 \times 0.318\ 6$

$\quad\quad = 170\ 243.6(元)$

新设备的等额年金额＝170 243.6÷(P/A，10%，12)＝170 243.6÷6.813 7＝24 985.49(元)

使用新设备的等额年金额较高，应进行设备更新

◆考点38·新建项目决策（独立项目）

新建项目是典型的独立项目决策。独立项目的决策关键在于正确计算出各年的现金净流量，一般考查净现值法。根据我们前面所讲，独立项目决策原则如下：

(1)净现值法：项目的净现值大于0，项目可接受；

(2)现值指数法：项目的现值指数大于1，项目可接受；

(3)内含报酬率法：项目的内含报酬率大于公司的资本成本或必要报酬率，项目可接受。

【例题21·计算题】甲公司是一家中低端护肤品生产企业，为适应市场需求，2020年末拟新建一条高端护肤品生产线，项目期限5年。相关资料如下：

(1)新建生产线需要一栋厂房、一套生产设备和一项专利技术。新建厂房成本为5 000万元，根据税法相关规定，按直线法计提折旧，折旧年限为20年，无残值。假设厂房建设周期很短，2020年末即可建成使用，预计5年后变现价值为4 000万元。生产设备购置成本为2 000万元，无须安装，根据税法相关规定，按直线法计提折旧，折旧年限为5年，无残值，预计5年后变现价值为零。一次性支付专利技术使用费1 000万元，可使用5年，根据税法相关规定，专利技术使用费按受益年限平均摊销。

(2)生产线建成后，预计高端护肤品第一年销售收入为5 000万元、第二年及以后每年销售收入为6 000万元。付现变动成本占销售收入的20%，付现固定成本每年为1 000万元。

(3)项目需增加营运资本200万元，于2020年末投入，项目结束时收回。

(4)项目投产后，由于部分原中低端产品客户转而购买高端产品，预计会导致中低端产品销售收入每年流失500万元，同时付现变动成本每年减少200万元。

(5)假设厂房、设备和专利技术使用费相关支出发生在2020年末，各年营业现金流量均发生在当年年末。

(6)项目加权平均资本成本为14%。企业所得税税率为25%。

要求：计算该项目 2020～2025 年末的相关现金净流量和净现值。

$(P/F, 14\%, 1)=0.877\,2$；$(P/F, 14\%, 2)=0.769\,5$；$(P/F, 14\%, 3)=0.675\,0$；$(P/F, 14\%, 4)=0.592\,1$；$(P/F, 14\%, 5)=0.519\,4$

单位：万元

项目	2020 年末	2021 年末	2022 年末	2023 年末	2024 年末	2025 年末
现金净流量						
折现系数						
现值						
净现值						

【答案】

单位：万元

项目	2020 年末	2021 年末	2022 年末	2023 年末	2024 年末	2025 年末
购置厂房	−5 000					
厂房折旧抵税		62.5	62.5	62.5	62.5	62.5
设备残值回收						3 937.5
购置设备	−2 000					
设备折旧抵税		100	100	100	100	100
专利技术使用费	−1 000					
摊销抵税		50	50	50	50	50
垫支营运资本	−200					
收回营运资本						200
税后销售收入		3 750	4 500	4 500	4 500	4 500
税后付现变动成本		−750	−900	−900	−900	−900

续表

项目	2020 年末	2021 年末	2022 年末	2023 年末	2024 年末	2025 年末
税后付现固定成本		-750	-750	-750	-750	-750
丧失低端产品边际贡献(税后)		-225	-225	-225	-225	-225
现金净流量	-8 200	2 237.5	2 837.5	2 837.5	2 837.5	6 975
折现系数	1	0.877 2	0.769 5	0.675 0	0.592 1	0.519 4
现值	-8 200	1 962.74	2 183.46	1 915.31	1 680.08	3 622.82
净现值	3 164.41					

(1)厂房：年折旧额＝5 000÷20＝250(万元/年)

折旧抵税＝250×25％＝62.5(万元)

5 年后账面价值＝5 000－250×5＝3 750(万元)

2025 年末厂房变现相关现金流量＝4 000－(4 000－3 750)×25％＝3 937.5(万元)

(2)生产设备：年折旧额＝2 000÷5＝400(万元/年)

折旧抵税＝400×25％＝100(万元)

(3)专利技术：年摊销额＝1 000÷5＝200(万元/年)

摊销抵税＝200×25％＝50(万元)

(4)税后收入：

2021 年末＝5 000×(1－25％)＝3 750(万元)

2022－2025 年末＝6 000×(1－25％)＝4 500(万元)

(5)税后付现变动成本：

2021 年末＝－5 000×20％×(1－25％)＝－750(万元)

2022－2025 年末＝－6 000×20％×(1－25％)＝－900(万元)

(6)税后付现固定成本＝－1 000×(1－25％)＝－750(万元)

(7)丧失中低端产品税后收入＝－500×(1－25％)＝－375(万元)

节约中低端产品税后变动成本＝200×(1－25％)＝150(万元)

真题精练

一、单项选择题

1.(齐齐哈尔大学 2018)下列投资决策指标中,(   )是非贴现金流量指标。

  A. 净现值　　　　　　　　　　　B. 静态投资回收期

  C. 内部报酬率　　　　　　　　　D. 获利指数

2. (西安外国语大学2017)下列说法不正确的是( )。
   A. 当净现值大于零时,获利指数小于1
   B. 当净现值大于零时,说明该方案可行
   C. 当净现值为零时,说明此时的贴现率为内含报酬率
   D. 净现值是未来总报酬的总现值与初始投资额现值之差

3. (西安外国语大学2017)在考虑所得税因素时,每年营业净现金流量可按下列公式的( )来计算。
   A. NCF=每年营业收入－付现成本
   B. NCF=每年营业收入－付现成本－所得税
   C. NCF=净利润＋折旧＋所得税
   D. NCF=净利润＋折旧－所得税

4. (西安外国语大学2019)某投资方案的年营业收入为10 000元,年营业成本为6 000元,年折旧额为1 000元,所得税率为33%,该方案的每年营业现金净流量为( )元。
   A. 1 680 B. 2 680 C. 3 680 D. 4 320

5. (云南师范2018)某投资项目2017年的营业收入为600 000元,付现成本为400 000元,折旧额为100 000元,所得税税率为25%,则该年营业现金净流量为( )元。
   A. 250 000 B. 175 000 C. 75 000 D. 100 000

6. (齐齐哈尔大学2018)当某一投资方案的净现值大于零时,其内部收益率( )。
   A. 小于零
   B. 等于零
   C. 大于设定的折现率
   D. 等于设定的折现率

7. (天津商业2015、齐齐哈尔大学2015)某投资方案,当贴现率为12%时,其净现值为161元;当贴现率为14%时,其净现值为－13元,该方案的内部报酬率为( )。
   A. 12.92% B. 13.15% C. 13.85% D. 14.67%

8. (中央财经大学2022)下列关于净现值与内含报酬率的说法正确的是( )。
   A. 如果项目净现值大于0,那么内含报酬率小于1
   B. 项目净现值大于0,项目不可取
   C. 二者均未考虑货币的时间价值
   D. 二者均是贴现现金流的方法

9. (三峡大学2020)某企业投资100万元购买一台无须安装的设备,投产后每年增加营业收入48万元,增加付现成本13万元,预计该项目寿命5年,按直线法计提折旧,期满无残值。企业适用的所得税率为25%,项目的资本成本为10%,则下列指标计算不正确的是( )。
   [(P/A,10%,5)=3.791;(P/A,16%,5)=3.274;(P/A,17%,5)=3.199]
   A. 净现值18.47万元
   B. 内含报酬率16.99%
   C. 折现回收期3.2年
   D. 现值指数 1.18

10. (云南师范2018)某投资项目各年现金流量按13%折现时,净现值大于零;按15%折现时,净现值小于零。则该项目的内含报酬率一定是( )。
    A. 大于14% B. 小于14% C. 小于13% D. 小于15%

11. (黑龙江八一农垦 2018&2019)已知某投资项目于期初一次投入现金 100 万元，项目资本成本为 10%，项目建设期为 0，项目投产后每年可以产生等额的永续现金流量。如果该项目的内含报酬率为 20%，则其净现值为( )。

  A. 10 万元   B. 50 万元   C. 100 万元   D. 200 万元

12. (齐齐哈尔 2018)下列说法正确的是( )。

  A. 当净现值大于零时，获利指数小于 1

  B. 当获利指数大于零时，说明该方案可行

  C. 当存在多个互斥方案时，用内部收益率决策一定不会出现错误

  D. 当获利指数大于 1 时，说明该方案可行

二、多项选择题

1. (云南师范 2018)下列各项中，关于静态投资回收期法的优点表述正确的是( )。

  A. 计算简便   B. 正确反映了回收期后的现金流量

  C. 便于理解   D. 直观反映了收回本金的期限

2. (黑龙江八一农垦 2018&2019)下列关于净现值和现值指数的说法中，正确的有( )。

  A. 净现值反映投资的效益

  B. 现值指数反映投资的效率

  C. 现值指数消除了不同项目间投资额的差异

  D. 现值指数消除了不同项目间期限的差异

3. (西安外国语大学 2017)一般而言，净现值在项目投资决策中能够得出正确的结论。但如果( )，进行方案优选可能会得出错误的结论。

  A. 以行业平均资金收益率计算净现值   B. 以资金成本率计算净现值

  C. 投资额不同，利用净现值   D. 项目计算期不同，利用净现值

  E. 项目未来各期现金流量不同，利用净现值

三、计算题

1. (华北电力大学(保定)2022)某公司拟投资 40 000 元购入一台设备，设备寿命周期为 5 年，直线法折旧，该设备税法规定的残值率为 10%，预计期满残值变现收入为 5 000 元。设备投产后预计每年销售收入的增加额分别为第一年 10 000 元，第二到五年 20 000 元，预计材料、人工费用等支出增加额第一年为 5 000 元，第二到四年增加 6 000 元。公司所得税率为 25%，投资报酬率为 10%。

  要求：

  (1)计算各年的现金净流量；

  (2)计算该项投资的净现值；

  (3)根据计算结果判断该设备是否购进。

2. (西安外国语大学 2016)某企业目前有一个投资项目，相关资料如下：

  该项目投资方案需要在建设起点一次发生固定资产投资 200 万元，无形资产 40 万元。投资期为 0 年，营业期 5 年，预期净残值均为 0。无形资产自投产之日起分 5 年平均摊销，与税法规定一致。投产开始后预计每年末需要垫支营运资本 50 万元，于项目期最后一年年末收回。

该项目投产后,每年营业收入为400万元,每年付现成本为280万元。该企业按直线法计提折旧,全部营运资金于项目终结时一次收回。适用的所得税税率为30%,设定贴现率为10%。

要求:

(1)计算该项目原始投资额;

(2)计算该项目在经济寿命期各个时点的现金净流量;

(3)计算该项目内含报酬率。

3. (江西财经大学2021)企业有一台旧设备,管理层想更换一台新设备,相关数据见下表,设备按照直线法计提折旧,企业所得税税率为30%,资本成本为10%。

单位:元

项目	旧设备	新设备
原值	40 000	60 000
预计使用年限	8	5
已使用年限	3	0
尚能使用年限	5	5
年收入	30 000	50 000
年付现成本	15 000	20 000
残值	5 000	8 000
当前价值	18 000	60 000

要求:计算投资项目的净现值,并判断是否应该更换。

4. (中南财经政法2018)设某项目初始投资5 000万元,预计寿命期10年,每年可得净收益(收入减支出)800万元,第10年末可回收取残值2 000万元,试求该项目的内部收益率。[相关货币时间价值系数如下:$(P/A, 12\%, 9) = 5.328\ 2$;$(P/A, 13\%, 9) = 5.131\ 7$;$(P/F, 12\%, 9) = 0.322\ 0$;$(P/F, 13\%, 9) = 0.294\ 6$]

5. (南京财经2023)某公司投资106 000元购入一台设备,该设备预计净残值6 000元,可使用4年,折旧按直线法计算(会计政策与税法一致)。设备投产后营业收入的增加额为:第1年、第2年各50 000元,第3年、第4年各60 000元;付现成本的增加额为:第1年、第2年各20 000元,第3年、第4年各29 000元。该公司目前年税后利润为30 000元,适用的所得税税率为25%,要求的最低报酬率为7%。

要求:

(1)假设公司经营无其他变化,预测未来4年各年的税后利润;

(2)计算该投资方案的净现值,并判断方案的可行性。

6. (北京工商2023)你正在考虑一个为期5年的新产品项目,到期后项目终止并清算,该项目需固定资产投资200万元;第1年年初垫支营运资金50万元,垫支的营运资金在项目最后一年年末等额回收。项目建设期为零,经营期5年。采用直线法计提折旧,固定资产账面残值为0,且无市场残值(直接报废)。该项目预计每年可实现销售收入100万元,年付现经营成

本为50万元。项目的必要报酬率为10%,所得税税率为25%,管理层认为的回收期标准为5年。要求:

(1)计算该项目各年的年现金净流量;

(2)计算该项目的静态投资回收期;

(3)计算该项目的净现值 NPV;

(4)你是否投资该项目?

7.(中南财经政法2023)某固定资产项目需一次投入固定资产1 000万元,无建设期,经营期为6年,同时需要垫支营运资本200万元。该固定资产可使用6年,按直线法计提折旧,期满残值为100万元。投入使用后,可使经营期每年营业收入增加800万元,同时付现成本增加410万元,该企业适用的所得税率为25%,假设该投资项目的折现率为10%。

要求:

(1)计算初始/经营期/终结期现金净流量;

(2)计算项目的净现值;

(3)根据净现值分析该项目是否可行并说明原因。

8.(河南财经政法2021)C公司是一家家电生产企业,该公司高层打算新建三条新产品线用于生产智能家电。预计该项目需要固定资产投资7 000万元,营运资金投资500万元,在项目开始时一次性投入,在项目结束时收回。项目预计寿命期为9年与税法规定的折旧年限一致,税法规定该类固定资产的残值率为10%,在项目寿命期内按直线法计提折旧,项目结束时收回残值。该项目投产后预计每年可为该公司增加800万元的净利润。

该项目未来还存在以下不确定因素:①如果竞争对手也推出此类产品,该公司新产品就必须通过降价来保持市场份额;②未来由于国家的金融政策,人民币基础利率有可能会上升;③新智能产品的推出可能会导致该公司同类传统产品销售量下降。

请回答以下问题:

(1)假设该公司采用10%作为项目的贴现率,请根据资料一计算项目的净现值指标,并根据该指标对项目进行可行性评价;

(2)题干中的三个不确定事项将各自如何影响净现值?请简要说明。

9.(云南师范2018)甲公司为了扩大生产能力,拟购买一台新设备,新设备的投资额为1 800万元,经济寿命期为10年。采用直接法计提折旧,预计净残值为300万元,假设设备购入即可投入生产,不需要垫支营运资金,甲公司计提折旧的方法、年限、预计净残值等与税法规定一致。且新设备投资后第1-6年每年为甲公司增加现金净流量400万元,第7-10年每年为甲公司增加的现金净流量500万元,项目终结时,预计设备净残值全部收回,假设该投资项目的贴现率为10%,相关货币时间价值系数见下表。

期数/n	4	6	10
$(P/F, 10\%, n)$	0.683 0	0.564 5	0.385 5
$(P/A, 10\%, n)$	3.169 9	4.355 3	6.144 6

要求：

(1)计算项目静态投资回收期；

(2)计算项目净现值；

(3)评价项目投资可行性并说明理由。

10.(黑龙江八一农垦2017)公司添置一台设备需投资43万元，安装一年后可以投入生产，可使用5年，设备按直线法计提折旧。固定资产净残值3万元。使用该设备可使该公司每年增加销售收入36万元，每年增加付现成本20万元，计算净现值并评价项目是否可行。[相关货币时间价值系数如下：$(P/A, 16\%, 5)=3.274$；$(P/F, 16\%, 1)=0.862$；$(P/F, 16\%, 6)=0.41$]

四、名词解释

1.(江西财经2017)增量现金流

2.(财科所2018、华中科技2014)沉没成本

3.(吉林财经2023、华侨大学2017&2018、中国石油大学2018、沈阳大学2018)机会成本

4.(西藏民族2023、北京航空航天大学2023、南京邮电2022、山东师范2019)净现值

5.(北京印刷学院2022、山东师范2018)内含报酬率

6.(武汉科技大学2023)NCF

7.(武汉科技大学2023)PVI

8.(东北师范2017)获利指数

9.(成都理工2022)投资回收期

五、简答题

1.(吉林财经2021、山西师范2021、浙江财经2020、江苏大学2020、桂林电子科技2020、天津财经2018、中国海洋2018、东北师范2018、南京农业2018、中国人民大学2017、山西财经2017)企业在进行长期投资决策中，为什么使用现金流量而不使用利润？

2.(北京物资学院2023)投资项目决策是用现金流量还是利润更具有可行性？

3.(上海对外经贸2022)如何看待公司在投资多个项目时一个项目对其他项目的影响？

4.(天津财经大学2021)如何确定投资项目初始金额？

5.(桂林电子科技大学2020)简述固定资产折旧对现金流的影响。

6.(华南师范大学2021)简述折旧对净利润、净经营资产和现金流的影响。

7.(安徽财经大学2021)投资决策时除了现金流量还应该考虑什么因素？

8.(南京信息工程大学2021)现金流量是什么？净现值如何计算？

9.(天津财经大学2021)说一说项目决策时怎样确定经营净现金流量？

10.(中央民族2023、沈阳化工2022)简述投资项目现金流量的计算公式。

11.(齐齐哈尔大学2022)终结期现金流包括什么？

12.(南京审计2023、山西财经2022)计算未来净现金流量需考虑哪些因素？

13.(吉林财经大学2021)简述投资方案的评价方法及评价原则。

14.(北京物资学院2023)项目投资的评价方法有哪些？

15.(三峡大学2018)如何评价一个项目是否可行？

16. (天津工业大学 2023)说一说如何进行投资项目决策?
17. (山西财经大学 2021)简述互斥项目投资决策的方法。
18. (山西师范大学 2021)项目折现现金流量有哪些评价指标?
19. (武汉轻工 2023、天津理工大学 2022、贵州财经 2017)考虑货币时间价值的投资决策方法有哪些?
20. (安徽财经大学 2021)一家公司在重大决策时要采用非折现现金流量,请你说服他采用折现现金流量。
21. (长春理工大学 2021)请问什么是净现值?净现值是绝对值还是相对值?在什么情况下不适用?
22. (西南财经 2020、天津大学、江西财经、南京信息工程、山东财经、哈尔滨商业 2021)什么是净现值法?其优缺点是什么?
23. (上海大学 2022)净现值是什么?该指标的优点和适用范围是什么?
24. (江西财经 2021)谈一谈净现值法。
25. (天津财经 2021、首都经济贸易 2017)投资项目的净现值如何计算?请分别说明单一方案和多个互斥方案采用净现值法的决策原则。
26. (佳木斯大学 2022)什么是净现值?如果 A 公司的净现值是 400 万,而 B 公司的净现值是 500 万,哪个企业经营状况好?
27. (天津财经大学 2021、石河子大学 2021)谈一谈现值指数法。
28. (吉林财经大学 2021)简述现值指数法的概念与计算公式。
29. (湖北工业 2022、哈尔滨商业 2021)说明现值指数法的优缺点。
30. (天津财经大学 2022)简述获利指数法的含义及其决策规则。
31. (天津财经 2022、新疆农业 2020、三峡大学 2019、桂林电子科技 2017)简述内含报酬率法。
32. (首都经济贸易大学 2017&2018)什么是内含报酬率?简述用内含报酬率指标进行单个投资项目决策的原则。
33. (西南财经大学 2021)内含报酬率法是什么?如何进行实际应用?
34. (哈尔滨商业大学 2021)简述内含报酬率对决策的影响。
35. (三峡大学 2022)内含报酬率法是什么?在项目投资中如何决策?
36. (北京印刷学院 2022)解释内含报酬率法的含义并说明在项目决策时的优缺点。
37. (东北师范大学 2020&2021)简述投资决策中内含报酬率法的优缺点。
38. (天津财经大学 2020、天津大学 2021)净现值法和内含报酬率法在进行互斥项目决策时哪一个比较好?
39. (新疆财经大学 2021)内含收益率法和净现值法在进行财务决策时是否具有相同的效力?
40. (上海大学 2020)净现值是什么?内含收益率是什么?两种方法的决策原则是什么?当两者有矛盾的时候应如何抉择?
41. (桂林电子科技大学 2020)简述净现值和内含报酬率之间的关系。
42. (山东财经大学 2021)简述净现值法和内含报酬率法的矛盾和矛盾产生的原因?
43. (北京第二外国语学院 2022)简述净现值和内含报酬率的计算过程和优缺点。

44. (黑龙江八一农垦大学)简述 NPV、PI、IRR 三者之间的关系。
45. (长江大学 2022)谈谈净现值法、内含报酬率法、获利指数法三种长期投资决策方法的区别。
46. (成都理工大学 2022)请问 IRR 和 NPV 的区别是什么?
47. (天津财经大学 2023)简述净现值和内含报酬率的异同。
48. (广西大学 2017)说明净现值法、内含报酬率法、获利指数法的优缺点。
49. (浙江财经 2023)简述内含报酬率法、净现值法和投资回收期各自的优缺点。
50. (广东工业大学 2023)简述内含报酬率法和净现值法的优缺点。
51. (天津财经大学 2021)简述投资回收期法的优缺点。
52. (安徽财经大学 2023)谈谈对投资回收期法的理解。
53. (北京航空航天 2018)采用"资金回收期"法进行投资决策时的主要缺陷是什么?
54. (南京财经大学 2022)简述静态回收期与动态回收期的区别。
55. (上海大学管理学院 2022)简述固定资产更新改造的决策方法。

六、案例题

1. (华北电力大学(保定)2021)甲公司财务部在讨论 40 万元资金的投向问题,现有五个可供选择的项目 A_1、B_1、B_2、C_1 和 C_2,其中 B_1 和 B_2 互斥,C_1 和 C_2 互斥。五个项目的初始投资额分别为 12 万元、15 万元、30 万元、12.5 万元和 10 万元,净现值分别为 6.7 万元、7.95 万元、11.1 万元、2.1 万元和 1.8 万元,现值指数分别为 1.56、1.53、1.37、1.17 和 1.18。小李说应首选净现值最大的项目,在资本限量内应选择 B_2C_2 组合。小王有不同的观点,他认为应在资本限量内选择获利指数高的,所以应选 $A_1B_1C_2$,你觉得他们的选择正确吗?说明原因。

2. (华北电力大学 2021)乙公司正在讨论两个互斥的投资项目,其中:A 项目投资额为 500 万元,净现值为 200 万元,现值指数 1.2;B 项目投资额为 150 万元,净现值为 9 万元,现值指数 1.9。大家对这两个投资项目的看法并不一致,有人说 A 好,因为其净现值大;有人说 B 好,因为其现值指数高。你认为应该投资哪个项目,说明理由。

3. (中国石油大学华东 2020)甲、乙、丙三个投资决策方案。甲、乙相比,甲的净现值>乙的净现值,甲的内含报酬率<乙的内含报酬率;甲、丙相比,投资成本一样,投资时长不一样,甲的等额年金>丙的等额年金;乙、丙相比,乙的等额年金<丙的等额年金。问这三个投资决策方案应该选哪个,为什么?

第三篇 筹资活动篇

第六章 财务战略与财务预测

📺 考情点拨

大白话解释本章内容
公司的发展需要正确的战略指引,财务战略是公司总体战略的重要组成部分。公司在制定财务战略时通常使用SWOT分析法,通过准确分析外部环境的机会与威胁、自身的优势与劣势,从而抓住机会抵御威胁、扬长避短。 　　财务预测是对未来的财务活动作出预计和测算。主要分为两个角度:①已知下一年的销售增长率,确定融资总需求,成为筹资活动的起点;②通过确定企业下一年的增长模式,推算不同模式下的销售增长率
本章难度 ★   **本章重要程度** ★
本章复习策略
本章内容整体难度不高重在理解,其中SWOT分析法考查简答题居多;销售百分比法要求把握原理和计算过程,是本章计算题的主要考点;内含增长率和可持续增长率把握含义即可

📖 考点精讲

◆ 考点39 · 财务战略的含义和类型

1. 财务战略的含义

　　财务战略是在企业总体战略目标的统筹下,以价值管理为基础,以实现企业财务管理目标为目的,以实现企业财务资源的优化配置为衡量标准所采取的战略性思维方式、决策方式和管理方针。财务战略是企业总体战略的重要组成部分，企业战略需要财务战略来支撑。

2. 财务战略的类型

分类标准	类型	含义
按照涉及的财务管理的职能领域	筹资战略	首次发行股票、增资发行股票、发行债券、与银行建立长期合作关系
	投资战略	投资行业、投资企业、投资项目等筹划
	营运战略	与重要供应商和客户建立长期商业信用关系等战略性筹划
	股利战略	重大的留用利润方案、股利政策的长期安排
综合类型	扩张型财务战略	长期内迅速扩大投资规模，全部或大部分保留利润，大量筹措外部资本
	稳健型财务战略	长期内投资规模稳定增长，保留部分利润，内部留利与外部筹资相结合
	防御型财务战略	保持现有投资规模和投资收益水平，保持或适当调整现有资产负债率和资本结构水平，维持现行的股利政策
	收缩型财务战略	维持或缩小现有投资规模，分发大量股利，减少对外筹资，甚至通过债券回购和股份回购归还投资

◆ 考点 40 · 财务战略的分析方法－SWOT 分析法

财务战略分析是通过对企业内外部环境和条件的分析，全面评价与财务资源相关的企业外部的机会与威胁、企业内部的优势与劣势，形成企业财务战略决策的过程。主要的分析方法是 SWOT 分析法。

1. SWOT 分析法的含义

SWOT 分析法是在对企业的外部财务环境和内部财务条件进行调查的基础上，对有关因素进行归纳和分析，评价企业外部的财务机会与威胁、企业内部的财务优势与劣势，从而为财务战略的选择提供参考方案。

2. SWOT 的因素分析

Strengths 内部财务优势	Weaknesses 内部财务劣势
Opportunities 外部财务机会	Threats 外部财务威胁

外部财务环境	产业政策：如产业发展的规划、产业结构的调整政策、鼓励或限制发展的政策等。这些产业政策及其调整往往会直接影响企业投资的方向、机会和程度而影响企业财务战略的选择
	财税政策：如积极或保守的财政政策、财政信用政策、财政贴息政策、税收的总体负担水平、行业和地区的税收优惠政策等
	金融政策：如货币政策、汇率政策、利率政策、资本市场政策等
	宏观周期：如宏观经济周期、产业周期和金融周期所处的阶段等
内部财务条件	①企业生命周期和产品寿命周期所处的阶段；②企业盈利水平；③企业的投资项目及其收益情况；④企业资产负债规模；⑤企业资本结构及财务杠杆利用条件；⑥企业流动性状况；⑦企业现金流量状况；⑧企业筹资能力和潜力

3. SWOT 分析法的运用

可以采用 SWOT 分析表和 SWOT 分析图来进行 SWOT 分析，从而为企业财务战略的选择提供依据。

(1) SWOT 分析表

下表为某企业的 SWOT 分析表。

内部财务优势 S	
主要财务因素	对财务战略的影响分析
1. 资本结构稳健：长期资本结构稳定合理	1. 资本结构方面：适当提升财务杠杆
2. 现金流量充足：经营现金流量持续增长	2. 投资方面：适宜追加投资
内部财务劣势 W	
主要财务因素	对财务战略的影响分析
1. 资产负债率较高：短期借款较多、流动比率较低	1. 营运资本方面：考虑减少短期筹资、改善营运资本政策
2. 股东要求提高回报：全球金融危机影响	2. 股东关系方面：考虑适当增发股利

续表

外部财务机会 O	
主要财务因素	对财务战略的影响分析
1. 投资机会良好： 行业投资回报率提升	1. 投资方面： 考虑是否增加投资规模
2. 筹资环境趋于宽松： 积极的政府财政政策 适当宽松的货币政策	2. 筹资方面： 研究是否增加筹资规模
外部财务威胁 T	
主要财务因素	对财务战略的影响分析
1. 筹资控制严格： 发行债券筹资控制严格	1. 筹资方式方面： 研究采取股权筹资方式
2. 筹资竞争激烈： 不少企业准备扩大筹资	2. 筹资竞争方面： 研究设计有效的筹资方案

(2) SWOT 分析图

在 SWOT 分析表的基础上，可采用 SWOT 分析图对四种性质的因素进行组合分析，为企业财务战略的选择提供参考。

某企业的 SWOT 分析图见下图。

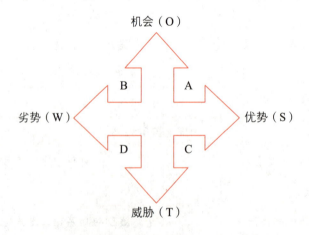

一般而言，企业的内部财务优势与劣势和外部财务机会与威胁往往是同时在的，因此，综合四类不同性质因素，客观上可以构成四种综合财务战略的选择。

在上图中，企业内部的财务优势与劣势和外部的财务机会与威胁可以构成下列四个组合。

方案	组合	特征	财务战略
A	SO 组合	财务优势＋财务机会	发挥优势、利用机会，采取积极扩张型财务战略
B	WO 组合	财务劣势＋财务机会	利用机会、克服劣势，采取稳健增长型财务战略
C	ST 组合	财务优势＋财务威胁	发挥优势、回避威胁，采取有效防御型财务战略
D	WT 组合	财务劣势＋财务威胁	克服劣势、回避威胁，采取适当收缩型财务战略

【例题 1·案例分析题·山东财经大学2023】新钢公司是一家特种钢材生产企业，在特种钢材行业中处于领先地位，在整个钢铁行业中处于中间地位。20×9年，由于该行业原材料价格大幅上涨，生产产品的市场价格趋于稳定，新钢公司的盈利能力大幅降低，生产经营面临较大的困难。

要求：根据上述材料，运用 SWOT 分析法，对新钢公司内部环境与外部环境进行简要分析。

【答案】对新钢公司的简要 SWOT 分析如下。

S：在特种钢材行业中处于领先地位

W：在整个钢铁行业中处于中间地位，盈利能力大幅降低，生产经营面临较大的困难

O：市场价格趋于稳定

T：该行业原材料价格大幅上涨

◆ 考点 41 · 财务战略的选择

根据企业发展周期的阶段特点，企业确定财务战略一般有如下几种方式。

发展阶段	经营特点	筹资战略	股利战略	投资战略
初创期	产品处于研发投入阶段，没有形成创造收入和利润的能力，产品市场尚未形成，经营风险很大	财务战略的关键是吸纳股权资本		
		筹集股权资本	不分红	不断增加对产品开发推广的投资
扩张期	产品成功推向市场，利润大幅增长，经营风险略有降低	积极扩张型财务战略，关键是实现企业的高增长与资本的匹配，保持企业可持续发展		
		尽量增加股权资本，适度引入债务资本	不分红或少量分红	对核心业务大力追加投资

续表

发展阶段	经营特点	筹资战略	股利战略	投资战略
稳定期	销售增长稳定	稳健发展型财务战略,关键是处理好日益增加的现金流		
		债务资本替代股权资本	较高的股利分配	并购与核心业务相关的业务
衰退期	产品市场需求衰退、销售下滑、企业利润减少甚至亏损,不需要更多投资	收缩型财务战略,关键是收回现有投资并将退出的投资现金流返还给投资者		
		不再进行筹资	全额甚至超额发放股利,将股权资本退出企业,实现企业正常终止	不再进行投资

【例题2·多选题·西藏民族大学2023】某公司是一家成立不久的多媒体产品研制和生产企业,产品还处于研发投入阶段,尚未形成收入和利润能力,但其市场前景被评估机构看好,对于这家公司,以下说法中正确的有( )。

A. 该企业处于初创期
B. 该企业面临的经营风险非常小
C. 该企业财务战略的关键应是吸纳债务资本
D. 该企业的筹资战略应是筹集股权资本
E. 该企业的股利战略最好是不分红

【解析】通过题干条件,可以推出该企业处于初创期,此时经营风险很大,选项B错误;处于初创期的企业筹资战略是筹集股权资本而不是吸纳债务资本,选项C错误。

【答案】ADE

第二节 财务预测

财务预测是根据财务活动的历史资料,考虑现实的要求和条件,对企业未来的财务活动和财务成果作出科学的预计和测算。

财务预测有广义和狭义之分。广义的财务预测包括筹资预测、投资预测、利润预测和现金流量预测等;狭义的财务预测仅指筹资预测。本节讨论的财务预测是狭义上的。筹资数量预测的基本目的是保证筹集的资金既能满足生产经营的需要,又不会产生多余资金造成闲置。

◆ 考点 42 · 财务预测的方法

财务预测的方法有销售百分比法、回归分析法、因素分析法和信息技术预测。

1. 销售百分比法（营业收入比例法）

销售百分比法是根据资产负债表和利润表中有关项目与营业收入之间的依存关系预测资金需求量的一种方法。即**假设**相关资产、负债与营业收入存在稳定的百分比关系，然后根据预计营业收入和相应的百分比预计相关资产、负债，最后确定融资需求。

> **老丁翻译**
>
> **销售百分比法的原理**
>
> 当企业扩大销售规模时，要相应增加资产。接下来企业需要为新增资产筹集资金。这些资金有三种来源途径：一部分来自随销售收入同比例增加的敏感负债（或经营负债），一部分来自预测期的收益留存，还有一部分通过外部筹资取得。销售百分比法就是运用上述原理确定外部筹资的金额。

(1)销售百分比法的计算

方法一：题目给出**敏感资产**和**敏感负债**。

步骤	内容
确定敏感资产、敏感负债	与营业收入保持基本不变比例关系的项目可称为敏感项目，包括敏感资产和敏感负债 其中，敏感资产一般包括现金、应收账款、存货等项目 敏感负债一般包括应付账款、应付票据、应交税费等项目 固定资产、长期股权投资、递延所得税资产、短期借款、非流动负债、股本（实收资本）、留用利润通常不属于敏感项目
计算销售百分比	敏感资产销售百分比＝基期敏感资产/基期营业收入 敏感负债销售百分比＝基期敏感负债/基期营业收入
融资总需求	融资总需求＝Δ资产－Δ敏感负债 其中： Δ资产＝增加的敏感资产＋非敏感资产调整数 　　＝Δ销售收入×敏感资产销售百分比＋非敏感资产调整数 或：　＝基期敏感资产×预计销售收入增长率＋非敏感资产调整数 Δ敏感负债＝Δ销售收入×敏感负债销售百分比 或：　＝基期敏感负债×预计销售收入增长率
增加的留存收益	Δ留用利润＝预计净利润×（1－所得税税率）×（1－预计股利支付率）
需要追加的外部筹资额	需要追加的外部筹资额＝融资总需求－留用利润增加额

方法二：题目给出 经营资产 和 经营负债。

步骤	内容
确定经营资产、经营负债	将资产划分为经营资产（销售商品或提供劳务涉及的资产）和金融资产（筹资活动以及多余资本的利用涉及的资产）
	将负债划分为经营负债（金融负债以外的负债）和金融负债（进行债务筹资活动所涉及的负债）
计算销售百分比	经营资产销售百分比＝基期经营资产/基期营业收入
	经营负债销售百分比＝基期经营负债/基期营业收入
融资总需求	总额法：＝Δ经营资产－Δ经营负债
	增量法：＝Δ营业收入×（经营资产销售百分比－经营负债销售百分比）
	同比增长法：＝（基期经营资产－基期经营负债）×营业收入增长率
	Δ经营资产＝Δ销售收入×经营资产销售百分比①
	或：＝基期经营资产×预计销售收入增长率②
	Δ经营负债＝Δ销售收入×经营负债销售百分比①
	或：＝基期经营负债×预计销售收入增长率②
增加的留存收益	Δ留用利润＝预计净利润×（1－所得税税率）×（1－预计股利支付率）
需要追加的外部筹资额	需要追加的外部筹资额＝融资总需求－预计可动用的金融资产－留用利润增加额
外部融资销售增长比	含义：可动用金融资产为0时，每增加1元营业收入需要追加的外部融资额
	外部融资销售增长比＝经营资产销售百分比－经营负债销售百分比－$\frac{1+增长率}{增长率}$×预计营业净利率×（1－预计股利支付率）

(2) 优缺点

优点	能为财务管理提供短期预计的财务报表，以适应外部筹资的需要，且易于使用
缺点	倘若销售百分比与实际不符，进行预测就会形成错误的结果。因此，在有关因素发生变动的情况下，必须相应调整原有的销售百分比

【例题3·计算题】某企业20×8年营业收入15 000万元，敏感资产占营业收入比例为33.9%，敏感负债占营业收入比例为18.3%，保持稳定不变。20×9年预计营业收入18 000万元。预计固定资产（非敏感资产）增加2 000万元。假设20×9年利润额为540万元，所得税税率为25%，税后利润留用比例为50%，要求预测外部筹资额。

【答案】融资总需求＝（18 000－15 000）×33.9%＋2 000－（18 000－15 000）×18.3%＝2 468（万元）

所需的外部筹资额＝2 468－540×(1－25％)×50％＝2 468－202.5＝2 265.5(万元)

【例题4·计算题·北京语言大学2023】 甲公司2020年经营资产为12 000万元，经营负债为3 000万元，无可动用的金融资产，营业收入为16 000万元，净利润为1 650万元，公司没有优先股且没有外部股权融资计划，股东权益变动均来自留存收益，公司采用固定股利支付率政策，股利支付率60％。销售部门预测2021年公司营业收入增长率为10％。甲公司的企业所得税税率25％。

假设2021年甲公司经营资产和经营负债与营业收入保持2020年的百分比关系，所有成本费用与营业收入的占比关系维持2020年水平。

要求：用销售百分比法测算公司2021年融资总需求和外部融资需求。

【答案】融资总需求＝(12 000－3 000)×10％＝900(万元)

预计增加的留存收益＝1 650×(1＋10％)×(1－60％)＝726(万元)

外部融资需求＝900－726＝174(万元)

【例题5·计算题·河南财经政法大学2020(节选)】 某制造业上市公司2019年度有关资料如下：该年度的销售收入总额为10 000万元；资产总额为20 000万元，其中，经营性资产为18 000万元，金融性资产为2 000万元；负债总额为7 200万元，其中，经营性负债为3 000万元，其余为金融性负债4 200万元。

假设该公司2020年度的销售收入计划增加10％。为了保持正常运营、实现收入增长计划，该公司的经营性资产应该增加10％。经营性资产增加的途径如下：①随着营业规模扩大，经营性负债自然增加10％；②预计该公司2020年度的销售净利率(净利润÷销售收入)为10％，净利润中40％可以留存；③其2019年末的金融性资产2 000万元中的500万元可以转做经营性资产；④外部融资。请回答：

(1)什么是经营性资产和经营性负债？制造型企业的经营性资产和经营性负债分别包括哪些资产和负债项目？

(2)计算该公司2020年所需的外部融资额。

【答案】

(1)经营性资产是指销售商品或提供劳务所涉及的资产，制造型企业的经营性资产通常包括存货、应收账款、预付账款、固定资产、在建工程、无形资产；经营性负债是指销售商品或提供劳务所涉及的负债，制造型企业的经营性负债通常包括预收账款、应付职工薪酬、应交税费

(2)2020年融资总需求＝(18 000－3 000)×10％＝1 500(万元)

可动用的金融资产＝500(万元)

留存收益的增加＝10 000×(1＋10％)×10％×40％＝440(万元)

所需的外部融资额＝1 500－500－440＝560(万元)

2. 回归分析法

回归分析法是先基于<u>资本需要量与营业业务量之间存在线性关系</u>的假定建立数学模型，然

后根据有关历史资料,用回归直线方程确定参数预测资金需要量的方法。其预测模型为:
$$Y=a+bX$$

其中,Y 表示资本需要总额;a 表示不变资本总额;b 表示单位业务量所需要的可变资本额;X 表示经营业务量。

不变资本是指在一定的营业规模内不随业务量变动的资本,主要包括维持营业所需要的最低数额的现金、原材料的保险储备、必要的成品或商品储备,以及固定资产占用的资本。

可变资本是指随营业业务量变动而同比例变动的成本,一般包括在最低储备以外的现金、存货、应收账款等所占用的资本。

【例题6·计算题】某企业20×4年—20×8年的产销量和资本需要总额如下表所示。假定20×9年预计产销量为7.8万件,试预测20×9年资本需要总额。

某企业产销量与资本需要总额的历史资料表

年度	产销量 X(万件)	资本需要总额 Y(万元)
20×4	6.0	500
20×5	5.5	475
20×6	5.0	450
20×7	6.5	520
20×8	7.0	550

【答案】(1)整理出的回归方程数据计算表如下:

回归方程数据计算表

年度	产销量 X(万件)	资本需要总额 Y(万元)	XY	X^2
20×4	6.0	500	3 000	36
20×5	5.5	475	2 612.5	30.25
20×6	5.0	450	2 250	25
20×7	6.5	520	3 380	42.25
20×8	7.0	550	3 850	49
$n=5$	$\sum X=30$	$\sum Y=2\,495$	$\sum XY=15\,092.5$	$\sum X^2=182.5$

(2)计算不变资本总额和单位业务量所需要的可变资本额。将上表的数据代入下列联立方程组,则有

$$\begin{cases} \sum Y=na+b\sum x, \\ \sum XY=a\sum X+b\sum X^2, \end{cases}$$

可得 $\begin{cases} 2\,495=5a+30b, \\ 15\,092.5=30a+182.5b, \end{cases}$ 即 $\begin{cases} a=205, \\ b=49, \end{cases}$

故不变资本总额为 205 万元，单位业务量所需要的可变资本额为 49 万元

(3) 确定资本需要总额预测模型。将 $a=205$，$b=49$ 代入 $Y=a+bX$，可得预测模型为 $Y=205+49X$

(4) 计算资本需要总额。将 20×9 年预计产销量 7.8 万件代入上式，经计算，资本需要总额为 $205+49\times7.8=587.2$（万元）

3. 因素分析法

因素分析法是以有关资本项目上年度的实际平均需要量为基础，根据预测年度的经营业务和加速资本周转的要求，进行分析调整，来预测资本需要量的一种方法。

因素分析法的基本模型是：

$$资本需要额 = \left[\begin{array}{c}上年度资本实际平均占用额\end{array} - \begin{array}{c}不合理平均占用额\end{array}\right] \times \left[\begin{array}{c}预测年度\\1\pm销售增减的百分比\end{array}\right] \times \left[\begin{array}{c}预测期资本周转速度变动率\\1\pm\end{array}\right]$$

【例题 7·计算题】 某企业上年度资本实际平均占用额为 2 000 万元，其中不合理部分为 200 万元，预计本年度销售增长 5%，资本周转速度加快 2%，预测年度资本需要额为多少？

【答案】 $(2\,000-200)\times(1+5\%)\times(1-2\%)=1\,852.2$（万元）

4. 信息技术预测（了解即可）

对于大型企业来说，无论是销售百分比法还是回归分析法都显得过于简化。实际上，影响融资需求的变量很多，如产品组合、信用政策、价格政策等。考虑这些变量的预测模型在手工条件下非常难求解，需要借助信息技术方可完成。

◆ 考点 43 · 内含增长率与可持续增长率

从资本来源看，公司实现增长有以下三种方式。

方式	含义	特点	对应指标
完全依靠内部资本增长	无法取得或不愿意借款，主要靠<u>内部积累</u>实现增长	内部财务资源有限，限制企业发展	内含增长率
主要依靠外部资本增长	销售增长依靠增加债务和股东投资实现	增加财务风险、稀释每股收益、分散控制权	外部融资额
平衡增长	保持目前财务结构和财务风险，按照股东权益内源融资的增长比例增加借款	不会消耗财务资源是可持续的增长	可持续增长率

1. 内含增长率

(1)含义

内含增长率是只靠内部积累(增加留存收益)实现的销售增长率。

(2)前提条件

①可动用的金融资产为0；

②外部融资额为0；

③经营资产销售百分比、经营负债销售百分比保持不变。

2. 可持续增长率

(1)含义

可持续增长率是指不增发新股或回购股票，不改变经营效率和财务政策时，其下期销售所能达到的增长率。

(2)前提条件

①不改变经营效率(资产周转率和营业净利率不变)；

②不改变财务政策(权益乘数和利润留存率不变)；

③不发行新股或回购股份(股本不变)。

增资后，负债和股东权益同比例扩大

| 资产 100万元 | 负债 40万元 |
| | 股东权益 60万元 |

| 资产 110万元 | 负债 44万元 |
| | 股东权益 66万元 |

【例题8·判断题·厦国会2018】企业销售增长时需要补充资金。某企业的销售净利率大于0，股利支付率小于1，假设每元销售所需资金不变，销售净利率越高，外部融资需求越多。（　　）

【解析】销售净利率大于0，股利支付率小于1说明企业有内部融资来源。销售净利率越高代表内部融资越多，外部融资需求会越少。

【答案】×

真题精练

一、单项选择题

(北京印刷学院 2018&2019)某企业预计 2011 年经营资产增加 1 000 万元,经营负债增加 200 万元,留存收益增加 400 万元,销售增加 2 000 万元,可以动用的金融资产为 0,则外部融资销售增长比为( )。

A. 20%　　　　　　B. 25%　　　　　　C. 14%　　　　　　D. 35%

二、名词解释

1.(山东师范大学 2023、北京印刷学院 2020)SWOT 分析法
2.(南京农业 2017、北京工商 2018、上海大学悉尼工商学院 2022)可持续增长率
3.(北京工商大学 2020)内部增长率

三、简答题

1.(安徽财经大学 2021)企业在不同的发展阶段,应该采取什么样的财务战略?
2.(北京印刷学院 2018)企业的财务战略有哪些?
3.(天津财经大学 2021)财务预测的方法有哪些?
4.(华北电力大学(保定)2022)举例说明如何采用销售百分比法下的总额法和增加额法测算外部融资额。
5.(甘肃政法大学 2023)简述扩张型财务战略的含义和适用情况。

07 第七章 长期筹资决策

考情点拨

大白话解释本章内容

通过财务预测我们明确了融资总需求，本章所解决的问题就是根据融资总需求，进行资本结构决策，即确定采用哪些筹资方式、每种筹资方式筹资的金额。

一般来说，债务筹资的资本成本要低于股权筹资的资本成本，那么是不是意味着企业要尽量选择债务筹资而避免选择股权筹资呢？

当然不是，资本成本低固然好，但资本成本并不是企业选择筹资方式的唯一标准。除资本成本外，企业还要考虑不同筹资方式的优缺点，比如选择债务筹资就要承担固定还本付息的法律义务，这会加大企业的财务风险；尤其当销量下降时，企业仍需按时支付固定的利息，导致财务风险进一步扩大；企业大规模举债在带来利息抵税效应的同时也有可能让企业陷入财务困境。所以企业选择具体筹资方式时需要权衡利弊，综合考虑上述影响因素

本章难度 ★★★
本章重要程度 ★★★

本章复习策略

本章内容较多，计算题主要考查各种筹资方式的资本成本、每股收益无差别点、杠杆系数；资本结构理论将是同学们理解的难点，也是考查简答题的重要考点，需要打起十二分的精神来对待。其余知识点大多考查选择题和简答题，难度不大。

学习本章时注意对比各种筹资方式优缺点和寻找各种资本结构理论之间的内在关系，切忌对每个知识点"单打独斗"

考点精讲

第一节 资本成本

◆ 考点 44 · 资本成本概述（cost of capital）

1. 资本成本的含义

资本成本是指企业<u>筹集</u>和<u>使用</u>资本所需要付出的代价，如筹资公司向银行支付的借款利息和向股东支付的股利等。从投资者角度看，资本成本是投资者要求的必要报酬率，也是投资资本的机会成本。

> **老丁翻译**
>
> **如何理解资本成本是投资资本的机会成本**
>
> 比如投资人面临投资 A 公司还是 B 公司的选择。如果选择投资 A 公司，那么就会丧失投资 B 公司产生的收益，这就是机会成本。
>
> 假如这个收益率是 10%，那么投资人投资 A 公司要求的最低报酬率就是 10%。站在 A 公司的角度，筹资的资本成本就是 10%。

【注意】
①本书的资本成本指的是<u>长期资本</u>（长期债务＋权益资金）的资本成本。
②不考虑所得税、交易费用等因素的影响时，<u>投资者的税前必要报酬率等于筹资者的税前资本成本</u>。

2. 资本成本的表现形式

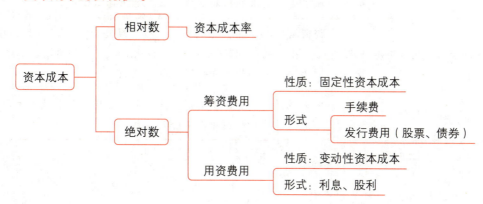

3. 资本成本的种类

一般而言，资本成本分为个别资本成本、综合资本成本和边际资本成本。

种类	含义
个别资本成本	企业各种长期资本的成本，比如股权资本成本、债券资本成本、长期借款资本成本
综合资本成本	企业全部长期资本的加权平均资本成本
边际资本成本	企业追加长期资本的成本率，即企业新增1元资本所需负担的成本

4. 资本成本的作用

作用	内容
①选择筹资方式、进行资本结构决策和选择追加筹资方案的依据	各种长期筹资方式的个别资本成本率高低不同，可作为选择筹资方式的一个依据
②评价投资项目、进行投资决策的依据	投资项目只有当其投资报酬率大于资本成本时，才能被采纳
③评价整个企业经营业绩的基准	如果企业全部投资的利润率高于资本成本，可以认为企业经营有利

5. 资本成本的影响因素

影响因素	内容
总体经济环境	它决定了整个经济中资金的供给和需求，从而决定了市场利率水平，以及预期通货膨胀的水平，两者直接影响企业筹资的资本成本
资本市场条件	资本市场条件是指资本市场的完善程度。如果资本市场完善或趋于完善，交易成本低，投资和筹资都相对容易，投资者风险小，要求的报酬就相对低，企业资本成本低
企业的经营状况和财务状况	经营状况和财务状况是指企业经营风险和财务风险的大小。如果企业的经营风险和财务风险大，投资者便会有较高的报酬率要求，企业筹资的资本成本就高
融资规模	融资规模大，资本成本就高，如企业发行债券金额很大，资金筹集费用和使用费用都会比较大

◆ 考点 45 · 长期债务资本成本的计算

1. 长期债务资本成本的概念

长期债务资本成本一般有 长期借款 资本成本和 长期债券 资本成本两种。根据企业所得税法的规定，企业债务的利息允许从税前利润中扣除，从而可以抵免企业所得税。因此，企业实际负担的债务资本成本应当考虑所得税因素，即 税后资本成本。

2. 长期借款（long-term loan）资本成本的估计

两种模式	公式
一般模式 （不考虑货币时间价值）	资本成本 $K_L = \dfrac{\text{年利息} \times (1-\text{所得税税率})}{\text{筹资额} - \text{筹资费用}}$ $= \dfrac{\text{年利息} \times (1-\text{所得税税率})}{\text{筹资额} \times (1-\text{筹资费用率})}$ ⎬ $\dfrac{\text{税后利息费用}}{\text{实际到手的钱}}$
贴现模式 （考虑货币时间价值）	筹资额 $\times (1-\text{筹资费率}) = $ 年利息 $\times (1-\text{所得税税率}) \times (P/A, K_L, n) + $ 本金 $\times (P/F, K_L, n)$ 内插法求解 K_L

【例题1·计算题】某企业取得5年期长期借款200万元，年利率10%，每年付息一次，到期一次还本，借款费用率0.2%，企业所得税税率25%，计算该笔借款的资本成本率。[$(P/A, 7\%, 5) = 4.1002$；$(P/A, 8\%, 5) = 3.9927$；$(P/F, 7\%, 5) = 0.7130$；$(P/F, 8\%, 5) = 0.6806$]

【答案】

(1) 一般模式：$K_L = \dfrac{200 \times 10\% \times (1-25\%)}{200 \times (1-0.2\%)} = 7.52\%$

(2) 贴现模式：

$200 \times (1-0.2\%) = 200 \times 10\% \times (1-25\%) \times (P/A, K_L, 5) + 200 \times (P/F, K_L, 5)$

当 $K_L = 8\%$ 时

$15 \times (P/A, 8\%, 5) + 200 \times (P/F, 8\%, 5) = 15 \times 3.9927 + 200 \times 0.6806 = 196.01 < 199.6$

当 $K_L = 7\%$ 时

$15 \times (P/A, 7\%, 5) + 200 \times (P/F, 7\%, 5) = 15 \times 4.1002 + 200 \times 0.7130 = 204.10 > 199.6$

按插值法计算，可得：$K_L = 7.56\%$

3. 长期债券（long-term bonds）资本成本的估计

两种模式	公式
一般模式 （不考虑货币时间价值）	资本成本 $K_b = \dfrac{\text{年利息} \times (1-\text{所得税税率})}{\text{发行价格} - \text{筹资费用}}$ $= \dfrac{\text{年利息} \times (1-\text{所得税税率})}{\text{发行价格} \times (1-\text{筹资费用率})}$ ⎬ $\dfrac{\text{税后利息费用}}{\text{实际到手的钱}}$
贴现模式 （考虑货币时间价值）	筹资额 $\times (1-\text{筹资费率}) = $ 年利息 $\times (1-\text{所得税税率}) \times (P/A, K_b, n) + $ 面值 $\times (P/F, K_b, n)$ 内插法求解 K_b

【注意】由于所得税的作用，公司的债务资本成本＜债权人要求的收益率。

【例题2·计算题】A公司计划以1 100元的价格，溢价发行面值为1 000元、期限5年、票面利率为7%的公司债券一批。每年付息一次，到期一次还本，发行费用率3%，所得税税率25%。

要求：计算该债券的资本成本。[$(P/A, 4\%, 5) = 4.4518$；$(P/A, 3\%, 5) = 4.5797$；$(P/F, 4\%, 5) = 0.8219$；$(P/F, 3\%, 5) = 0.8626$]

【答案】

(1) 一般模式：$K_b = \dfrac{1\,000 \times 7\% \times (1-25\%)}{1\,100 \times (1-3\%)} = 4.92\%$

(2) 贴现模式：

$1\,100 \times (1-3\%) = 1\,000 \times 7\% \times (1-25\%) \times (P/A, K_b, 5) + 1\,000 \times (P/F, K_b, 5)$

$1\,067 = 52.5 \times (P/A, K_b, 5) + 1\,000 \times (P/F, K_b, 5)$

当 $K_b = 4\%$ 时

$52.5 \times (P/A, 4\%, 5) + 1\,000 \times (P/F, 4\%, 5) = 1\,055.62 < 1\,067$

当 $K_b = 3\%$ 时

$52.5 \times (P/A, 3\%, 5) + 1\,000 \times (P/F, 3\%, 5) = 1\,103.03 > 1\,067$

按插值法计算，$K_b = 3.76\%$

◆考点46·普通股资本成本的计算

1. 普通股资本成本的概念

普通股资本成本是指筹集普通股所需的成本。这里的筹资成本，是未来的成本而非过去的成本。

2. 普通股资本成本的估计

两种模式	公式
资本资产定价模型	$K_s = R_f + \beta \times (R_m - R_f)$ 其中：R_f 表示无风险利率；β 表示该股票的贝塔系数；R_m 表示平均风险股票报酬率；$(R_m - R_f)$ 表示市场风险溢价
(固定)股利增长模型	$K_s = \dfrac{D_1}{P_0 \times (1-F)} + g$ 其中：D_1 表示预计下一年的股利；P_0 表示普通股当前市价；F 表示发行费率

【例题3·计算题】市场无风险利率为10%，平均风险股票报酬率14%，某公司普通股 β 值为1.2。求新公司普通股的发行成本。

【答案】$K_s = 10\% + 1.2 \times (14\% - 10\%) = 14.8\%$

【例题4·单选题·广东工业大学管理学院 2016】普通股价格为10.50元，筹资费每股0.50元，第一年支付股利1.50元，股利增长率为5%，则该普通股的成本为（ ）。

A. 10.5%   B. 15%   C. 19%   D. 20%

【解析】$k_s = \dfrac{D_1}{P_0 \times (1-F)} + g = \dfrac{1.5}{10.5 - 0.5} + 5\% = 20\%$。

【答案】D

◆ 考点47·留用利润资本成本的计算

留用利润是有资本成本的，只不过是一种机会成本。这是因为公司的留用利润是由公司税后利润形成的，属于股权资本。表面上看，公司留用利润并不花费资本成本。实际上，股东愿意将其留用于公司而不作为股利取出投资于别处，总是要求获得与普通股等价的报酬。

留用利润资本成本与普通股资本成本计算相同，也分为股利增长模型法和资本资产定价模型法，不同点在于计算留存收益资本成本时不考虑筹资费用。

【例题5·单选题】某公司发行普通股的筹资费率为6%，当前股价为10元/股，本期已支付的现金股利为2元/股，未来各期股利按2%的速度持续增长。则该公司留存收益的资本成本率为（ ）。

A. 23.70%   B. 22.4%   C. 21.2%   D. 20.4%

【解析】计算留存收益资本成本时不考虑筹资费用，因此本题中的6%为误导条件。根据(固定)股利增长模型，留存收益的资本成本率 = $2 \times (1+2\%)/10 + 2\% = 22.4\%$。

【答案】B

◆ 考点 48 · 混合筹资的资本成本

混合筹资兼具债权和股权筹资双重属性，主要包括优先股筹资、永续债筹资、可转换债券筹资和附认股权证债券筹资等。（掌握优先股和永续债筹资资本成本的估计即可。）

1. 优先股的资本成本

优先股资本成本是优先股股东要求的必要报酬率，包括股息和发行费用。

优先股资本成本的计算公式如下。

$$K_P = \frac{D}{P_P \times (1-F)}$$

其中：D 表示优先股固定股利；P_P 表示优先股当前股价；F 表示发行费用率。

2. 永续债的资本成本

永续债是没有明确到期日或期限非常长的债券，债券发行方只需支付利息，没有还本义务。（实务中会附加赎回条款或利率调整条款）

永续债资本成本的计算公式如下。

$$r_{pd} = \frac{I}{P_{Pd} \times (1-F)}$$

其中：I 表示每年固定利息；P_{Pd} 表示永续债发行价格；F 表示发行费用率。

【例题 6 · 单选题】某企业经批准发行永续债，发行费用率和年利息率分别为 5% 和 9%，每半年付息一次，则永续债的资本成本为(　　)。

A. 9.47%　　　　　　　　　　B. 9.70%
C. 7.28%　　　　　　　　　　D. 5.49%

【解析】如果计息期小于 1 年，需将计息期 r_{pd} 按照每年复利次数转换为有效年利率。每期资本成本 $r = 4.5\%/(1-5\%) = 4.74\%$。年有效资本成本 $= (1+4.74\%)^2 - 1 = 9.7\%$。

【答案】B

◆ 考点 49 · 综合资本成本计算（WACC：weighted average cost of capital）

1. 定义

综合资本成本是公司全部长期资本的成本，一般按各种长期资本的比例为权重计算，对个别资本成本进行加权平均测算的，故亦称加权平均资本成本。

2. 综合资本成本的计算方法

计算综合资本成本有三种权重可供选择：账面价值权重、实际市场价值权重、目标资本结构权重。（如果题目未明确说明，默认按账面价值权重计算）

权重的类型	含义及优缺点
账面价值权重	含义：账面价值权重是根据企业资产负债表上显示的会计价值来衡量每种资本的比例
	优点：易从资产负债表中取得这些资料，容易计算
	缺点：账面结构反映的是历史的结构，不一定符合未来的状态；而且账面价值与市场价值有极大的差异，账面价值权重会歪曲资本成本
实际市场价值权重	含义：实际市场价值权重是根据当前负债和权益的市场价值比例衡量每种资本的比例
	优点：是能够反映现时的资本成本水平，有利于进行资本结构决策
	缺点：由于市场价值不断变动，负债和权益的比例也随之变动，计算出的加权平均资本成本数额也随之经常变化
目标资本结构权重	含义：目标资本结构权重是根据按市场价值计量的目标资本结构衡量每种资本要素的比例
	优点：公司的目标资本结构，代表未来将如何筹资的最佳估计。如果公司向目标资本结构发展，目标资本结构权重更为适合。这种权重可以选用平均市场价格，回避证券市场价格变动频繁的不便；可以适用于公司评价未来的资本结构，而账面价值权重和实际市场价值权重仅反映过去和现在的资本结构

【例题 7·计算题·武汉轻工大学 2023】ABC 公司按平均市场价值计量的目标资本结构是：40% 的长期债务、10% 的优先股、50% 的普通股。长期债务的税前成本是 5.20%，优先股的成本是 8.16%，普通股的成本是 11.80%。公司的所得税税率为 25%，求该公司的加权平均成本。

【答案】该公司的加权平均资本成本 $WACC = 5.2\% \times (1-25\%) \times 40\% + 8.16\% \times 10\% + 11.80\% \times 50\% = 8.28\%$

第二节　资本结构

◆ 考点 50 · 资本结构与最优资本结构

1. 资本结构（capital structure）的定义

资本结构有广义和狭义之分。广义的资本结构是指全部债务与股东权益的构成比例；狭义的资本结构则是指长期负债与股东权益的构成比例。本书所指的资本结构是狭义资本结构。不同的资本结构会形成不同的资本成本,从而影响到企业的价值。因此,我们要致力于寻找最优的资本结构。

2. 最优资本结构

所谓最优资本结构是指在一定条件下使企业平均资本成本最低、企业价值最大的资本结构。

◆ 考点51·资本结构理论

资本结构理论是研究公司资本结构、公司综合资本成本与公司价值三者之间关系的理论。

1. 资本结构的 MM 理论

现代资本结构理论是由莫迪格利安尼与米勒(以下简称 MM)基于完善资本市场的假设条件提出的。

(1)无税 MM 理论(不考虑企业所得税)

假设	公司在无税收的环境中经营
	公司营业风险的高低由息税前利润标准差来衡量,公司营业风险决定其风险等级
	投资者对所有公司未来盈利及风险的预期相同
	投资者不支付证券交易成本,所有债务利率相同
	公司为零增长公司,即年平均盈利额不变
	个人和公司均可发行无风险债券,并有无风险利率
	公司无破产成本
	公司的股利政策与公司价值无关,公司发行新债时不会影响已有债务的市场价值
	存在高度完善和均衡的资本市场。这意味着资本可以自由流通,充分竞争,预期报酬率相同的证券价格相同,利率一致
结论	在符合该理论的假设之下,公司的价值与其资本结构无关。公司的价值取决于其实际资产,而不是这些资产的取得是以何种方式筹资的

续表

命题			
	命题Ⅰ	基本观点	有负债企业的价值与无负债企业的价值相等，即无论企业是否有负债，企业的资本结构与企业价值无关
		表达式	$V_L=\dfrac{EBIT}{WACC}=V_U=\dfrac{EBIT}{r_s^u}$
		相关结论	有负债企业的加权平均资本成本＝经营风险等级相同的无负债企业的权益资本成本
	命题Ⅱ	基本观点	有负债企业的权益资本成本随着财务杠杆的提高而增加。有负债企业的权益资本成本等于无负债企业的权益资本成本加上风险溢价
		相关结论	$r_s^l=r_s^u+风险溢价=r_s^u+(r_s^u-r_d)\times\dfrac{D}{E}$

现将命题Ⅰ和命题Ⅱ用坐标图的形式表现如下。

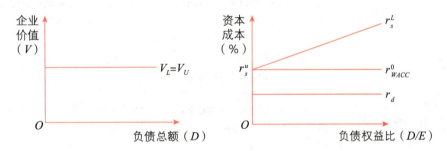

老丁翻译

1. 无税 MM 理论中企业价值为什么不受资本结构的影响

企业价值就像一块烧饼，其价值大小取决于资产产生的现金流量，不受资本结构的影响。资本结构只会影响烧饼的分配：企业无负债筹资时，这个烧饼全都归股东；有负债筹资时，烧饼就分成两部分，一部分归债权人，一部分归股东。

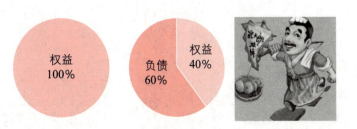

2. 命题Ⅰ的表达式如何理解？

企业价值 = $\dfrac{\text{下期实体现金流量}}{\text{加权平均资本成本} - \text{增长率}}$ = $\dfrac{\text{税后经营净利润} - \text{净经营资产增加}}{\text{加权平均资本成本} - \text{增长率}}$，根据无税 MM 理论的假设：公司为零增长公司，且没有企业所得税。可推出：净经营资产的增加=0，税后经营净利润=息税前利润 EBIT。因此，企业的实体现金流量则等同于息税前利润且构成永续年金。所以推出企业价值 = $\dfrac{\text{息税前利润 } EBIT}{\text{加权平均资本成本 } WACC}$。

【例题 8·判断题·厦门国家会计学院 2018】在无税 MM 理论下，随着企业资本结构的改变，有负债企业的加权平均资本成本和企业价值均不变。（　　）

【解析】考查无税 MM 理论的基本观点。

【答案】√

(2) 有税 MM 理论（考虑企业所得税）

命题Ⅰ	基本观点	有负债企业价值等于相同风险等级的无负债企业价值加上债务利息抵税收益的现值
	表达式	$V_L = V_U + T \times D$ 其中：T 表示所得税税率；D 表示债务数量
	相关结论	随着企业负债比例的提高，企业价值也随之提高，在理论上全部融资来源于负债时，企业价值达到最大
命题Ⅱ	基本观点	有负债企业的权益资本成本等于相同风险等级的无负债企业权益资本成本加上与以市值计算的债务与权益比例成比例的风险报酬，且风险报酬取决于企业的债务比例和所得税税率
	表达式	$r_s^l = r_s^u + \text{风险报酬} = r_s^u + (r_s^u - r_d) \times (1-T)\dfrac{D}{E}$

现将命题Ⅰ和命题Ⅱ用坐标图的形式表现如下图。

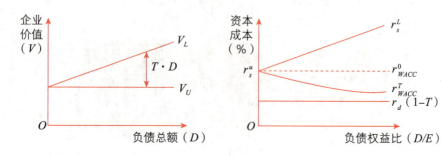

(3)有税 MM 理论与无税 MM 理论的区别和联系

要点	有税的 MM 理论	无税的 MM 理论
资本结构对企业价值影响	负债比重越大,企业价值越大	不影响
资本结构对加权平均资本成本影响	负债比重越大,加权平均资本成本越低	不影响
资本结构对权益资本成本影响	负债比重越大,权益资本成本越高 二者的差异是由$(1-T)$引起的。有负债企业在有税时的权益资本成本比无税时的要小	
资本结构对负债资本成本影响	不影响(基于 MM 理论的假设)	
最优资本结构	全部使用债务筹资	不存在

【例题 9·单选题】在考虑企业所得税但不考虑个人所得税的情况下,下列关于资本结构有税 MM 理论的说法中,错误的是(   )。

A. 财务杠杆越大,企业价值越大
B. 财务杠杆越大,企业权益资本成本越高
C. 财务杠杆越大,企业利息抵税现值越大
D. 财务杠杆越大,企业加权平均资本成本越高

【解析】资本结构理论在考虑所得税的条件下,有负债企业的加权平均资本成本随着债务筹资比例的增加而降低。选项 D 错误。

【答案】D

2. 权衡理论

观点	强调在平衡债务利息的抵税收益与财务困境成本的基础上,实现企业价值最大化时的最佳资本结构
权衡理论模型	$V_L = V_U + PV(利息抵税) - PV(财务困境成本)$

3. 代理理论

企业负债将会引发代理成本及相应的代理收益,二者最终都会影响企业价值。

在考虑了企业债务的代理成本与代理收益后,资本结构的权衡理论模型可以扩展为如下形式:
$V_L = V_U + PV(利息抵税) - PV(财务困境成本) - PV(债务代理成本) + PV(债务代理收益)$

(1)债务代理成本

在企业陷入财务困境时,容易引起过度投资问题与投资不足问题,导致发生债务代理成本。

要点	过度投资问题	投资不足问题
含义	是指因企业采用不盈利项目或高风险项目而产生的损害股东以及债权人的利益并降低企业价值的现象	是指因企业放弃净现值为正的投资项目而使债权人利益受损并进而降低企业价值的现象
发生情形	①当企业经理与股东之间存在利益冲突时，经理的自利行为产生的过度投资问题；②在企业遭遇财务困境时，即使投资了净现值为负的投资项目，股东仍可能从企业的高风险投资中获利。说明股东有动机投资于净现值为负的高风险项目，并伴随着风险从股东向债权人的转移	发生在企业陷入财务困境且有比例较高的债务时，股东如果预见采纳新投资项目会以牺牲自身利益为代价补偿了债权人，因股东与债权人之间存在利益冲突，股东就缺乏积极性选择该项目进行投资

老丁翻译

如何理解投资过度和投资不足

假设某公司有一笔 100 万元年末到期的债务。若公司的策略不变，年末资产市值仅为 90 万元，显然公司将违约。公司有 A 和 B 两个项目等待投资。

(1) A 项目无须预先投资，但成功的概率只有 50%。如果成功，公司价值增加到 130 万元；如果失败，资产价值下降到 30 万元。投资后公司资产的期望值为 80 万元(50%×130+50%×30)，与原先 90 万元的企业价值相比，减少了 10 万元。债务与股权价值的变化如下：

两种策略下债务与股权的价值　　　　　　　　　单位：万元

项目	原策略	新策略		
		成功	失败	期望值
资产价值	90	130	30	80
债务价值	90	100	30	65
股权价值	0	30	0	15

新项目投资后，股东的期望所得为 15 万元，与原策略相比增加 15 万元；

债权人的期望所得损失 90−65＝25 万元，包括转移给股东的所得 15 万元以及因新策略风险加大而产生的预期损失 10 万元。

(2) B项目需投资10万元,预期将获得15万元的无风险现金流量(即产生50%的无风险报酬率)。如果当前的无风险利率为5%,这项投资的净现值明显为正。但企业并无充裕的剩余现金投资该项目。由于公司已陷入财务困境,无法发行新股筹资。假设现有股东向企业提供所需要的10万元新资本,股东和债权人在年末的所得将如下表所示。

两种策略下债务与股权的价值　　　　　单位:万元

项目	无新项目	有新项目
现有资产	90	90
新项目	—	15
公司的总价值	90	105
债务价值	90	100
股权价值	0	5

投资后,股东为项目提供10万元,只能收回5万元,对股东来说是一项净现值为负的投资。

(2)代理收益

债务的代理收益具体表现为债权人保护条款引入、对经理提升企业业绩的激励措施以及对经理随意支配现金流,浪费企业资源的约束等。

4. 优(啄)序融资理论

先内源融资后外源融资;需要外源融资时,按风险程度,先债务融资(先普通债券后可转换债券),最后权益融资(先优先股后普通股)。

基于信息不对称与逆向选择,投资者担心企业在发行股票或债券时价值被高估,经理人员在筹资时为摆脱利用价值高估进行外部融资的嫌疑,尽量以内源融资方式从留存收益中筹措项目资金。

如果留存收益的资金不能满足项目资金需求,有必要进行外部融资时,在外部债务融资和股权融资之间企业总是优先考虑债务融资,这是因为投资者认为企业股票被高估的可能性超过了债券。因此,企业在筹集资本的过程中,遵循着先内源融资后外源融资的基本顺序。在需要外源融资时,按照风险程度的差异,优先考虑债务融资(先普通债券后可转换债券),不足时再考虑权益融资。

5. 资本结构理论总结

资本结构理论的关系如下。

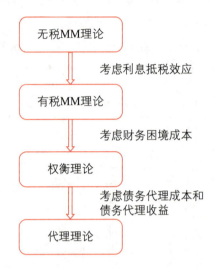

企业价值计算的演变如下表。

资本结构理论	企业价值
无税 MM 理论	有负债企业价值＝无负债企业价值
有税 MM 理论	有负债企业价值＝无负债企业价值＋利息抵税的现值
权衡理论	有负债企业价值＝无负债企业价值＋利息抵税的现值－财务困境成本的现值
代理理论	有负债企业价值＝无负债企业价值＋利息抵税的现值－财务困境成本的现值＋债务代理收益－债务代理成本

【例题 10·单选题】在信息不对称和逆向选择的情况下，根据优序融资理论，选择融资方式的先后顺序应该是(   )。

A. 普通股、优先股、可转换债券、公司债券

B. 普通股、可转换债券、优先股、公司债券

C. 公司债券、可转换债券、优先股、普通股

D. 公司债券、优先股、可转换债券、普通股

【解析】企业在筹集资金的过程中，遵循着先内源融资后外源融资的基本顺序。在需要外源融资时，按照投资者所承担的风险程度差异，也就是企业所负担的资金成本不同，优先考虑债务融资(先普通债券后可转换债券)，不足时再考虑权益融资。所以，选项 C 正确。

【答案】C

【例题11·判断题·长沙理工大学2016】从成熟的证券市场来看，企业的筹资优序模式首先是内部筹资，此后依次是发行新股、借款、发行债券、可转换债券。（　　）

【解析】企业在筹集资金的过程中，遵循着先内源融资后外源融资的基本顺序。在需要外源融资时，按照投资者所承担的风险程度差异，也就是企业所负担的资金成本不同，优先考虑债务融资（先普通债券后可转换债券），不足时再考虑权益融资。

【答案】×

◆ 考点52·资本结构的决策方法

长期有息债务与权益资本的组合形成了企业的资本结构。债务融资虽然可以实现抵税收益，但在增加债务的同时也会加大企业的风险，并最终要由股东承担风险的成本。因此，企业资本结构决策的主要内容是权衡债务的收益与风险，实现合理的目标资本结构，从而实现企业价值最大化。

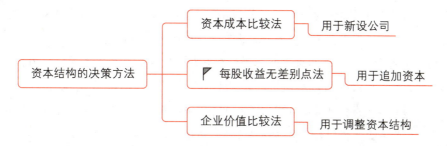

1. 影响资本结构的因素

大体可以分为企业的内部因素和外部因素。内部因素通常有营业收入、成长性、资产结构、盈利能力、管理层偏好、财务灵活性以及股权结构等；外部因素通常有税率、利率、资本市场、行业特征等。

情况	资本结构特征
收益与现金流量波动较大	负债水平低
成长性越好	负债水平越高（外部资金需求比较大）
盈利能力越强	负债水平越低（内源融资的满足率较高）
一般性用途资产比例越高	负债水平越高（资产作为债务抵押的可能性较大）
财务灵活性大	负债能力强

2. 资本成本比较法（付出的利息、股利最少，花费的费用最少）

计算各项长期筹资组合方案的加权平均资本成本，选择加权平均资本成本最小的融资方案，确定为相对最优的资本结构。

【例题12·计算题】 某公司在初创时需资本总额 5 000 万元,有如下三个筹资组合方案可供选择,有关资料经测算列入下表中。

筹资方式	初始筹资额/万元	筹资方案1资本成本率/%	初始筹资额/万元	筹资方案2资本成本率/%	初始筹资额/万元	筹资方案3资本成本率/%
长期借款	400	6	500	6.5	800	7
长期债券	1 000	7	1 500	8	1 200	7.5
优先股	600	12	1 000	12	500	12
普通股	3 000	15	2 000	15	2 500	15
合计	5 000		5 000		5 000	

上表中的债务资本成本均为税后资本成本,假定该公司的三个筹资组合方案的财务风险相当,都是可以承受的。要求:使用资本成本比较法,选择该公司最优的资本结构。

【解析】 下面分两步分别测算这三个筹资组合方案的综合资本成本率并比其高低,以确定最佳筹资组合方案,即最佳资本结构。

第一步:测算各方案各种筹资方式的筹资额与筹资总额的比率及综合资本成本率。

第二步:比较各个筹资组合方案的综合资本成本率并作出选择。

【答案】

方案1:

长期借款筹资额占比=400÷5 000=0.08

长期债券筹资额占比=1 000÷5 000=0.20

优先股筹资额占比=600÷5 000=0.12

普通股筹资额占比=3 000÷5 000=0.60

方案1的综合资本成本=6%×0.08+7%×0.20+12%×0.12+15%×0.60=12.32%

方案2:

长期借款筹资额占比=500÷5 000=0.1

长期债券筹资额占比=1 500÷5 000=0.3

优先股筹资额占比=1 000÷5 000=0.2

普通股筹资额占比=2 000÷5 000=0.4

综合资本成本=6.5%×0.1+8%×0.3+12%×0.2+15%×0.4=11.45%

方案3:

长期借款筹资额占比=800÷5 000=0.16

长期债券筹资额占比＝1 200÷5 000＝0.24

优先股筹资额占比＝500÷5 000＝0.1

普通股筹资额占比＝2 500÷5 000＝0.5

综合资本成本＝7‰×0.16+7.5％×0.24+12％×0.10+15％×0.50＝11.62％

经比较，方案2的综合资本成本率最低，故在适度财务风险的条件下，应选择筹资组合方案2作为最佳筹资组合方案，由此形成的资本结构可确定为最佳资本结构

3. 每股收益无差别点法（考试重点）

(1)原理

计算不同筹资方式下使每股收益(EPS)相等时的息税前利润(EBIT)，通过比较在企业预期盈利水平下的不同筹资方案的每股收益，选择每股收益较大的筹资方案。

(2)每股收益无差别点的含义

每股收益无差别点是指两种或两种以上筹资方案下普通股每股收益相等时的息税前利润点。

(3)公式

$$EPS = \frac{(EBIT - I_1)(1-T) - PD_1}{N_1} = \frac{(EBIT - I_2)(1-T) - PD_2}{N_2}$$

其中：$EBIT$ 表示每股收益无差别时的息税前利润；I 表示年利息支出；T 表示企业所得税税率；PD 表示优先股股利；N 表示流通在外的普通股股数。

(4)决策原则

由于长期债务线与优先股线是平行的，因此不会产生每股收益无差别点。而长期债务与普通股筹资存在每股收益无差别点，当预期的息税前利润大于每股收益无差别点的 $EBIT$ 时，选择债务筹资；当预期的息税前利润小于每股收益无差别点的 $EBIT$，选择股权筹资。

【例题13·计算题】 某企业目前已有1 000万元长期资本，均为普通股，股价为10元/股。现企业希望再实现500万元的长期资本筹资以满足扩大经营规模的需要。有三种筹资方案可供选择：

方案一：全部通过年利率为10％的长期债券筹资；

方案二：全部是优先股股利率为12％的优先股筹资；

方案三：全部依靠发行普通股筹资，按照目前的股价，需增发50万股新股。企业所得税税率为25％。

要求：

(1)计算长期债务和普通股筹资方式的每股收益无差别点；

(2)计算优先股和普通股筹资的每股收益无差别点；

(3)假设企业预期的息前税前利润为 210 万元，若不考虑财务风险，该公司应当选择哪一种筹资方式？

【解析】

现将三种筹资方式的息税前利润与每股收益构成的函数关系画在下面的坐标图中。

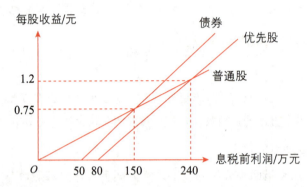

首先，债券线的起点(50，0)是假设企业的息税前利润刚刚够偿还债券产生的利息 50 万元，此时，每股收益为 0；

其次，优先股的起点(80，0)是假设企业的息税前利润刚刚够支付优先股股息 80 万元，此时，每股收益为 0；

最后，普通股的起点是(0，0)因为当息税前利润为 0 时，每股收益也是 0。

当预期的息税前利润大于每股收益无差别点的 EBIT 时，选择债务筹资；当预期的息税前利润小于每股收益无差别点的 EBIT，选择股权筹资。

【答案】

(1)方案一与方案三，即长期债务和普通股筹资方式的每股收益无差别点

$$\frac{(EBIT-I_1)\times(1-T)-PD_1}{N_1}=\frac{(EBIT-I_3)\times(1-T)-PD_3}{N_3}$$

$$\frac{(EBIT-500\times10\%)\times(1-25\%)}{100}=\frac{EBIT\times(1-25\%)}{150}$$

解得 $EBIT=150$(万元)

(2)方案二与方案三，即优先股和普通股筹资的每股收益无差别点

$$\frac{(EBIT-I_2)\times(1-T)-PD_2}{N_2}=\frac{(EBIT-I_3)\times(1-T)-PD_3}{N_3}$$

$$\frac{EBIT\times(1-25\%)-500\times12\%}{100}=\frac{EBIT\times(1-25\%)}{150}$$

解得 $EBIT=240$(万元)

(3)由于预期的息税前利润为 210 万元，在方案一与方案三比较时选择长期债务筹资。而在方案二与方案三比较时选择普通股筹资。综合考虑，选择债券筹资会产生更高的每股收益，因此选择债券筹资

4. 企业价值比较法

观点	最佳资本结构应当是使公司的总价值最高,在该资本结构下,公司的资本成本也是最低的
衡量公司价值的表达式	企业市场总价值(V)＝股票的市场价值(S)＋长期债务价值(B)＋优先股价值(P)

◆ 考点 53 · 杠杆系数的衡量

杠杆的最一般表现是物理学中的机械杠杆,如果使用适当,在某一点上施加的力量就可以被转变或放大为另一点上更大的力。

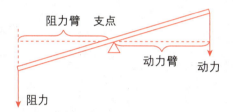

杠杆利益与风险是企业资本结构决策的基本因素之一。企业的资本结构决策应当在杠杆利益与风险之间进行权衡。

1. 企业面临的风险种类、影响因素和衡量指标

风险种类	含义	影响因素	衡量指标
经营风险	企业未使用债务时经营的内在风险	产品需求、产品售价、产品成本、调整价格的能力、固定经营成本比重	经营杠杆(DOL)
财务风险	企业运用债务筹资方式而产生的丧失偿付能力的风险	偿债能力、负债结构、融资成本、盈利能力等	财务杠杆(DFL)
总风险	经营风险和财务风险	—	联合杠杆(DTL)

【知识延伸】

> **本量利分析的基础知识**
>
> 本量利分析涉及以下四个量:P 表示单价;Q 表示销量;V 表示单位变动成本;F 表示固定经营成本。

项目	计算过程
营业收入	$S = P \times Q$
减：变动成本总额	$VC = V \times Q$
＝边际贡献总额	$M = P \times Q - V \times Q = (P-V) \times Q$
减：固定经营成本	F
＝息税前利润	$EBIT = P \times Q - V \times Q - F = (P-V) \times Q - F$
减：利息费用	I
＝税前利润	$= EBIT - I$
减：优先股（税前口径）	$= \dfrac{PD}{1-T}$
＝归属于普通股股东的税前利润	$EBT = EBIT - I - \dfrac{PD}{1-T}$

2. 经营杠杆系数（DOL：degree of operating leverage）

项目	含义
定义	存在<u>固定经营成本</u>的情况下，营业收入（销售量）较小的变动引起息税前利润产生较大变动的现象
公式	定义式：$DOL = \dfrac{\text{息税前利润变化的百分比}}{\text{营业收入变化的百分比}} = \dfrac{\Delta EBIT / EBIT_0}{\Delta S / S_0}$ 计算式：$DOL = \dfrac{Q(P-V)}{Q(P-V)-F} = \dfrac{EBIT+F}{EBIT} = \dfrac{\text{边际贡献}}{\text{息税前利润}}$
存在前提	固定经营成本
与经营风险的关系	由于经营杠杆作用，当营业收入总额下降时，息税前利润下降得更快
营业杠杆利益分析	随着营业收入的增加，单位营业收入所负担的固定成本会相对减少，从而给企业带来额外的利润
影响因素	固定成本（同向变动）、单位变动成本（同向变动）、产品销售数量（反向变动）、销售价格水平（反向变动） 当上述因素发生变化时，经营杠杆系数也会发生变化。经营杠杆系数影响企业的息税前利润，从而制约企业的筹资能力和资本结构
控制方法	企业一般可以通过增加营业收入、降低产品单位变动成本、降低固定成本比重等措施使经营杠杆系数下降，降低经营风险

【提示】考试涉及经营杠杆系数的计算建议使用计算式，这样比较方便。

经营杠杆系数定义式到计算式的推导如下。

$$DOL = \frac{\Delta EBIT/EBIT_0}{\Delta S/S_0}$$

$$\Delta EBIT/EBIT_0 = \frac{\Delta Q \times (P-V)}{EBIT_0}$$

$$\Delta S/S_0 = \frac{S_1-S_0}{S_0} = \frac{\Delta Q \times (P-V)}{Q_0 \times (P-V)} = \frac{\Delta Q}{Q_0}$$

$$DOL = \frac{\Delta EBIT/EBIT_0}{\Delta S/S_0} = \frac{\Delta Q \times (P-V)}{EBIT_0} \div \frac{\Delta Q}{Q_0}$$

$$= \frac{\Delta Q \times (P-V)}{EBIT_0} \times \frac{Q_0}{\Delta Q}$$

$$= \frac{Q_0 \times (P-V)}{EBIT_0}$$

$$= \frac{\text{基期边际贡献}}{\text{基期息税前利润}}$$

【例题 14·单选题·西安石油大学 2017】如果某企业销售收入为 500 万元，变动成本率为 65%，固定成本费用为 80 万元（其中利息 15 万元），则经营杠杆系数为（　　）。

A. 1.33　　　　B. 1.84　　　　C. 1.59　　　　D. 1.25

【解析】DOL = 边际贡献/息税前利润 = $500 \times (1-65\%)/[500 \times (1-65\%)-(80-15)]$ = 1.59。

【答案】C

3. 财务杠杆系数（DFL：degree of financial leverage）

项目	含义
定义	由于存在债务或优先股产生的固定融资费用，导致息税前利润较小的变动引起每股收益较大变动的现象
公式	①定义式：$DFL = \dfrac{\text{每股收益变化的百分比}}{\text{息税前利润变化的百分比}} = \dfrac{\Delta EPS/EPS_0}{\Delta EBIT/EBIT_0}$ ②计算式：$DFL = \dfrac{EBIT_0}{EBIT_0 - I - PD/(1-T)}$
存在前提	固定融资费用的债务或优先股
与财务风险的关系	由于财务杠杆作用，当息税前利润下降时，每股收益下降得更快
财务杠杆利益分析	当息税前利润增加时，每 1 元息税前利润所负担的债务利息会相应降低，可分配给股东的利润就会增加

项目	含义
影响因素	债务成本比重(同向变动)、固定融资费用额(同向变动)、息税前利润水平(反向变动)
控制方法	企业可以通过合理安排资本结构,适度负债,使财务杠杆利益抵消风险增大所带来的不利影响

【提示】考试涉及财务杠杆系数的计算建议使用<u>计算式</u>,这样比较方便。

财务杠杆定义式到计算式的推导如下。

$$DFL = \frac{\Delta EPS/EPS_0}{\Delta EBIT/EBIT_0}$$

$$\Delta EPS/EPS_0 = \frac{\Delta EBIT \times (1-T)}{N} \div \frac{(EBIT_0 - I) \times (1-T) - PD}{N}$$

$$= \frac{\Delta EBIT \times (1-T)}{N} \times \frac{N}{(EBIT_0 - I) \times (1-T) - PD}$$

$$= \frac{\Delta EBIT \times (1-T)}{(EBIT_0 - I) \times (1-T) - PD}$$

$$\Delta EBIT/EBIT_0 = \frac{\Delta Q \times (P-V)}{EBIT_0}$$

$$DFL = \frac{\Delta EPS/EPS_0}{\Delta EBIT/EBIT_0} = \frac{\Delta EBIT \times (1-T)}{(EBIT_0 - I) \times (1-T) - PD} \div \frac{\Delta Q \times (P-V)}{EBIT_0}$$

$$= \frac{\Delta EBIT \times (1-T)}{(EBIT_0 - I) \times (1-T) - PD} \times \frac{EBIT_0}{\Delta Q \times (P-V)}$$

$$= \frac{\Delta Q \times (P-V)}{EBIT_0 - I - \frac{PD}{1-T}} \times \frac{EBIT_0}{\Delta Q \times (P-V)}$$

$$= \frac{EBIT_0}{EBIT_0 - I - \frac{PD}{1-T}}$$

$$= \frac{基期息税前利润}{基期归属于普通股股东的税前利润}$$

【例题15·多选题】下列关于财务杠杆的说法中,正确的有( )。

A. 财务杠杆系数越大,财务风险越大

B. 如果没有利息和优先股股利,则不存在财务杠杆效应

C. 财务杠杆的大小是由利息、税前优先股股利和税前利润共同决定的

D. 如果财务杠杆系数为1,表示不存在财务杠杆效应

【解析】财务杠杆放大了息税前利润变化对普通股每股收益的影响,财务杠杆系数越高,普通股每股收益的波动程度越大,财务风险就越大,选项A正确;只要在企业的筹资方式中有固

定融资费用的债务或优先股，就会存在息税前利润的较小变动引起每股收益较大变动的财务杠杆效应，如果没有利息和优先股股利等固定融资费用，则不存在财务杠杆效应，选项B正确；财务杠杆系数=息税前利润/归属于普通股股东的税前利润，由公式可知，选项C正确；财务杠杆系数为1，则不存在息税前利润较小变动引起每股收益较大变动的财务杠杆效应，选项D正确。

【答案】ABCD

【例题16·单选题】甲公司只生产一种产品，产品单价为6元，单位变动成本为4元，产品销量为10万件/年，固定经营成本为5万元/年，利息支出为3万元/年。甲公司的财务杠杆为（ ）。

A. 1.18　　　　　　B. 1.25　　　　　　C. 1.33　　　　　　D. 1.66

【解析】$EBIT = 10 \times (6-4) - 5 = 15$（万元）。
$DFL = EBIT/(EBIT - I) = 15/(15-3) = 1.25$。

【答案】B

4. 联合杠杆系数（DTL：degree of total leverage）

项目	含义
定义	由于存在固定经营成本和固定融资费用，导致营业收入（销售量）较小的变动会引起每股收益发生较大变动的现象
公式	定义式：$DTL = \dfrac{每股收益变化的百分比}{营业收入变化的百分比} = \dfrac{\Delta EPS/EPS_0}{\Delta S/S_0}$ 计算式：$DTL = \dfrac{EBIT_0 + F}{EBIT_0 - I - PD/(1-T)} = DOL \times DFL$
存在前提	同时存在固定经营成本和固定融资费用的债务或优先股
与总风险的关系	联合杠杆放大了销售收入变动对普通股收益的影响，联合杠杆系数越高，表明普通股收益的波动程度越大，整体风险也就越大
影响因素	影响经营杠杆和影响财务杠杆的因素都会影响联合杠杆

【提示】考试涉及联合杠杆系数的计算建议使用计算式，这样比较方便。

【总结】DOL、DFL、DTL的计算式

【例题 17·单选题】 甲公司 2016 年营业收入 1 000 万元，变动成本率 60%，固定成本 200 万元，利息费用 40 万元。假设不存在资本化利息且不考虑其他因素，以 2016 年为基数，则该企业联合杠杆系数是（　　）。

　　A. 1.25　　　　　　B. 2.5　　　　　　C. 2　　　　　　D. 3.75

　　【解析】边际贡献＝营业收入×(1－变动成本率)＝1 000×(1－60%)＝400(万元)。归属于普通股的税前利润＝边际贡献－固定成本－利息费用＝400－200－40＝160(万元)。联合杠杆系数＝边际贡献/归属于普通股的税前利润＝400/160＝2.5。

　　【答案】B

【例题 18·单选题】 联合杠杆可以反映（　　）。

　　A. 营业收入变化对息税前利润的影响程度
　　B. 营业收入变化对每股收益的影响程度
　　C. 息税前利润变化对每股收益的影响程度
　　D. 营业收入变化对边际贡献的影响程度

　　【解析】选项 A 反映的是经营杠杆；联合杠杆系数＝每股收益变动率/营业收入变动率，选项 B 正确；选项 C 反映的是财务杠杆。

　　【答案】B

【例题 19·判断题·太原理工大学 2016】 财务杠杆系数为 1，经营杠杆系数为 1，则联合杠杆系数为 2。（　　）

　　【解析】联合杠杆系数＝DOL×DFL＝经营杠杆系数×财务杠杆系数＝1×1＝1。

　　【答案】×

【例题 20·单选题·江汉大学 2020】 要使资本结构达到最佳，应（　　）达到最低。

　　A. 加权平均资本成本　　　　　　B. 边际资本成本
　　C. 债务资本成本　　　　　　　　D. 权益资本成本

　　【解析】在资本结构决策分析中，使加权平均资本成本达到最低的资本结构为最优资本结构，选项 A 正确。

　　【答案】A

第三节　长期筹资方式

◆ 考点 54 · 长期筹资概述

1. 长期筹资的含义

长期筹资是指企业通过长期筹资渠道和资本市场，运用长期筹资方式，经济有效地筹措长期资本的活动。

2. 长期筹资的类型

(1)按照资本来源范围的分类

类别	具体方式
内部筹资	留用利润
外部筹资	投入资本筹资、发行股票筹资、长期借款筹资、发行债券筹资和融资租赁筹资

(2)按照是否借助银行等金融机构的分类

类别	含义	具体方式
直接筹资	企业不借助银行等金融机构,直接与资本所有者协商融通资本的筹资活动	发行股票、发行债券
间接筹资	企业借助银行等金融机构融通资本的筹资活动。银行等金融机构发挥的中介作用是预先聚集资金,然后提供企业	银行借款、融资租赁

(3)按照资本属性的分类

类别	含义
股权性筹资	股权性筹资形成企业的股权资本,亦称权益资本,是企业依法取得并长期拥有,可自主调配运用的资源
债务性筹资	债务性筹资形成企业的债务资本,是企业依法取得并依约运行,按期偿还的资本
混合性筹资	兼具股权性筹资和债务性筹资双重属性的长期筹资类型,主要包括发行优先股筹资和发行可转换债券筹资

【例题21·多选题】下列筹资方式中,一般属于间接筹资方式的有( )。
A. 优先股筹资　　　　　　　　　B. 融资租赁
C. 银行借款筹资　　　　　　　　D. 债券筹资
【解析】间接筹资,是企业借助于银行和非银行金融机构而筹集资金。间接筹资的基本方式是银行借款,此外还有融资租赁等方式。
【答案】BC

【例题22·单选题】下列各项中,属于内部筹资方式的是( )。
A. 利用留存收益筹资　　　　　　B. 向股东发行新股筹资
C. 向企业股东借款筹资　　　　　D. 向企业职工借款筹资

【解析】内部筹资是指企业通过利润留存而形成的筹资来源。留存收益是企业内部筹资的一种重要方式。

【答案】A

3. 长期筹资的原则

原则	含义
合法性原则	企业的长期筹资活动必须遵守国家有关法律法规，依法履行约定的责任，避免非法集资行为给企业本身及相关主体造成损失
效益性原则	①认真分析投资机会，避免不顾投资效益的盲目筹资； ②寻求最优的长期筹资组合，降低资本成本，经济有效地筹资
合理性原则	①合理确定股权资本与债务资本的结构，资本结构与偿债能力相适应； ②合理确定长期资本与短期资本的比例，使之与企业资产所需持有的期限相匹配
及时性原则	企业长期筹资必须根据资本的投放时间安排予以筹划，及时取得资本，使筹资与投资在时间上协调

◆ 考点 55 · 长期债务筹资

1. 长期借款筹资

(1) 长期借款的种类

长期借款是指企业向银行等金融机构以及向其他单位借入的、期限在 1 年以上的各种借款。

分类标准	类型
提供贷款的机构	政策性银行贷款
	商业银行贷款
	其他金融机构贷款
有无担保	信用贷款
	担保贷款(保证贷款、抵押贷款、质押贷款)

(2)银行借款的信用条件

信用条件	含义
授信额度	授信额度是借款企业与银行间正式或非正式协议规定的企业借款的最高限额。在授信额度内,企业可以随时按需要向银行申请借款
周转授信协议	周转授信协议是一种经常被大公司使用的正式授信额度。与一般授信额度不同,银行对周转信用额度负有法律义务,有的向企业收取一定的承诺费用,按企业未使用授信额度的一定比率(2‰左右)计算;有的不额外收费
补偿性余额	补偿性余额是银行要求借款企业保持按贷款限额或实际借款额的 10%~20%的平均存款余额留存银行。银行通常都有这种要求,目的是降低银行贷款风险,提高贷款的有效利率,以补偿银行的损失

(3)长期借款的保护性条款

一般性保护条款	一般性保护条款应用于大多数借款合同,但根据具体情况会有不同内容,主要包括: (1)对借款企业流动资金保持量的规定; (2)对支付现金股利和再购入股票的限制; (3)对净经营性长期资产总投资规模的限制; (4)限制其他长期债务; (5)借款企业定期向银行提交财务报表; (6)不准在正常情况下出售较多资产; (7)如期缴纳税费和清偿其他到期债务; (8)不准以任何资产作为其他承诺的担保或抵押; (9)不准贴现应收票据或出售应收账款,以避免或有负债; (10)限制租赁固定资产的规模
特殊性保护条款	特殊性保护条款是针对某些特殊情况而出现在部分借款合同中的,主要包括: (1)贷款专款专用; (2)不准企业投资于短期内不能收回资金的项目; (3)限制企业高级职员的薪金和奖金总额; (4)要求企业主要领导人在合同有效期间担任领导职务; (5)要求企业主要领导人购买人身保险等

(4) 长期借款筹资的优缺点（高频考点）

要点	优/缺点	具体表述	比较对象
优点	筹资速度快	发行股票、债券筹资，要做好发行前的各种工作，发行也需要一定时间	股票债券
	资本成本较低	与股票相比，长期借款的利息可以在所得税前扣除，公司可享受节税利益；与债券相比，银行借款的利率更低，且无须承担发行费用	
	筹资弹性较大	企业可以直接与金融机构接触，可通过直接商谈确定借款相关条件	
	发挥财务杠杆作用	无论公司盈利多少，债权人只收取固定的利息，更多的利润可分配给股东或留用公司经营，增加股东和公司的财富	股票
缺点	筹资数额有限	一般不像股票、债券筹资那样可以一次筹集大量资金	股票债券
	限制条款较多	银行借款合同对借款用途有明确规定，通过借款保护性条款影响公司的生产经营活动	
	财务风险较大	财务风险较大	股票

【例题23·多选题·云南师范大学2017】相比股权筹资而言，长期银行借款筹资的优点有（　　）。

A. 筹资风险小　　　　　　　　　B. 筹资速度快
C. 资本成本低　　　　　　　　　D. 筹资数额大

【答案】BC

2. 长期债券筹资

债券是发行者为筹集资金发行的、在约定时间支付一定比例的利息，并在到期时偿还本金的一种有价证券。

(1) 债券的种类

分类标准	类别
有无抵押担保	抵押债券
	信用债券
利率是否变动	固定利率债券
	浮动利率债券

续表

分类标准	类别
债券持有人的特定权益	收益债券
	可转换债券
	附认股权债券

【知识延伸】

> **债券的发行条件**
>
> 根据《公司法》《证券法》《公司债券发行试点办法》的规定，发行公司债券必须符合下列条件：
>
> 1)股份有限公司的净资产额不低于人民币 3 000 万元，有限责任公司的净资产额不低于人民币 6 000 万元；
>
> 2)累计债券总额不超过公司净资产的 40%；
>
> 3)最近 3 年平均可分配利润足以支付公司债券一年的利息；
>
> 4)筹集的资金投向符合国家产业政策；
>
> 5)债券的利率不得超过国务院限定的利率水平；
>
> 6)公司内部控制制度健全，内部控制制度的完整性、合理性和有效性不存在重大缺陷；
>
> 7)经资信评级机构评级，债券信用级别良好；
>
> 8)国务院规定的其他条件。
>
> 此外，发行公司债券所筹集的资本必须按审批机关批准的用途使用，不得用于弥补亏损和非生产性支出。

(2)债券的发行价格

①债券发行价格＝未来支付的利息现值＋到期本金的现值。

②债券的发行分为以下三类。

类型	票面利率与市场利率的关系	发行价格与面值的关系
溢价发行	票面利率＞市场利率	发行价格＞面值
平价发行	票面利率＝市场利率	发行价格＝面值
折价发行	票面利率＜市场利率	发行价格＜面值

债券价值评估与债券发行价格的区别

债券价值评估时,是站在投资者的角度,考虑未来现金流入的现值(按期收息,到期收本)。

确定债券发行价格时,是站在筹资者的角度,考虑未来现金流出的现值(按期付息,到期还本)。

(3)长期债券筹资的优缺点(高频考点)

要点	优/缺点	具体表述	比较对象
优点	筹资规模较大	不受金融中介机构自身资产规模的约束,可以筹集的资金数量也较多	长期借款
	具有长期性和稳定性	期限长,投资者一般不能在到期前向企业索取本金	
	有利于资源优化配置	投资者依据自己的判断决定是否购买和转让债券,优化社会资金的资源配置效率	
	提高公司的社会声誉	发行债券有严格的资格限制	
	筹资成本较低	利息允许在所得税前扣除,公司可享受节税利益	股票
	发挥财务杠杆作用	无论公司盈利多少,债券持有人只收取固定的利息,更多的利润可分配给股东或留用公司经营,增加股东和公司的财富	
	保障股东控制权	债券持有人无权参与公司管理决策	
	便于调整公司资本结构	发行可转债和可提前赎回的债券,便于公司主动调整资本结构	长期借款、股票
缺点	资本成本高	利息、筹资费用都比较高	长期借款
	发行成本高	企业公开发行债券需聘请中介机构(会计师、律师、资产评估机构等)	
	信息披露成本高	需公开披露募集说明书和审计报告等,上市后也需披露定期报告和临时报告	
	财务风险较大	有固定的到期日,承担按期还本付息的义务	股票
	筹资数量有限	我国《公司法》规定,企业流通在外的债券累计总额不超过净资产的40%	

(4)长期债务性筹资的优缺点

要点	优/缺点	具体表述
优点	资本成本较低	一般来说,债务筹资的资本成本低于股权筹资。因为: (1)取得资金的手续费用等筹资费用较低; (2)利息等用资费用比股权资本要低; (3)利息等资本成本可以在税前支付
优点	可以利用财务杠杆	债权人从企业那里只能获得固定的利息,不能参加公司剩余收益的分配。当企业的资本收益率(息税前利润率)高于债务利率时,会增加普通股股东的每股收益,提高净资产收益率,提升企业价值
优点	稳定公司的控制权	债权人无权参加企业的经营管理,利用债务筹资不会改变和分散股东对公司的控制权。在信息沟通与披露等公司治理方面,债务筹资的代理成本也较低
缺点	不能形成企业稳定的资本基础	债务资本有固定的到期日,到期需要偿还,只能作为企业的补充性资本来源。现有债务资本在企业的资本结构中达到一定比例后,往往由于财务风险而不容易再取得新的债务资金
缺点	财务风险较大	债务资本有固定的到期日、固定的债息负担,对企业的财务状况提出了更高的要求,否则会带来企业的财务危机,甚至导致企业破产

【例题24·多选题·中央财经大学2017】相对于股票筹资而言,债券筹资的主要优点在于( )。

A. 降低公司的资本成本　　　　　　　　B. 筹资限制较少

C. 保障所有者对企业的控制权　　　　　D. 降低公司财务风险

【解析】与普通股筹资比较,债务筹资的资本成本低,不会分散公司的控制权,债务筹资的限制条款要多于普通股筹资,且债务筹资有还本付息的财务压力,财务风险大,选项BD错误。

【答案】AC

【例题25·单选题】长期借款筹资与长期债券筹资相比,其特点是( )。

A. 利息能节税　　　　　　　　　　　　B. 筹资弹性大

C. 筹资费用大　　　　　　　　　　　　D. 债务利息高

【解析】借款时公司与银行直接交涉,有关条件可谈判确定,用款期间发生变动,也可与银行再协商。而债券融资面对的是社会广大投资者,协商改善融资条件的可能性很小。

【答案】B

◆ 考点 56 · 股权性筹资

企业的股权性筹资一般有投入资本筹资、发行普通股筹资、留用利润筹资。

1. 投入资本筹资（吸收直接投资）

(1) 含义

投入资本筹资是非股份企业以协议等形式吸收国家、其他企业、个人和外商等直接投入的资本，形成企业投入资本的一种长期筹资方式。它是非股份企业筹集股权资本的基本方式。

(2) 主体

采用投入资本筹资的主体只能是非股份制企业，包括个人独资企业、合伙制企业和有限责任公司。

(3) 投入资本筹资的优缺点

优缺点	内容
优点	(1) 与债务资本相比，它能提高企业的资信和借款能力； (2) 与仅取现金的筹资方式相比，它能尽快形成生产经营能力，投入资本筹资的财务风险较低（不仅可以筹取现金，而且能够直接获得所需的先进设备和技术）
缺点	(1) 资本成本较高；（当企业经营较好，盈利较多时，投资者往往要求将大部分盈余作为红利分配，因为向投资者支付的报酬是按其出资数额和企业实现利润的比率来计算的） (2) 未能以股票为媒介，产权关系有时不够明晰，也不便于进行产权交易

2. 发行普通股筹资

发行股票筹资是股份有限公司筹集股权资本的基本方式。

(1) 股票的含义

股票是股份有限公司为筹措股权资本而发行的有价证券，是持股人拥有公司股份的凭证。它代表持股人在公司中拥有股份的所有权。股票持有人即为公司的股东，也是所有者。

(2) 股票的种类

分类标准	类别
按股东的权利和义务	普通股、优先股
按发行对象和上市地区	A股、B股、H股、N股、S股

① 普通股是公司发行的代表着股东享有平等的权利、义务，不加特别限制的，股利不固定的股票。

② 优先股是公司发行的相对于普通股具有一定优先权的股票。其优先权利主要表现在股利

分配优先权和分配剩余财产优先权上。优先股股东在股东大会上无表决权，在参与公司经营管理上受到一定限制，仅对涉及优先股权利的问题有表决权。

(3) 普通股股东的权利

普通股股东的各种权利是由有关法律和股份公司的章程来规定的。普通股股东的权利可能因公司章程的规定不同而有所差异，但许多规定都是相似的。一般来说，普通股股东的权利包括：公司管理权、收益分享权、股份转让权、优先认股权、剩余财产请求权。

权利	含义
公司管理权	股东对公司的管理权主要体现在重大决策参与权、经营者选择权、财务监控权、公司经营的建议和质询权、股东大会召集权等方面
收益分享权	股东有权通过股利方式获取公司的税后利润，利润分配方案由董事会提出并经过股东大会批准
股份转让权	股东有权将其持有的股票出售或转让
优先认股权	原有股东拥有优先认购本公司增发股票的权利
剩余财产请求权	当公司解散、清算时，股东有对清偿债务、清偿优先股股东以后的剩余财产索取的权利

(4) 普通股的发行方式

分类标准	类别	含义	优点	缺点
发行对象	公开发行（公募）	是指向不特定对象公开募集股份	发行范围广 发行对象多 易于足额募集资本	手续繁杂 发行成本高
	非公开发行（私募）	是指上市公司采用非公开方式，向特定对象发行股票	灵活性较大 发行成本低	发行范围小 股票变现性差
是否有中介机构协助	直接发行	指发行公司自己承担股票发行的一切事务和发行风险，直接向认购者推销出售股票的方式	发行公司直接控制发行过程 节省发行费用	筹资时间长、发行公司要承担全部发行风险、需要发行公司有较高的知名度、信誉和实力
	间接发行（委托发行）	发行公司将股票销售业务委托给证券经营机构代理 又分为包销和代销	包销：及时筹足资本，免于承担发行风险 代销：可获得部分溢价，降低发行成本	包销：会损失部分溢价 代销：发行方需承担发行风险

【例题26·单选题·厦门国家会计学院2018】与不公开直接发行股票方式相比，公开间接发行股票(　　)。

A. 发行范围小　　　　　　　　　　B. 发行成本高
C. 股票变现性差　　　　　　　　　D. 发行条件低

【解析】公开间接发行股票一般是通过中介机构，公开向社会公众发行股票，其发行范围广、发行对象多，易于足额募集资本；股票易转让，变现性强且流通性好，但手续繁杂，发行成本高。不公开直接发行股票，是只向少数特定的对象直接发行，不需要经过中介机构，较灵活且发行成本低，但发行范围小，股票变现性差。

【答案】B

(5)普通股的发行价格

普通股的发行价格是公司将股票出售给投资者的价格，也就是投资者认购股票时所支付的价格。股票发行价格通常有等价、时价和中间价三种。

股票发行价格	含义	
等价	以股票面额为发行价格，也称平价发行或面值发行	
时价	以公司原发行同种股票的现行市场价格为基准来选择增发新股的发行价格，也称市价发行	可能是溢价发行或折价发行。但我国公司法规定股票不得折价发行
中间价	取股票市场价格与面额的中间值作为股票的发行价格	

(6)普通股筹资的优缺点(掌握)

要点	优/缺点	具体表述	比较对象
优点	没有固定利息负担	公司有盈余，并认为适合分配股利，就可以分给股东；公司盈余较少，或虽有盈余但资金短缺或有更有利的投资机会，就可以少分配或不分配股利	长期借款、债券
	没有固定到期日	普通股筹集的是永久资金，除非公司清算才需偿还	
	财务风险小	普通股没有固定到期日，不用支付固定的利息	
	在通货膨胀时更容易吸收资金	普通股预期收益较高并可在一定程度上抵消通货膨胀的影响	
	能增加公司信誉	普通股股本和由此产生的资本公积，是企业筹措债务资本的基础。较多的股权资本有利于提高公司的信用价值	
	筹资限制较少	利用债务筹资通常有许多限制，会影响公司经营的灵活性	

续表

要点	优/缺点	具体表述	比较对象
缺点	资本成本较高	股权筹资的资本成本要高于债务筹资。原因如下： ①投资者投资于股票的风险较高，相应要求得到较高的收益率； ②股利、红利从税后利润中支付，而使用债务资金的资本成本允许税前扣除； ③普通股的发行、上市等方面的费用也十分庞大	长期借款、债券
	增加新股东，可能会分散公司控制权，削弱原有股东对公司的控制		
	增加新股东，降低普通股每股收益，引起股价下跌		
	信息披露成本高	如果公司股票上市，需要履行严格的信息披露制度，接受公众的监督，会带来比较大的信息披露成本，也增加了公司保护商业秘密的难度	
	股票上市增加公司被收购的风险	公司股票上市后，其经营状况会受到社会的广泛关注，一旦公司经营或财务出现问题，可能面临被收购的风险	
	不易及时形成生产能力		投入资本

(7) 普通股的首次公开发行（IPO: initial public offering）

普通股的首次公开发行，是指一家公司第一次将其普通股向公众出售。

①发行条件（了解即可）

发行人应当是依法设立且合法存续的股份有限公司，应当符合下列条件：

a. 最近3个会计年度净利润均为正数且累计超过人民币3 000万元，净利润以扣除非经常性损益前后较低者为计算依据。

b. 最近3个会计年度经营活动产生的现金流量净额累计超过人民币5 000万元；或者最近3个会计年度营业收入累计超过人民币3亿元。

c. 发行前股本总额不少于人民币3 000万元。

d. 最近一期期末无形资产（扣除土地使用权、水面养殖权和采矿权等后）占净资产的比例不高于20%。

e. 最近一期期末不存在未弥补亏损。

②IPO发行审批制度

目前，在我国主板首次公开发行股票仍然适用核准制，在科创板和创业板首次公开发行股票适用注册制。

核准制与注册制的比较

事项	核准制	注册制
对发行做实质判断的主体	证监会、证券交易所分别实质审核	证券交易所实质审核、证监会形式审核
市场化程度	逐步市场化	完全市场化
发行效率	低	高
发行成本	高	低
优点	对拟发行的证券进行了形式上和实质上的双重审核，获准发行的证券投资价值有一定的保障	决定权交给市场，好股差股都能上市，可能出现发行失败的股票
优点	有利于防止不良证券进入市场，损害投资者利益	监管部门将精力放在打击造假上，信息更透明
缺点	主管机关负荷过重，在证券发行种类和数量增多的情况下，审核质量不高的情况也可能发生	政府只负责材料的全面和真实性，不负责股票的质量，不对股票市场上散户面临的情况进行分析
缺点	容易造成投资人的依赖心理，不利于培育成熟的投资人群	短期可能引发大量股票上市，股市大跌
缺点	不利于发展新兴产业，具有发展潜力的企业可能因一时不具备较高的发行条件而被排斥在外	

(8)股票的上市与终止上市(退市)

①股票的上市

申请证券上市交易，应当向证券交易所提出申请，由证券交易所依法审核同意，并由双方签订上市协议。

股票上市的意义和不利影响归纳如下。

意义	不利影响
提高公司股票的流动性和变现性，便于投资者认购、交易	各种信息公开的要求可能泄露公司的商业秘密
促进公司股权的社会化，避免股权过于集中	股市的波动可能会歪曲公司的实际情况，损害公司声誉

续表

意义	不利影响
提高公司的知名度	
有助于确定公司新股的发行价格	可能分散公司的控制权
便于确定公司的价值	

②股票的终止上市(退市)

上市公司退市，是指公司股票在证券交易所终止上市交易。目前，我国的退市制度主要包括主动退市和强制退市。

退市制度	含义	具体类型
主动退市	上市公司主动要求退市	上市公司主动申请退市或者转市
		通过要约收购实施的退市
		通过合并、解散实施的退市
强制退市	由于违反证券交易所业务规则的相关规定，被终止上市	重大违法类强制退市
		交易类强制退市
		财务类强制退市
		规范类强制退市

IPO 与股票上市的区别

IPO 与股票上市是两个不同的阶段，先 IPO 再上市，中间会有一段时间的间隔。IPO 相当于上市公司进入资本市场的大门，证监会要扮演好看门人的角色，严格审核申报公司是否符合 IPO 条件。

股票上市是把已经完成公开发行的股票放到国家设立的证券交易所中进行买卖、流通。

3. 留存收益筹资

留存收益筹资是指企业利用从净利润中提留的盈余公积和未分配利润等内部积累筹集资金的一种筹资方式。它是在企业存续过程中从税后利润中自然形成的，不需要专门的筹集措施。

(1)留存收益筹资的优点

优点	具体阐述
没有筹资费用	企业无论是发行股票、发行债券还是银行借款，都需要大量的筹资费用，而利用保留盈余，则可以节省大笔筹资费用
可以保持企业举债能力	留存收益实质上属于股东权益的一部分，可以作为企业对外举债的基础
企业的控制权不受影响	增加发行股票，原股东的控制权分散，而采用内部积累筹资则不会存在此类问题

(2)留存收益筹资的缺点

缺点	具体阐述
与股利政策的权衡	留存收益过多，股利发放过少，会影响外部筹资。由于股利的发放往往向外界传递公司高速增长的信息，很多投资者也希望公司发放股利，因此，若内部积累过多，股利发放过少甚至长期不发股利的话，会影响风险厌恶投资者的再投资
期限限制	企业必须经过一定时期的积累才可能拥有一定数量的留存收益

4. 股权性筹资的优缺点

要点	优/缺点	具体阐述
优点	股权筹资是企业稳定的资本基础	股权资本没有固定的到期日，无须偿还，是企业的永久性资本，除非企业清算时才有可能予以偿还
	股权筹资是企业良好的信誉基础	股权资本作为企业最基本的资本，代表公司的资本实力，是企业与其他单位组织开展经营业务、进行业务活动的信誉基础
	财务风险较小	股权资本不用在企业正常营运期内偿还，没有还本付息的财务压力
缺点	资本成本较高	一般而言，股权筹资的资本成本要高于债务筹资。原因在于：①投资者投资于股票的风险较高，相应要求得到较高的收益率；②股利、红利从税后利润中支付，而债务资金的资本成本允许税前扣除；③普通股的发行、上市等方面的费用十分庞大
	控制权变更可能影响企业长期稳定发展	利用股权筹资，引进了新的投资者或出售了新的股票，导致公司控制权结构的改变，而控制权变更过于频繁，又会影响公司管理层的人事变动和决策效率和公司的正常经营

续表

要点	优/缺点	具体阐述
缺点	信息沟通与披露成本较大	企业需要通过各种渠道和方式加强与投资者的关系管理,保障投资者的权益。特别是上市公司,其股东众多而分散,只能通过公司的公开信息披露了解公司状况,这就需要公司花更多的精力,有些公司还需要设置专门的部门,进行公司的信息披露和投资者关系管理

5. 各种筹资方式之间的比较

(1) 债务筹资与股权筹资的比较

区别	债务筹资	股权筹资
资本成本	低 (利息可抵税;投资人风险小,要求回报低)	高 (股利不能抵税;投资人风险大,要求回报高)
公司控制权	不分散控制权	会分散控制权
筹资风险	高 (到期偿还,支付固定利息)	低 (无到期日,没有固定的利息负担)
资金使用的限制	限制条款多	限制条款少

(2) 长期负债与短期负债的比较

区别	短期负债	长期债务
资本成本	低	高
筹资风险	高(期限短,还本付息压力大)	低
资金使用的限制	限制相对宽松	限制条款多
筹资速度	快(容易取得)	慢

(3) 长期借款与债券筹资的比较

区别	长期借款	债券筹资
资本成本	低(利息率低、筹资费低)	高
筹资速度	快(手续比发行债券简单)	慢
筹资弹性	大(可协商、可变更性比债券好)	小
筹资对象及范围	对象窄、范围小	对象广、范围大

◆ 考点 57 · 混合筹资

混合筹资是指兼具股权性筹资和债务性筹资双重属性的长期筹资类型，通常包括发行优先股筹资、永续债筹资、认股权证筹资和可转换公司债券筹资。

1. 优先股筹资

(1) 定义

优先股是指股份持有人优先于普通股股东分配公司利润和剩余财产，但参与公司决策管理等权利受到限制的股份。

(2) 优先股的特点

①优先分配固定的股利；
②优先分配公司的剩余财产；
③优先股股东一般无表决权；
④优先股可由公司赎回。

(3) 优先股的筹资成本

根据优先股股东承担的风险程度，同一公司的普通股筹资、优先股筹资、债务筹资的资本成本由高到低排序如下：普通股＞优先股＞债务。

资本成本大小比较	原因
优先股＜普通股	当企业面临破产时，优先股股东的求偿权优先于普通股股东。在公司分配利润时，优先股股息通常固定且优先支付，普通股股利最后支付
优先股＞债务	当企业面临破产时，优先股的求偿权低于债权人。在公司财务困难的时候，债务利息会被优先支付，优先股股利则其次

(4) 优先股筹资的优缺点（高频考点）

优点	(1) 有利于降低公司财务风险。优先股股利的支付不构成公司的法定义务，在财务状况不佳时，公司可以暂停优先股股利的支付，不会因此导致偿债危机及公司的破产； (2) 没有到期期限，不需要偿还本金； (3) 有利于保障普通股收益和控制权
缺点	(1) 优先股股利不可以税前扣除，是优先股筹资的税收劣势； (2) 可能给股份公司带来一定的财务压力：股利支付相对于普通股的固定性。针对固定股息率优先股、强制分红优先股、可累积优先股而言，股利支付的固定性可能成为企业的财务负担

【注意】
财务风险高低排序(筹资者角度):债券>优先股>普通股。
资本成本高低排序(筹资者角度):债券<优先股<普通股。

2. 永续债筹资

永续债券,又称无期债券,是不规定到期期限,只需付息而不需还本的债券。永续债券的期限为永续或极长,不规定到期期限,持有人也不能要求清偿本金,但可以按期取得利息。永续债券被视为"债券中的股票",是一种兼具债权和股权属性的混合性筹资方式。

3. 附认股权证债券筹资

(1)认股权证的含义

认股权证是上市公司发行的证明文件,持有者有权在一个特定期间以特定价格购买特定数量的公司股票。

(2)附认股权证债券的含义

附认股权证债券,是指公司债券附认股权证,持有人依法享有在一定期限内按约定价格(执行价格)认购公司股票的权利,是债券加上认股权证的产品组合。

(3)附认股权证债券筹资的适用对象、目的及优缺点

适用对象	高速增长的小公司,有较高的风险,直接发债券需要较高的票面利率
目的	主要目的是发行债券而不是股票,是为了发债而附带期权。只是因为当前利率要求高,希望通过捆绑期权吸引投资者以降低利率
优点	(1)发行附认股权证债券可以起到一次发行,二次融资的作用; (2)可以降低相应债券的利率。发行附认股权证债券,是以潜在的股权稀释为代价换取较低的利息
缺点	(1)灵活性较差。因无赎回和强制转股条款,从而在市场利率大幅降低时,发行人需要承担一定的机会成本。认股权证的执行价格,一般比发行时的股价高出20%至30%。如果将来公司发展良好,股票价格会大大超过执行价格,原有股东会蒙受较大损失; (2)附认股权证债券的承销费用通常高于债务融资

4. 可转换债券筹资

(1)含义

可转换债券是由公司发行并规定债券持有人在一定期间内按约定的条件可以将其转换为发行公司普通股的债券。

【注意】可转换债券的"转换",仅在资产负债表上由负债转换为普通股,并不增加额外的资本。但认股权证会带来新的资本。

(2)可转换债券的转换条款(高频考点)

转换价格	债券转换为普通股时,投资者为取得普通股每股所支付的实际价格
转换比率	即转换的股数＝债券面值÷转换价格
转换期	可转换债券转换为股份的起始日至结束日的期间(超过转换期后的可转换债券,不再具有转换权,自动成为不可转换债券)
赎回条款	发行公司需要在什么情况下才能赎回债券,包括赎回期、赎回价格、赎回条件 设置赎回条款是为了促使债券持有人转换股份,同时也能使发行公司避免市场利率下降后,继续向债券持有人按较高的债券票面利率支付利息所蒙受的损失
回售条款	在发行公司的股票价格达到某种恶劣程度时,持有人有权按照约定价格将债券卖给发行公司,回售条款也具体包括回售时间、回售价格等内容 设置回售条款是为了保护债券投资者的利益,使他们能够避免遭受过大的投资损失,从而降低投资风险
强制转换条款	在某些条件具备后,持有人必须将债券转换为股票,无权要求偿还债券本金 设置强制性转换条款,是为了保证可转换债券顺利地转换成股票,实现发行公司扩大权益筹资的目的

【例题27·多选题·北京工商大学2023】下列可转换债券条款中,有利于保护债券发行者利益的有( )。

A. 赎回条款　　　　　　　　　　　B. 回售条款
C. 强制性转换条款　　　　　　　　D. 转换比率条款

【答案】AC

(3)可转换债券筹资的适用目的、优缺点

目的	主要目的是发行股票而不是债券,只是因为当前股价偏低,希望通过将来转股以实现较高的股票发行价
优点	(1)与普通债券相比,可转换债券使得公司能够以较低的利率取得资金,降低了公司前期的筹资成本; (2)与普通股相比,可转换债券使得公司取得了以高于当前股价出售普通股的可能性,有利于稳定公司股票价格
缺点	(1)股价上涨风险。公司只能以较低的固定转换价格换出股票,会降低公司的股权筹资额; (2)股价低迷风险。发行可转换债券后,如果股价没有达到转股所需的水平,可转换债券持有者没有如期转换普通股,则公司只能继续承担债务。在订有回售条款的情况下,公司短期内集中偿还债务的压力会更明显; (3)筹资成本高于普通债券。尽管可转换债券的票面利率比普通债券低,但是加入转股成本之后的总筹资成本比普通债券要高

◆ 考点 58 · 租赁筹资

1. 含义

租赁是指在约定的期间内，出租人将资产使用权让与承租人以获取租金的合同。

2. 租赁的类型

租赁按照不同的分类标准，可分为下面的类型。

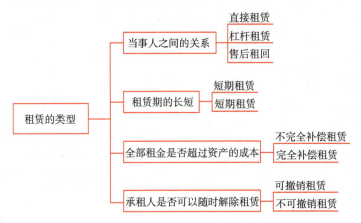

(1) 直接租赁

直接租赁是出租方直接向承租人提供租赁资产的租赁形式。

双方关系如下图所示。

(2) 杠杆租赁

杠杆租赁是有贷款者参与的一种租赁形式。在这种租赁形式下，出租人既是资产的出租者，又是借款人。杠杆租赁涉及三方当事人：承租人、出租人、贷款人。

三方关系如下图所示。

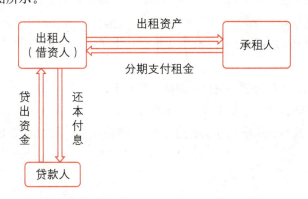

(3) 售后租回

售后租回承租人先将某资产卖给出租人，再将该资产租回的一种租赁形式。双方关系如下图所示。

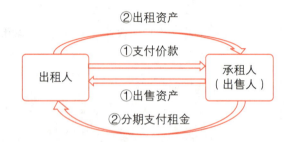

3. 经营租赁和融资租赁

2018年12月7日，财政部修订发布了《企业会计准则第21号——租赁》（以下简称新租赁准则）。按照新租赁准则，**承租人会计处理不再区分经营租赁和融资租赁**，而是采用单一的会计处理模型，除采用简化处理的短期租赁和低价值资产租赁外，对所有租赁均确认使用权资产和租赁负债。**出租人租赁仍区分融资租赁和经营租赁**，分别采用不同的会计处理方法。

(1) 经营租赁

经营租赁，是由出租人向承租企业提供租赁设备，并提供设备维修保养和人员培训等的服务性业务。经营租赁通常为短期租赁。

经营租赁一般具有如下特点：

①承租企业根据需要可随时向出租人提出租赁资产；

②租赁期较短，不涉及长期且固定的义务；

③承租企业可按规定提前解除租赁合同；

④出租人提供专门服务；

⑤租赁期满或合同中止时，租赁设备由出租人收回。

(2) 融资租赁

融资租赁，是由租赁公司按照承租企业的要求融资购买设备，并在契约或合同规定的较长期限内提供给承租企业使用的信用性业务，是现代租赁的主要类型。

融资租赁一般具有如下特点：

①一般由承租企业向租赁公司提出正式申请，由租赁公司融资购进设备租给承租企业使用；

②租赁期限较长，大多为设备使用年限的一半以上；

③由承租企业负责设备的维修保养和投保事宜；

④租赁期满时，按事先约定的办法处置设备，一般有续租、留购或退还三种选择，通常由承租企业留购。

融资租赁涉及的三方关系如下图所示。

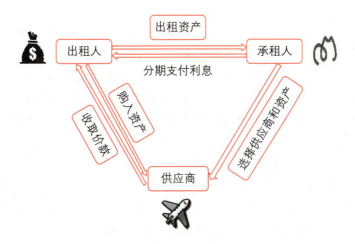

4. 融资租赁筹资的优缺点（掌握）

要点	内容
优点	(1)能够迅速获得所需资产，使企业尽快形成生产经营能力； (2)融资租赁限制条件较少。企业运用股票、债券、长期借款等筹资方式，都受到相当多的资格条件的限制； (3)可以免遭设备陈旧过时的风险； (4)全部租金在整个租期内分期支付，可以适当降低不能偿付的风险； (5)租金费用允许在所得税前扣除，承租企业能够享受节税利益
缺点	(1)成本较高； (2)支付固定的租金是一项财务负担； (3)如不能享有残值，可视为承租企业的一种机会成本

【例题28·单选题·太原理工大学2016】与其他负债筹资方式相比，下列各项属于融资租赁缺点的是(   )。

A. 财务风险大　　　　　　　　　B. 资本成本高
C. 税收负担重　　　　　　　　　D. 筹资速度慢

【解析】融资租赁和其他负债筹资方式一样都需要支付固定的租金、利息，财务风险没有明显区分，选项A错误；与其他负债资金筹资方式相比，融资租赁的成本较高，租金总额一般要比设备价值高出30%，选项B正确；融资租赁的租金和其他负债利息一样可以在税前扣除，选项C错误；融资租赁可以迅速获得所需资产，选项D错误。

【答案】B

真题精练

一、单项选择题

1.（云南师范大学2018）下列各项中，属于资金使用费的是（　　）。
   A. 借款手续费　　　　B. 债券利息费　　　　C. 借款公证费　　　　D. 债券发行费

2.（西安外国语大学2016）某企业因扩张需要向银行借款2 000万元，期限两年，借款年利率为8%，筹资费率为0.5%，适用的所得税税率为25%，不考虑货币时间价值，则该笔借款的资本成本是（　　）。
   A. 6.00%　　　　　　B. 6.03%　　　　　　C. 8.00%　　　　　　D. 8.04%

3.（三峡大学2020）某公司的产权比率（负债总额/股东权益总额）为3/7，债务税前资本成本为8%。目前市场上的无风险报酬率为5%，市场上所有股票的平均报酬率为11%，公司股票的β系数为0.8，所得税税率为25%，则加权平均资本成本为（　　）。
   A. 6.95%　　　　　　B. 8.66%　　　　　　C. 9.26%　　　　　　D. 11.46%

4.（西安外国语大学2018）企业财务人员在进行追加筹资决策时，所使用的资金成本是（　　）。
   A. 个别资金成本　　　　　　　　　　　B. 综合资金成本
   C. 边际资金成本　　　　　　　　　　　D. 所有者权益资金成本

5.（西安外国语大学2019）下列筹资方式中，资本成本最低的是（　　）。
   A. 发行股票　　　　　　　　　　　　　B. 发行债券
   C. 长期借款　　　　　　　　　　　　　D. 留用利润

6.（西安外国语大学2019）在个别资金成本计算中，不必考虑筹资费用影响因素的是（　　）。
   A. 长期借款成本　　　　　　　　　　　B. 债券成本
   C. 普通股成本　　　　　　　　　　　　D. 保留盈余成本

7.（西安外国语大学2019）根据风险与收益对等的原则，在一般情况下，各筹资方式资金成本由小到大依次为（　　）。
   A. 银行借款、企业债券、普通股　　　　B. 普通股、银行借款、企业债券
   C. 企业债券、银行借款、普通股　　　　D. 普通股、企业债券、银行借款

8.（西安外国语大学2016）下列各种筹资方式中，最有利于降低公司财务风险的是（　　）。
   A. 发行普通股　　　　　　　　　　　　B. 发行优先股
   C. 发行公司债券　　　　　　　　　　　D. 发行可转换公司债券

9.（中国石油大学（华东）2022）下列（　　）理论认为当企业筹资来源完全来自负债时，资本成本最低。
   A. 无税MM理论　　　　　　　　　　　B. 有税MM理论
   C. 权衡理论　　　　　　　　　　　　　D. 代理理论

10.（西安外国语大学2018）经营杠杆系数（DOL）、财务杠杆系数（DFL）和总杠杆系数（DTL）之间的关系是（　　）。
   A. $DTL = DOL + DFL$　　　　　　　B. $DTL = DOL - DFL$
   C. $DTL = DOL \times DFL$　　　　　　D. $DTL = DOL \div DFL$

11. (江汉大学2020)某企业经营杠杆系数为2,息税前利润为500万元,若销售额下降10%,息税前利润为( )。
    A. 400万元   B. 100万元
    C. 300万元   D. 200万元

12. (西安外国语大学2016)不属于可转换债券筹资特点的是( )。
    A. 筹资具有灵活性   B. 资本成本较高
    C. 存在一定的财务压力   D. 筹资效率高

13. (西安外国语大学2017)企业自有资金的筹资方式有( )。
    A. 银行借款   B. 发行股票
    C. 发行债券   D. 融资租赁

14. (西安外国语大学2017)市场利率低于票面利率时,债券应( )。
    A. 折价发行   B. 溢价发行
    C. 等价发行   D. 停止发行

15. (西安外国语大学2017)债券发行价格取决于债券的面值大小、期限长短及利率高低等因素,导致溢价发行的是( )。
    A. 债券面值的大小   B. 债券期限的长短
    C. 债券票面利率低于市场利率   D. 债券票面利率高于市场利率

16. (西安外国语大学2018)可转换债券持有人是否行使转换权,主要看转换时的普通股市价是否( )。
    A. 高于转换价值   B. 低于转换价值
    C. 高于转换价格   D. 低于转换价格

17. (西安外国语大学2018)根据我国有关规定,股票不得( )。
    A. 平价发行   B. 溢价发行
    C. 时价发行   D. 折价发行

18. (西安外国语大学2019)融资租赁最主要的缺点是( )。
    A. 税收负担重   B. 限制条款多
    C. 筹资速度慢   D. 资本成本高

19. (西安外国语大学2016)关于杠杆租赁,下列说法中不正确的是( )。
    A. 涉及承租人、出租人和资金出借人三方
    B. 出租人既是债权人也是债务人
    C. 第三方通常是银行
    D. 如果出租人到期不能按期偿还借款,资产所有权则转移给承租人

二、多项选择题

1. (云南师范大学2023)筹资过程中发生的相关费用包括( )。
    A. 代理发行费   B. 股票股利
    C. 银行借款利息   D. 律师费
    E. 手续费

2.(太原理工大学2016)企业最佳资金结构的确定方法包括(　　)。
A. 因素分析法　　　　　　　　　　B. 每股利润无差别点法
C. 比较资金成本法　　　　　　　　D. 公司价值分析法

三、计算题

1.(华北电力大学(保定)2022、吉林外国语2022)公司发行普通股面值1元，共10 000万股，市价10元/股，本年派发股利0.2元/股，预计每股股利增长率9%。当前国债的收益率为6%，该公司股票的β系数为1.25，市场上普通股平均收益率12%。

要求：

(1)用股票估价模型计算股权资本成本；

(2)用资本资产定价模型计算股权资本成本。

2.(陕西理工大学2022)一张面值为1 000元的债券，其市场价格为970元，票面利率为10%，每张债券的发行成本为5%，债券期限为10年，所得税税率为25%。试计算该债券的资本成本。

3.(南京邮电大学2022)某公司向银行取得200万元的长期借款，年利息率为10%，期限为5年，每年付息一次，到期一次还本。假定筹资费用率为0.3%，所得税税率为25%，求解长期借款的资本成本率。

4.(黑龙江八一农垦大学2022)A公司的财务数据见下表。

单位：万元

年份	营业收入总额	变动成本（变动成本率60%）	固定成本	息税前利润	债务利息	所得税25%	税后利润
2021年	1 500		200		150		
2022年（预计）	1 800		200		150		

要求：

(1)将表格中空白部分填写完整；

(2)计算2022年度公司的营业杠杆系数和财务杠杆系数。

5.(华北电力大学(保定)2021、湖北经济学院2021)某企业目前拥有资本10 000万元，其结构为：债务资本40%，债务资本年利息率为10%，普通股权益资本60%(发行普通股60万股，每股100元)。现拟追加筹资5 000万元，有两种筹资方案可供选择：

方案一：全部发行普通股：增发50万股，每股100元；

方案二：全部通过长期债务筹资，年利率为10%。

企业追加筹资后，预计会实现息税前利润1 800万元，公司所得税税率为25%。

要求：

(1)计算每股收益无差别点；

(2)计算无差别点的每股收益额;

(3)选择筹资方案,并作简要说明。

6.(湖北经济学院2021、桂林电子科技大学2019)某公司拥有资本700万元,其中200万为债券筹资,利率10%,500万为股权筹资(10万股,每股50元)。为了扩张,需要筹集资金300万。所得税税率为25%。

A方案:全部用债券筹资,利率为10%。

B方案:全部用股权筹资(6万股,每股50元)。

要求:

(1)计算每股收益无差别点;

(2)当$EBIT=120$时,选择什么筹资方式?

7.(三峡大学2019)某公司2005年长期资本总额为1亿元,其中普通股6 000万元(240万股),长期债务4 000万元,利率10%。假定公司所得税税率为25%。2006年公司预定将长期资本总额增至1.2亿元,需要追加筹资2 000万元。

现有两个追加筹资方案可供选择:

(1)发行公司债券,票面利率12%;

(2)增发普通股80万股。

预计2006年息税前利润为2 000万元。

要求:

(1)测算两个追加筹资方案下无差别点的息税前利润和无差别点的普通股每股收益;

(2)测算两个追加筹资方案下2006年普通股每股收益,并据以作出选择。

8.(中南财经政法大学2015)某公司的资本结构为发行在外普通股200万股(每股1元),已发行利率6%的债券600万元,不存在优先股。该公司打算为一个新的投资项目融资500万元,新项目投产后公司每年息税前利润为250万元。

现有两种方案可供选择:

方案一:按8%的利率发行债券500万元;

方案二:增发25万股普通股,发行价格为每股20元。

公司适用所得税税率为25%。

要求:

(1)计算两种方案的每股收益无差别点;

(2)判断哪种方案更好?

9.(西安外国语大学2016)某企业只生产一种产品,每件售价200元,变动成本率为50%,固定成本总额600 000元。该企业无负债、无优先股筹资,适用的所得税税率为50%。

要求:

(1)计算保本点时该公司应销售的产品件数;

(2)假定该公司每年可销售产品10 000件,计算该公司的联合杠杆系数。

10.(西安外国语大学2016)光华公司目前的资本结构为总资本4 000万元,无债务资本,普通股资本4 000万元(400万股,面值1元,市价10元)。企业由于扩大规模经营,需要追加筹资 1 000 万元，不考虑所得税和筹资费用。现有以下两个筹资方案：

甲方案：增发普通股 100 万股，每股发行价 10 元；

乙方案：平价发行 1 000 万元的公司债券，票面利率 8%。

要求：

(1)计算每股收益无差别点；

(2)如果光华公司的息税前利润为 380 万元，请问该公司应当选择哪种筹资方案并说明理由。

11.(南京信息工程大学 2021、西安外国语大学 2019、桂林电子科技大学 2019)某公司的固定成本总额为 80 万元，变动成本率(变动成本与销售额之比)为 60%，当销售额为 400 万元时，息税前利润为 80 万元，税后利润为 29.48 万元。该公司所得税税率为 33%。

要求：

(1)计算该公司的经营杠杆系数、财务杠杆系数和总杠杆系数；

(2)对该公司经营及财务面临的风险进行分析。

四、名词解释

1.(上海大学 2023&2022、绍兴文理学院 2021&2023、武汉工程 2023、江苏大学 2022、华南师范 2021、安徽工业 2021、东北财经 2021、北京工商 2021、山东师范大学 2019、中南财经政法 2019、广东外语外贸 2018、山西财经 2018、青岛科技 2017、东北师范 2016、东北石油 2016)资本成本

2.(聊城大学 2023、华北电力大学 2018)综合资本成本

3.(聊城大学 2023)边际资本成本

4.(上海对外经贸 2022、南京理工 2021、南京审计 2021、东北石油 2021、吉林财经 2021、黑龙江八一农垦 2018、中国农业 2017、西安外国语 2015、东南大学 2014、北京工商)资本结构

5.(青岛理工 2022、吉林财经 2021、山东工商 2019、哈尔滨商业 2017&2016)最佳资本结构

6.(南京审计 2023、陕西理工 2022、西安石油 2022、青岛理工 2022、上海海事 2021、南京理工 2021、天津科技 2021、浙江理工 2021、南京信息工程 2021、山西财经 2021、湖南工商 2021、吉林财经 2021、新疆农业 2021、广东财经 2018、广东外语外贸 2018、广西大学 2018、山西财经 2018、黑龙江八一农垦 2018)财务杠杆

7.(武汉科技大学 2023)DFL

8.(南京审计 2023、华北电力(保定)2022、华侨大学 2018、中国地质 2021、山西财经 2021、南京信息工程 2021、上海海事 2021、新疆农业 2021、吉林财经 2021、湖南工商 2021)经营杠杆

9.(湖南工商大学 2021)联合杠杆

10.(广西大学 2017、天津科技大学、山西财经 2021)财务风险

11.(山西财经 2018)普通股

12.(吉林财经 2023、山西师范 2021、山西财经 2018)优先股

13.(山西财经 2018)债券

14.(石河子大学 2023)可转换债券

15.(北京语言大学2023、山西财经2017)杠杆租赁

16.(华北电力大学(保定)2022)融资租赁

五、简答题

1.(青岛理工2022、江西财经2021、东北石油2021、中南财经政法2021、华南师范2021、安徽工业2021、东北财经2021、北京工商2021、绍兴文理学院2021、四川轻化工2020、财科所2018、三峡大学2018)简述企业资本成本的定义、类型及其测算方法。

2.(上海对外经贸大学2023)简述资本成本的计算方法。

3.(北京师范大学2023)如何衡量权益的资本成本？

4.(北京语言大学2023、辽宁工程技术大学2023、青岛理工2022、四川轻化工2022、江西财经、四川师范2021、四川轻化工2020、南京师范2017、三峡大学2017、广东工业2016)试述资本成本的作用。

5.(武汉理工大学2022)资本成本都有哪些类型？

6.(吉林财经大学2021、西南财经2018)简述资本成本的定义、分类和作用。

7.(安徽财经大学2020)资本成本是什么？有何作用？

8.(绍兴文理学院2023)什么是资本成本？举例说明资本成本有哪些种类？

9.(哈尔滨商业大学2021)简述综合资本成本。

10.(上海对外经贸2022、吉林财经2021、广州大学2017)简述计算加权平均资本成本时的三种权重依据及优缺点。

11.(武汉科技大学2023)谈谈对个别资本成本率、综合资本成本率、边际资本成本率的理解。

12.(北京语言大学2023)加权平均资本成本如何计算？权重应当选择哪一种？为什么？

13.(新疆财经2022、深圳大学)简述资本成本的影响因素。

14.(北方民族大学2022、中南林业科技大学2022)如何理解资本成本？

15.(西南财经大学2023)简述普通股筹资本成本高的原因。

16.(西安外国语大学2016)为什么债券资本成本小于优先股资本成本？

17.(新疆财经大学2022)为什么债务资本成本要低于股权资本成本？

18.(上海理工大学2021)比较普通股、银行借款、企业债券的资本成本大小。

19.(上海理工大学2021)企业债券、普通股筹资成本是什么？

20.(上海海事大学2023)银行为企业提供贷款时，收取的费用都包括什么？

21.(江苏大学2022)"使用留存收益筹资是无成本的"这种说法正确吗？

22.(上海大学2022)资本结构是什么？

23.(辽宁工程技术2023、北京工商2021、沈阳工业2020、暨南大学2014)简述资本结构决策的影响因素。

24.(福州大学2023)简述资本结构的含义及影响因素。

25.(长沙理工大学2023)资本结构是什么？资本结构决策是什么？资本结构决策的影响因素有哪些？

26.(江西师范大学2022)简述资本结构的意义。

27.(西安外国语大学2018)什么是资本结构？其对财务管理有何意义？

28. (吉林财经大学2022)阐述资本结构决策方法。
29. (湖北经济学院2022)简述资本成本分析法、企业价值比较法、每股无差别点法的优点及适用范围。
30. (南京林业2023、山西师范2022、河南财经政法2022、西南财经2021)如何理解每股收益无差别点法?
31. (上海对外经贸2022、南京理工2021、济南大学2020、上海大学管理学院2020、厦门大学2017)简述资本结构及其相关理论。
32. (南京农业2017)试说明MM理论的假设。
33. (山东工商学院2022、湖南科技2017)简述无税MM理论和有税MM理论。
34. (上海财经2021、南京财经2021、华东交通2016、武汉科技2020)简述MM理论。
35. (暨南大学2023)简述无税MM理论。
36. (上海大学管理学院2020)什么是均衡理论?什么是代理理论?
37. (南京财经大学2023、黑龙江八一农垦大学2017)简述均衡理论的内容。
38. (吉林财经大学2022)简述代理理论的主要观点。
39. (杭州电子科技大学2022)为什么会产生"投资过度"现象?请运用代理理论分析原因。
40. (石河子大学2020)简述优序融资理论。
41. (广东金融学院2023)公司筹资的顺序是什么?
42. (北京工商2018、东北师范2017)简述财务杠杆的含义与作用。
43. (青岛理工2022、贵州财经2022、天津科技、山西财经2021)财务杠杆是什么?财务杠杆与财务风险存在什么关系?
44. (吉林财经2021)简述财务杠杆定义及具体表现。
45. (湖南大学2023)阐述财务杠杆的基本原理。
46. (中国海洋2021)企业应当如何正确运用财务杠杆?
47. (长沙理工2022、青岛理工2022)谈谈你对企业财务风险的理解。
48. (浙江财经大学2020)举例说明什么是财务风险?
49. (集美大学2023)财务风险是什么?如何规避财务风险?
50. (上海理工2022)财务杠杆的计算公式是什么?
51. (广东财经2017)什么是经营杠杆?影响经营杠杆的主要因素有哪些?
52. (吉林财经2021)解释营运杠杆是如何在企业内起作用的?
53. (浙江财经2021)简述经营杠杆基本原理。
54. (浙江财经2021)举例说明什么是经营风险?
55. (天津财经2021)如何衡量经营风险的高低?
56. (福州大学2022)联合杠杆由哪些杠杆组成?它们的形成原因是什么?杠杆系数高对企业来说是有利的还是不利的?
57. (湖南工商2021、天津商业2017)说明营业杠杆、财务杠杆和联合杠杆的定义。
58. (上海海事、吉林财经、南京信息工程2021)写出经营杠杆系数、财务杠杆系数和联合杠杆系数的计算公式。

59.（吉林财经 2022）简述财务管理中的三大杠杆的含义、原理以及三者的关系。

60.（首都经济贸易 2023、重庆工商 2023）谈谈财务管理中的三大杠杆。

61.（华侨大学 2018、吉林财经 2021）财务杠杆和经营杠杆的区别是什么？

62.（东北财经大学 2023）什么是经营风险？什么是财务风险？

63.（宁波大学 2023、浙江理工大学 2021）简述长期筹资的原则。

64.（重庆工商 2023、西南民族 2023、西藏民族 2023、昆明理工 2021、深圳大学 2020、东北师范 2018、首经贸 2017、吉林财经、四川师范、天津财经、北京印刷学院）简述债券筹资的优缺点。

65.（桂林电子科技 2020）简要阐述债券的发行价格、票面利率与实际利率之间的关系。

66.（上海理工 2021）债券发行的平价、溢价和折价是什么？为什么会出现平价、溢价和折价？

67.（首都经济贸易大学 2023、宁波大学 2023）请说一说债券溢价发行和折价发行的原因。并谈一谈你对债券溢价、折价发行的理解。

68.（山西师范 2021）简述债券发行价格的影响因素。

69.（东北石油 2021）债券的发行价格如何确定？应该考虑哪些因素？

70.（南京财经 2021）债券发行价格的形式和信用标准是什么？

71.（武汉纺织大学 2022）简述银行借款保护性条款。

72.（湖北经济学院 2022）请问银行贷款是直接筹资还是间接筹资？

73.（东北石油大学 2021）如果一个公司已存在股权筹资，还需不需要进行负债筹资？为什么？

74.（宁波大学 2023）什么是信用额度借款？

75.（吉林财经 2021、首经贸 2018、北京印刷学院）相对于股权融资，谈谈债权融资的优缺点。

76.（北京工商 2023、南京财经 2023、首经贸 2018）简述普通股股东的权利。

77.（沈阳化工大学 2022）简述企业筹资方式中吸收直接投资和发行股票的区别。

78.（长春大学 2022）股票上市对于企业而言有何利弊？

79.（安徽财经大学 2022）上市对公司来说意味什么？

80.（浙江财经大学 2021）简述股票上市的目的。

81.（中南财经政法大学 2019）什么是 IPO？简述 IPO 对公司财务管理的作用。

82.（安徽财经大学 2022）什么是股票发行注册制？谈谈你的理解。

83.（天津财经大学 2020）企业为何要适度举债？

84.（昆明理工 2022、华东理工 2018、昆明理工、吉林财经 2021）简述权益融资和债务融资的区别。

85.（暨南大学 2023、西南财经大学 2022）简述混合筹资方式。

86.（山西财经大学、山西师范大学 2021）混合筹资有什么特点？

87.（山西师范大学、昆明理工大学、吉林财经大学 2021）简述优先股的含义及特征。

88.（桂林电子科技大学 2020）企业发行优先股融资的动机是什么？

89.（桂林电子科技大学 2020）简述普通股与优先股的区别。

90.（天津商业大学 2022）谈谈你对可转换债券和永续债的理解。

91.（河北地质大学 2023、西安外国语大学 2019）什么是融资租赁？什么是经营租赁？阐述其区别和联系。

92. (云南大学 2021)谈谈经营租赁和融资租赁。
93. (南京农业 2023、吉林财经 2022&2021、新疆财经 2022)谈谈融资租赁和经营租赁的区别。
94. (北京语言大学 2023)谈谈对杠杆租赁的理解。
95. (上海大学、沈阳大学、华北电力大学、华南师范大学 2021)企业有哪些长期筹资方式?这些方式优缺点是什么?企业按照什么顺序进行筹资?
96. (河南科技大学 2021、上海大学管理学院 2021、西安外国语 2018)简述企业的长期筹资方式有哪些?分别阐述各种筹资方式的优缺点。
97. (华东交通 2016)简述债务筹资、股权筹资、混合筹资中不同方式的优缺点。
98. (长春工业 2022、济南大学 2022)请说出权益性融资和债务性融资的优缺点。
99. (北京物资学院 2022)简述股权融资和债权融资的定义并谈谈它们的优缺点。
100. (西南民族大学 2023、石河子大学 2023)简述股权筹资的优缺点。
101. (重庆工商大学 2023)简述债务筹资的优势。
102. (南京邮电 2022、北京印刷 2017)简述长期借款筹资的优缺点。
103. (天津财经大学 2021)简述投入资本筹资的优缺点。
104. (重庆工商 2023、山西师范 2022、天津财经 2022&2021、新疆大学 2021、北京化工 2020、三峡大学 2020&2017、天津财经 2018、西安财经 2017、中国农业 2017、西安外国语 2016、东北师范 2016、深圳大学、吉林财经、华北电力(北京))简要说明普通股筹资的优缺点。
105. (广东金融学院 2023、吉林财经大学 2023)简述普通股筹资的优点。
106. (北京工商大学 2021)简述相比于债务筹资,普通股筹资的优点。
107. (桂林电子科技大学 2020)简述普通股筹资与债券筹资的优缺点。
108. (江西师范大学、吉林财经大学 2021、新疆农业大学 2020)简要说明优先股筹资的优缺点。
109. (东华理工大学 2022)简述可转换债券筹资优缺点。
110. (南京林业大学 2023)简述可转换债券筹资和债券筹资的优缺点。
111. (哈尔滨商业 2021、桂林电子科技 2020、东北师范 2018、齐齐哈尔大学 2015、河北经贸大学)简要说明融资租赁筹资的优缺点。
112. (华南师范大学 2021)企业的融资方式有哪些?应该如何选择?
113. (华北电力大学(北京)2021)举例说明企业的筹资方式有哪些?
114. (河南财经政法 2023、广东金融学院 2023、沈阳大学 2021)企业筹资方式有哪些?
115. (山东工商学院 2023)我国股权性筹资方式有哪些?分别介绍一下。
116. (东北石油大学 2021)什么是筹资?如何进行筹资?
117. (吉林财经大学 2021)企业选择筹资方式时需要考虑哪些因素?

第四篇

营运活动篇

第八章 营运资本管理

考情点拨

大白话解释本章内容
投资活动篇和筹资活动篇主要聚焦于企业的长期投资和长期筹资，本章我们来学习短期投资和短期筹资的内容。 　　企业的收入来自资产的不断周转，企业要获得收入就需要配置一定规模的资产，本章首先要解决的问题就是确定为实现目标收入，企业应当配置多少短期资产，如确定现金、存货的最佳持有量、应收账款信用政策是否合理，以及如何更好地管理上述短期资产。 　　确定短期资产的规模后，企业还要为短期资产筹措短期资金。短期资金来源有很多，比如商业信用、短期借款、短期融资券等。企业需结合自身特征和短期筹资来源的优缺点选择短期筹资方式
本章难度★ 本章重要程度★★
本章复习策略
本章总体来说，难度不大；题型涉及计算题、选择题和简答题，计算题主要考查短期资产持有量、短期借款和商业信用筹资的资本成本，大家在理解的基础上使用公式即可求解；其他内容主要考查选择题和简答题

第一节 短期资产管理

◆ **考点 59·营运资本管理概述**

1. 营运资本的概念

营运资本又称营运资金，是指企业维持正常营运活动，满足支付和周转需要占用的资金，有广义和狭义之分。这里指的是狭义的营运资本概念。

广义	广义的营运资本是指总营运资本，简单来说就是在生产经营活动中的短期资产
狭义	狭义的营运资本是指净营运资本，是短期资产减去短期负债的差额，即流动资产—流动负债

2. 营运资本管理的内容

企业是通过资产的不断循环周转形成收入的，企业要想获得一定规模的收入必须相应地配置一定数量的长期资产和短期资产。营运资本站在短期维度，主要解决两个问题，一是为收入配置多少短期资产，二是如何为短期资产筹措短期资金。

3. 营运资本管理的原则

原则	内容
满足正常资金需求	是进行营运资金管理的首要任务
提高资金使用效率	其关键是采取有效措施缩短企业营业周期，加速变现过程，加快营运资金周转
节约资金使用成本	正确处理保证生产经营需要和节约资金使用成本之间的关系
维持短期偿债能力	合理安排流动资产和流动负债的比例关系，保持流动资产结构与流动负债结构的适配性

4. 营运资本的作用

（1）随着经营规模的扩大，应收账款、存货和应付账款也同步增加，这就需要筹集资金来保证生产经营。企业通过长期资金与短期资金的有机匹配、流动资产与流动负债的期限匹配，以及做好因销售扩大而形成的自发性短期融资，可大大提高营运资本的效率。

（2）营运资本中的非现金资产，如应收账款和存货具有一定的变现能力，但同时又占用了企业的大量资金。而占用在应收账款和存货上的资金是不产生效益的资金，因此应收账款和存货的维持水平反映了企业流动资产运用及管理的效率。管理人员必须在尽可能地使企业保持较低的存货与应收账款水平，与满足企业临时性资金需求之间进行权衡，这需要企业管理人员懂得营运资本管理的方法与技术，从而提高营运资本的管理效率。

◆考点60·短期资产投资策略

短期资产，是指可以在一年以内或超过一年的一个营业周期内变现或耗用的资产。短期资产具有占用时间短、周转快、易变现等特点，企业拥有较多的短期资产，可在一定程度上降低财务风险。

1. 含义

短期资产投资是指短期资产的相对规模，即为营业收入配置多少短期资产。

2. 企业持有短期资产涉及的成本

类型	含义	举例
短缺成本	随着短期资产投资水平降低而增加的成本	①因存货短缺，需要紧急订货并承担较高的交易成本；②因存货短缺失去销售机会；③因现金短缺需要紧急借款并承担较高的利息
持有成本	随着短期资产投资水平上升而增加的成本	持有成本主要是与流动资产相关的机会成本。这些投资如果不用于短期资产，可用于其他投资机会并赚取收益

3. 短期资产投资策略的类型

类型	含义	持有成本 VS 短缺成本	财务风险 VS 收益
保守型投资策略	持有较多的短期资产	持有成本较高 短缺成本较低	低风险 低收益
适中型投资策略	持有成本和短缺成本之和最小化	持有成本和短缺成本**大体相等**	风险和收益适中
激进型投资策略	持有较少的短期资产	持有成本较低 短缺成本较高	高风险 高收益

◆ 考点 61 · 现金管理

现金是指企业以各种货币形态占用的资产，包括库存现金、银行存款及其他货币资金（银行本票、银行汇票、存出投资款、信用证保证金、信用卡存款、外埠存款）。

现金是比较特殊的资产，一方面，其流动性最强，代表企业直接的支付能力和应变能力；另一方面，其收益性最差。

现金管理的<u>目标</u>是在现金的<u>流动性</u>和<u>收益性</u>之间进行合理选择，即在保证正常业务经营需要的同时，尽可能降低现金的占用量，并从暂时闲置的现金中获得最大的投资收益。

有价证券是企业现金的一种转换形式。有价证券的变现能力强，可以随时兑换成现金。企业有多余现金时，常将现金兑换成有价证券；现金流出量大于现金流入量，即需要补充现金时，再出让有价证券换回现金。

1. 持有现金的动机

交易动机	为了企业正常的生产经营所必须保持一定的现金余额，支持企业的购产销
补偿动机	银行为企业提供贷款和服务需要企业保留一定的存款余额来补偿服务费用和保证银行资金安全

预防动机	持有现金以防发生意外的支付，保证生产经营顺利进行
投机动机	持有现金以期获取回报率较高的投资机会

2. 现金管理的内容

(1)编制现金收支计划，合理估计未来的现金需求。

(2)对日常的现金收支进行控制，力求加速收款，延缓付款。

(3)用特定的方法确定最佳现金余额，当企业实际的现金余额与最佳的现金余额不一致时，采用短期筹资策略或采用归还借款和投资于有价证券等策略来达到理想状态。

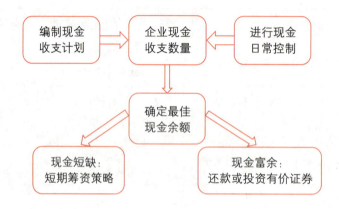

3. 现金预算管理

现金预算就是在企业长期发展战略的基础上，以现金管理的目标为指导，充分调查和分析各种现金收支影响因素，运用一定的方法合理估测企业未来一定时期的现金收支状况，并对预期差异采取相应对策的活动。

【例题1·计算题·辽宁石油化工大学2022】 某商品流通企业正在着手编制明年的现金预算，有关资料如下：

(1)年初现金余额为10万元，应收账款20万元，存货30万元，应付账款25万元；预计年末应收账款余额40万元，存货50万元，应付账款15万元。

(2)预计全年销售收入为100万元，销售成本为70万元，工资支付现金20万元，间接费用15万元(含折旧费5万元)，购置设备支付现金25万元，预计各种税金支出14万元。

(3)企业要求最低现金余额为25万元，若现金不足，需按面值发行债券(金额为10万的整数倍数)。债券票面利率为10%，期限为5年，到期一次还本付息，不考虑债券筹资费用，企业所得税税率为25%。

要求：

(1)计算全年经营现金流入量；

(2)计算全年购货现金支出；

(3)计算现金余缺；

(4)计算债券筹资总额。

【解析】

(1)全年现金流入量计算思路。

应收账款科目：期初余额20＋本期增加额100＝本期收回现金＋期末余额40。

因此，本期收回现金＝20＋100－40＝80(万元)。

(2)全年购货现金支出计算思路。

①存货科目：期初余额30＋本期采购入库＝销货转出(销售成本)70＋期末余额50。

因此，本期采购入库＝70＋50－30＝90(万元)。

②应付账款科目：期初余额25＋本期采购入库90＝本期付款＋期末余额15。

因此，本期付款＝25＋90－15＝100(万元)。

【答案】

(1)全年现金流入量＝100＋20－40＝80(万元)

(2)全年购货现金支出＝70－30＋50＋25－15＝100(万元)

(3)现金余缺＝10＋80－100－20－(15－5)－25－14＝－79(万元)

(4)因为现金不足，所以最低的筹资额＝79＋25＝104(万元)由于发行债券的金额是10万元的整数倍，所以债券筹资额＝110(万元)

4. 最佳现金持有量分析

在现金预算中，为了确定预算期期末现金资产的余缺状况，除了合理估计预算期的现金收入与现金支出外，还应当确定期末的最佳现金余额。当前应用较为广泛的现金持有量决策方法主要有如下几种模型。

(1)现金周转模型

现金周转期是指从现金投入生产开始到最终重新转化为现金所花费的时间。

现金周转期＝存货周转期＋应收账款周转期－应付账款周转期

经营周转期是指从取得存货开始到销售存货并收回现今为止的时期。

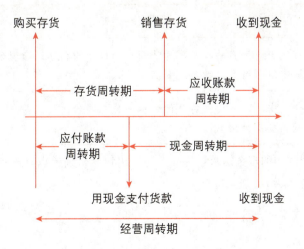

经营周转期＝存货周转期＋应收账款周转期

现金周转期确定后，企业便可确定最佳现金持有量。

$$最佳现金持有量=\frac{年现金需求量}{360}\times 现金周转期$$

所以，要减少现金周转期，可以从以下方面着手：加快制造与销售产成品来减少存货周转期；加速应收账款的收回来减少应收账款周转期；减缓支付应付账款来延长应付账款周转期。

【例题2·计算题】某企业预计存货周转期为80天，应收账款周转期为30天，应付账款周转期为20天，预计全年需要现金1 080万元，最佳现金持有量是多少？

【答案】现金周转期＝80＋30－20＝90(天)

$$最佳现金持有量=\frac{1\,080}{360}\times 90=270(万元)$$

(2)成本分析模型

相关成本	机会成本	管理成本	短缺成本
与现金持有量的关系	正向变动	固定成本，无明显的比例关系	反向变动
决策原则	最佳现金持有量是使上述三项成本之和**最小**的现金持有量		

①机会成本是指企业因保留一定的现金余额而增加的管理费用及丧失的投资收益。(机会成本＝现金持有量×有价证券利率)

②短缺成本是指在现金持有量不足且又无法及时将其他资产变现而给企业造成的损失。

(3)存货模式(也称鲍默尔模型)

存货模式是在**现金总需求量可以预测**的前提下，**假设不存在现金短缺的成本**，现金支出均匀发生，当现金不足时可以通过出售有价证券获得现金。

相关成本	说明
机会成本	因持有现金所放弃的收益，通常指有价证券的利息；与现金持有量成正比例变动，持有现金越多，机会成本越大
交易成本（转换成本）	当现金过少时，需要出售有价证券来补充现金，则交易成本就是出售有价证券时支付的交易费用

假设企业特定时间内的现金需求量为 T、每次出售有价证券以补充现金的交易成本为 F、短期有价证券的利息率为 i、现金持有量为 C。

$$交易成本=\frac{T}{C}\times F；机会成本=\frac{C}{2}\times i；总成本=\frac{T}{C}\times F+\frac{C}{2}\times i。$$

将机会成本、交易成本和总成本与现金持有量的关系函数置于同一坐标系中，可以看出：当机会成本与交易成本相等时，恰好是总成本线的最低点。

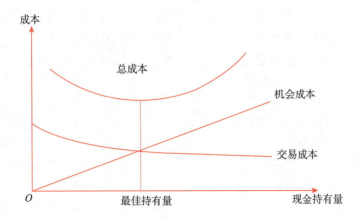

因此，我们可以得出结论：当 $\dfrac{T}{C}\times F=\dfrac{C}{2}\times i$ 时，总成本最小。

此时，最佳现金持有量 $C^*=\sqrt{\dfrac{2TF}{i}}$，总成本 $=\sqrt{2TFi}$。

【注意】考试中一般仅考查最佳现金持有量和总成本的计算，大家只需把握二者的计算公式即可。

【例题3·计算题·辽宁石油化工大学2020】A公司现金收支稳定，预计全年（按360天计算）需要现金30万元，现金与有价证券转换成本为每次600元，有价证券年利率为10%，要求计算最佳现金持有量。

【答案】$C^*=\sqrt{\dfrac{2TF}{i}}=\sqrt{\dfrac{2\times 300\,000\times 600}{10\%}}=60\,000(元)$

【例题4·计算题】某公司现金收支平衡，预计全年（按360天计算）现金需要量为250 000元，现金与有价证券的转换成本为每次500元，有价证券年利率为10%。

要求：

(1)使用存货模式计算最佳现金持有量；

(2)使用存货模式计算最佳现金持有量下的全年现金管理总成本、全年现金交易成本和全年现金持有机会成本。

【答案】

(1) $C^*=\sqrt{\dfrac{2TF}{i}}=\sqrt{\dfrac{2\times 250\,000\times 500}{10\%}}=50\,000(元)$

(2)总成本 $TC=\sqrt{2TFi}=\sqrt{2\times 250\,000\times 500\times 10\%}=5\,000(元)$

全年现年现金交易 $=\dfrac{T}{C}\times F=\dfrac{250\,000}{50\,000}\times 500=2\,500(元)$

全年现年现金持有机会 $=\dfrac{C}{2}\times i=\dfrac{50\,000}{2}\times 10\%=2\,500(元)$

(4)米勒—欧尔现金管理模型(随机模式)

①含义

假定企业**无法确切预知**每日的现金实际收支状况。现金余额在上限(U)和下限(L)之间随机波动,当现金余额降到下限水平时,企业应当出售部分有价证券补充现金;当现金余额持有较多达到上限时,企业应适当投资有价证券,将现金流量控制在上下限之内。

②计算参数

项目	公式	公式参数
最佳现金余额（现金返回线）	$Z=L+\sqrt[3]{\dfrac{3b\sigma^2}{4r}}$	L：现金余额下限 b：证券交易成本 σ：每日现金余额标准差 r：有价证券的日收益率
现金存量上限(U)	$U=L+3\times\sqrt[3]{\dfrac{3b\sigma^2}{4r}}=3Z-2L$	
现金存量下限(L)	取决于企业每日的最低现金需要量、管理人员的风险承受倾向等因素	

【例题5·计算题】恒远公司的日现金余额标准差为5 000元,每次证券交易的成本为500元,有价证券的日报酬率为0.06%,公司每日最低现金需要为0,那么恒远公司的现金最佳持有量和持有量上限分别为多少?

【答案】

$$Z=L+\sqrt[3]{\dfrac{3b\sigma^2}{4r}}=0+\sqrt[3]{\dfrac{3\times500\times5\,000^2}{4\times0.06\%}}=25\,000(元)$$

$$U=L+3\times\sqrt[3]{\dfrac{3b\sigma^2}{4r}}=0+3\times\sqrt[3]{\dfrac{3\times500\times5\,000^2}{4\times0.06\%}}=75\,000(元)$$

5. 现金的日常管理

为了提高现金使用效率,可以采用如下现金管理方法。

(1)力争现金流量同步

如果企业能尽量使它的现金流入与现金流出发生的时间趋于一致,就可以使其持有的交易性现金余额降到最低水平。

(2)使用现金浮游量

从企业开出支票,收票人收到支票并存入银行,至银行将款项划出企业账户,中间需要一段时间。现金在这段时间的占用称为现金浮游量。在这段时间里,尽管企业已开出了支票,但仍可动用在活期存款账户上的这笔资金。不过在使用现金浮游量时,一定要控制好使用的时间,否则会发生银行存款的透支。

(3)加速收款

主要指缩短应收账款的时间。发生应收账款会增加企业资金的占用,但它又是必要的,因为它可以扩大销售规模,增加销售收入。问题在于如何既利用应收账款吸引顾客,又缩短收款时间。这要在两者之间找到适当的平衡点,并实施妥善的收账策略。

(4) 推迟应付账款的支付

是企业在不影响自己信誉的前提下,尽可能地推迟应付款的支付,充分运用供货方提供的信用优惠。如遇企业急需现金,甚至可以放弃供货方的折扣优惠,在信用期的最后一天支付款项。当然,这要权衡折扣优惠与急需现金之间的利弊得失。

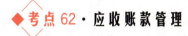

考点 62 · 应收账款管理

1. 应收账款概述

产生原因	①商业竞争导致企业实行赊销(属于商业信用,本节讨论的内容)
	②销售和收款的时间差距:结算手段落后导致(不属于商业信用,不再对它进行深入讨论)
功能	①增加销售
	②减少存货
成本	①机会成本
	②管理成本
	③坏账成本

2. 应收账款的管理目标

应收账款是公司为扩大销售和盈利而进行的投资,而投资就要发生成本,所以应收账款管理的目标就是在<u>投资的收益与成本之间进行权衡</u>,只有当应收账款所增加的盈利超过所增加的成本时,才应当实施应收账款赊销;也就是说,应收账款投资会产生正的净现值,从而会增加公司的价值。

3. 应收账款的(信用)政策

应收账款信用政策包括信用标准、信用条件和收账政策。

(1) 信用标准

信用标准是企业同意向顾客提供商业信用而提出的基本要求。企业在设定某一顾客的信用标准时,往往先要评估其赖账的可能性。这可以通过"5C"模型来进行。

5C	含义
品质(character)	是指顾客愿意履行其付款义务的可能性。这一点经常被视为评价顾客信用的首要因素

续表

5C	含义
能力（capacity）	是指顾客偿还货款的能力，主要根据顾客的经营规模和经营状况来判断
资本（capital）	是指一个企业的财务状况，主要根据有关财务比率来判断
抵押品（collateral）	是指顾客能够为获取商业信用提供担保资产
条件（conditions）	是指一般的经济情况对企业的影响

(2)信用条件

信用条件是指企业要求顾客支付赊销款项的条件，包括信用期限、折扣期限和现金折扣。

信用条件	含义
信用期限	企业为顾客规定的最长付款时间
折扣期限	企业为顾客规定的可享受现金折扣的付款时间
现金折扣	在顾客提前付款时给予的优惠

例如，某企业的信用条件为"2/10，$n/30$"，表示顾客在10天内付款可享受2%的现金折扣；如果不想取得折扣，这笔货款必须在30天内付清。在这里，30天为信用期限；20天为折扣期限；2%为现金折扣。

(3)收账政策

收账政策是指当客户**违反信用条件**，拖欠账款或故意赖账时企业所采取的收账策略与措施。

【总结】应收账款信用政策是解决三个逐层递进的问题：

> 信用标准：向什么样的客户赊销？——5C标准
>
> ↓
>
> 信用条件：决定赊销后，对客户开出什么样的付款条件？——折扣期、折扣、信用期
>
> ↓
>
> 收账政策：客户超过信用期后仍未付款要采取什么措施？——发生收账费用、坏账损失

4. 应收账款信用决策

(1)决策原则

只有当应收账款所增加的盈利超过所增加的成本时，才应当实施应收账款赊销。

(2)决策过程

根据应收账款信用决策的原则，我们需分别计算改变信用政策后增加的盈利和增加的成本。

项目		计算公式
增加的盈利		＝增加的收入－增加的变动成本－增加的固定成本 ＝增加的边际贡献－增加的固定成本
增加的成本	应收账款占用资金应计利息的增加	＝应收账款占用资金的增加×资本成本 ＝（新的应收账款平均余额－旧的应收账款平均余额）×变动成本率×资本成本 ＝$\left(\dfrac{新的年销售额}{360}\times 新的平均收现期－\dfrac{原来年销售额}{360}\times 原来的平均收现期\right)\times$变动成本率×资本成本
	存货应计利息的增加	＝存货占用资金的增加×资本成本 ＝存货增加量×单位购置成本（或单位变动成本）×资本成本
	应付账款占用资金抵减的应计利息的增加	＝应付账款占用资金的增加×资本成本 ＝应付账款平均余额增加量×资本成本
	现金折扣的增加	＝新的销售额×新的折扣率×新的享受折扣的客户比例－旧的销售额×旧的折扣率×旧的享受折扣的客户比例
	收账费用和坏账损失的增加	若有，题目一般会给出

表格内相关公式说明如下。

①严格来说，要使用企业的赊销收入计算增加的盈利，但很难获取准确的赊销金额，故考试的时候注意审题，看题目里是假设全部收入均为赊销取得，还是给出赊销的占比。

②此处的应收账款是企业为生产而付出（押占）的成本，（有悖于日常逻辑，不要认为是企业因赊销尚未从客户处取得的收入总额）其中固定成本与决策无关（在一定业务量范围内，是否增加销售都不改变其数额），而变动成本总额却是和产销量成正比，因赊销扩大的产销量势必会增加企业"押占"的变动成本总额。

③平均收现期的计算。

情况	平均收账期计算公式
只有信用期、没有折扣期、没有逾期客户	平均收现期＝信用期 注意：信用期不取平均数，客户不会那么"积极"在信用期前付款
既有信用期、又有折扣期、没有逾期客户	平均收现期＝折扣期×享受折扣客户比例＋信用期×放弃折扣客户比例
既有信用期、又有折扣期、有逾期客户	平均收现期＝折扣期×享受折扣客户比例＋信用期×放弃折扣但未逾期客户比例＋逾期付款期×逾期客户比例

④应付账款占用资金抵减的应计利息指的是由于扩大生产企业需增加存货的数量,同样地,企业的应付账款也有可能增加,企业在信用期内延期支付货款,在付款前将货款投资于收益更高的地方所产生的好处。

【例题6·单选题】某企业预计下年度销售额为2 000万元,其中10%为现销,赊销的信用条件为"$n/75$",预计应收账款周转天数为90天(一年按360天计算),变动成本率为60%,资本成本为10%,则应收账款的机会成本是( )万元。

A. 27　　　　　B. 22.5　　　　　C. 45　　　　　D. 50

【解析】应收账款机会成本$=2\,000\times(1-10\%)\times\dfrac{90}{360}\times60\%\times10\%=27$(万元)。

【答案】A

【例题7·单选题】甲公司全年销售额为36 000元(一年按360天计算),信用政策是"1/20、$n/30$",平均有40%的顾客(按销售额计算)享受现金折扣优惠,没有顾客逾期付款。甲公司应收账款的年平均余额是( )元。

A. 2 000　　　　B. 2 400　　　　C. 2 600　　　　D. 3 000

【解析】平均收现期$=20\times40\%+30\times60\%=26$(天)。

应收账款年平均余额=日销售额×平均收现期$=36\,000/360\times26=2\,600$(元)。

【答案】C

【例题8·计算题·云南师范大学2023改编】乙公司2022年采用"$n/30$"的信用条件,全年销售额(全部为赊销)10 000万元,平均收现期为40天。2023年年初,乙公司为了尽早收回货款,提出了"$2/10,n/30$"的信用条件。新的折扣条件下预计销售额会增加到12 000万元(全部为赊销),由于销售量的增加,年平均存货余额将从10 000元上升至12 000元。坏账损失和收账费用共减少200万元,预计占销售额一半的客户将享受现金折扣优惠,享受现金折扣的客户均在第10天付款,不享受现金折扣的客户平均付款期为40天。该公司的资本成本为15%,变动成本率为60%。假设一年按360天计算,不考虑增值税及其他因素的影响。

要求:

(1)计算信用条件改变引起的盈利的增加额;

(2)计算信用条件改变引起的现金折扣成本的增加额;

(3)计算信用条件改变后的平均收账期;

(4)计算信用条件改变引起的应收账款机会成本增加额;

(5)计算信用政策改变后税前利润的增加额。

【答案】

(1)盈利的增加$=12\,000\times(1-60\%)-10\,000\times(1-60\%)=800$(万元)

(2)增加的现金折扣成本$=12\,000\times50\%\times2\%-0=120$(万元)

(3)信用条件改变后的平均收账期$=10\times50\%+40\times50\%=25$(天)

(4)应收账款机会成本增加额$=12\,000\times\dfrac{25}{360}\times60\%\times15\%-10\,000\times\dfrac{40}{360}\times60\%\times15\%=$

12.5(万元)

(5)存货占用资金应计利息的增加＝(12 000－10 000)×60％×15％＝180(万元)

信用政策改变后税前利润的增加额＝800－12.5－180－120＋200＝687.5(万元)

5. 应收账款的日常控制

信用政策建立以后，企业要做好应收账款的日常控制工作，进行信用调查和信用评价，以确定是否同意顾客赊欠货款，当顾客违反信用条件时，还要做好账款催收工作。

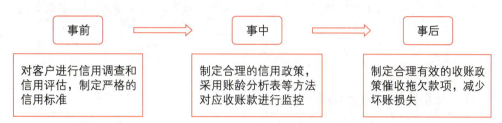

◆ 考点63·存货管理

存货指企业的库存原材料、在产品和产成品等。像其他资产一样，持有存货也需要占用公司的资金，发生相关成本，存货管理的目标就是要做出最优存货投资水平决策，尽力在各种成本与存货效益之间做出权衡。

1. 存货的成本

成本类别			解释
取得成本 TC_a		购置成本 DU	存货本身的价值
	订货成本	订货固定成本 F_1	常设采购机构的基本开支
		订货变动成本 $\dfrac{D}{Q} \times K$	与订货的次数有关：差旅费、邮费
储存成本 TC_c		固定储存成本 F_2	仓库折旧、仓储职工固定工资
		变动储存成本 $\dfrac{Q}{2} \times K_c$	存货资金的应计利息、存货破损和变质损失、存货的保险费用
缺货成本 TC_s			由于存货供应中断而造成的损失，比如材料供应中断造成的停工损失、产成品库存缺货造成的拖欠发货损失和丧失销售机会的损失

【总结】在不考虑缺货成本的前提下，订货变动成本和储存变动成本是订货数量的相关成本，而订货固定成本和储存固定成本是订货数量的不相关成本。

2. 存货经济批量分析

(1)经济批量的概念

通过合理的进货批量和进货时间，使存货总成本最低的进货批量，也叫做经济订货量或经济批量。

(2) 经济批量的模型

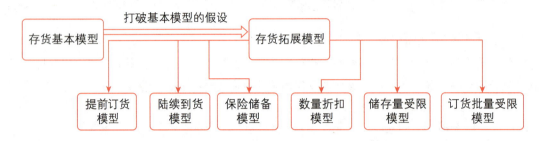

3. 基本经济批量模型

(1) 基本经济批量模型的假设条件

基本经济批量模型假设条件	①能及时补充存货，即需要订货时便可立即取得存货
	②能集中到货，而不是陆续入库
	③不允许缺货，即无缺货成本
	④需求量稳定，并且能预测
	⑤存货单价不变
	⑥企业现金充足，不会因现金短缺而影响进货
	⑦所需存货市场供应充足，可以随时买到

(2) 基本经济批量模型的最佳经济批量

① 含义

最佳经济批量是<u>变动订货成本</u>与<u>变动储存成本</u>之和最小时所对应的库存量。

② 公式

基本经济批量模型相关计算公式	经济订货量$(Q^*)=\sqrt{\dfrac{2KD}{K_c}}$
	每年最佳订货次数$(N^*)=\dfrac{D}{Q^*}$
	与批量相关的存货总成本 $TC(Q^*)=\sqrt{2KDK_c}$

Q 表示每次订货量；D 表示存货年需要量；K 表示每次订货变动成本；K_c 表示单位储存变动成本。

经济订货量 Q^* 的计算公式推导过程如下：

变动订货成本＝年订货次数×每次订货成本＝$\dfrac{D}{Q}\times K$；

由于最大库存量为 Q，最小库存量为 0，所以平均库存量为 $\dfrac{Q}{2}$；

变动储存成本＝存货平均库存量×单位储存成本＝$\dfrac{Q}{2} \times K_c$；

两者之和＝$\dfrac{D}{Q} \times K + \dfrac{Q}{2} \times K_c$。

当 $\dfrac{D}{Q} \times K = \dfrac{Q}{2} \times K_c$ 时，两者之和最小，解得 $Q^* = \sqrt{\dfrac{2KD}{K_c}}$。

老丁翻译

存货总成本与存货相关总成本的区别

存货总成本和存货相关总成本是一对比较容易混淆的概念。存货总成本是指存货的全部成本，包括取得成本、储存成本和缺货成本，计算公式如下：

存货总成本＝取得成本＋储存成本＋缺货成本

＝购置成本＋订货成本＋储存成本＋缺货成本

＝$DU + F_1 + \dfrac{D}{Q} \times K + F_2 + \dfrac{Q}{2} \times K_c + TC_s$

而存货相关总成本则是指存货全部成本中受仅每次订货批量影响的成本，即订货变动成本和储存变动成本。

存货相关总成本＝订货变动成本＋储存变动成本＝$\dfrac{D}{Q} \times K + \dfrac{Q}{2} \times K_c$

【例题9·计算题】新宇公司全年需要甲零件 1 200 件，每次订货的成本为 400 元，每件存货的年储存成本为 6 元。

要求：

(1)计算新宇公司的最佳经济批量；

(2)计算最佳订货次数；

(3)计算与批量相关的存货总成本。

【答案】

(1) $Q^* = \sqrt{\dfrac{2 \times 1\,200 \times 400}{6}} = 400$（件）

(2) $N^* = \dfrac{D}{Q^*} = \dfrac{1\,200}{400} = 3$（次）

(3) $TC = \sqrt{2KDK_c} = \sqrt{2 \times 400 \times 1\,200 \times 6} = 2\,400$（元）

4. 提前订货模型

在基本经济批量模型中，第一点假设是企业能及时补充存货，即需要订货时便可立即取得存货，但在现实中往往不太容易实现，因此不能等存货用光再去订货，而需要在没有用完时提前订货。

(1)再订货点的含义

再订货点是在提前订货的情况下，企业再次发出订货单时，尚有存货的**库存量**，用 R 来表示。

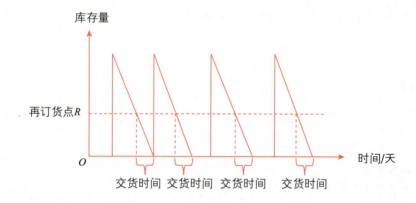

(2)再订货点的公式

$$R = d_1 t$$

其中：R 表示再订货点；d_1 表示每日需求量 $= \dfrac{D}{360}$；t 表示交货时间（从发出订单到货物验收完毕所用的时间）。

【例题10·计算题·中央财经大学2016】某企业全年需耗用甲材料 4 000 公斤，该材料的单位成本为 20 元，平均每次订货成本 150 元，单位年存储成本为存货单位成本的 30%，假设该材料日均正常用量为 11 公斤，订货提前期为 30 天。

要求：

(1)计算每年最佳订货次数；

(2)计算再订货点。

【答案】

(1)最佳经济批量$(Q^*) = \sqrt{\dfrac{2DK}{K_c}} = \sqrt{\dfrac{2 \times 4\,000 \times 150}{20 \times 30\%}} = 447.21$（公斤）

每年最佳订货次数$(N^*) = \dfrac{D}{Q^*} = \dfrac{4\,000}{447.21} = 9$（次）

(2)再订货点 $= 11 \times 30 = 330$（公斤）

5. 陆续到货模型（边到货边耗用）

在基本经济批量模型中，假设存货一次全部入库。事实上，各批存货可能陆续入库，使存量陆续增加。

陆续到货模型相关计算公式	经济订货批量 $Q^* = \sqrt{\dfrac{2KD}{K_c} \times \dfrac{P}{P-d}}$
	每年最佳订货次数 $(N^*) = \dfrac{D}{Q^*}$
	与批量相关的存货总成本 $TC(Q^*) = \sqrt{2KDK_c \times \left(1-\dfrac{d}{p}\right)}$

Q 表示每次订货量；D 表示存货年需要量；K 表示每次订货变动成本；K_c 表示单位储存变动成本；P 表示每日送货量；d 表示零件每日耗用量

经济订货量 Q^* 的计算公式推导过程如下：

变动订货成本＝年订货次数×每次订货成本＝$\dfrac{D}{Q} \times K$。

每批订货数为 Q，由于每日送货量为 P，故该批货全部送达所需日数为 $\dfrac{Q}{P}$。

因零件每日耗用量为 d，故送货期内的全部耗用量为 $\dfrac{Q}{P} \times d$。

由于零件边送边用，所以每批送完时，最高库存量为 $Q - \dfrac{Q}{P} \times d$。

存货平均库存量则为 $\dfrac{1}{2} \times \left(Q - \dfrac{Q}{P} \times d\right)$。

变动储存成本＝存货平均库存量×单位储存成本＝$\dfrac{1}{2} \times \left(Q - \dfrac{Q}{P} \times d\right) \times K_c$。

两者之和＝$\dfrac{D}{Q} \times K + \dfrac{1}{2} \times \left(Q - \dfrac{Q}{P} \times d\right) \times K_c$。

当 $\dfrac{D}{Q} \times K = \dfrac{1}{2} \times \left(Q - \dfrac{Q}{P} \times d\right) \times K_c$ 时，两者之和最小，解得 $Q^* = \sqrt{\dfrac{2KD}{K_c} \times \dfrac{P}{P-d}}$。

【例题11·计算题】某企业生产季节性产品乙产品，全季需用 B 材料 12 000 千克，每日送达 300 千克，每日耗用 240 千克，每次订货成本为 100 元，每千克 B 材料储存成本为 3 元。

要求：计算该企业 B 材料的经济订货批量和批量相关总成本。

【答案】

$$Q^* = \sqrt{\dfrac{2 \times 12\,000 \times 100}{3 \times \left(1-\dfrac{240}{300}\right)}} = 2\,000（千克）$$

$$TC = \sqrt{2 \times 12\,000 \times 100 \times 3 \times \left(1-\dfrac{240}{300}\right)} = 1\,200（元）$$

6. 保险储备模型

在基本经济批量模型中，假设不允许缺货；需求量稳定可预测；所需存货市场供应充足，可以随时买到。实际上,每日需求量可能变化,交货时间也可能变化。按照某一订货批量(如经济订货批量)和再订货点发出订单后,如果需求增大或送货延迟,就会发生缺货或供货中断。

(1)保险储备的含义

保险储备又称安全储备,是指为了防止存货使用量突然增加或者交货期延误等不确定情况所持有的存货储备。保险储备用 S 表示。

(2)保险储备的公式

$$S = \frac{1}{2}(d_2 l - d_1 t)$$

其中:d_1 表示正常的日消耗量;d_2 表示预计的最大日消耗量;t 表示订货提前期;l 表示预计的最长收货时间。

(3)考虑保险储备情况下的再订货点

$$R = d_1 t + S = d_1 t + \frac{1}{2}(d_2 l - d_1 t) = \frac{1}{2}(d_2 l + d_1 t)$$

【例题12·计算题】恒远公司每天正常消耗乙零件10件,订货的提前期为20天。预计恒远公司的最大日消耗量为12件,预计最长收货时间为25天,计算恒远的保险储备和再订货点。

【答案】

保险储备 $S = \frac{1}{2}(d_2 l - d_1 t) = \frac{1}{2}(12 \times 25 - 10 \times 20) = 50$(件)

再订货点 $R = d_1 t + S = 10 \times 20 + 50 = 250$(件)

7. 有数量折扣时的决策

为了鼓励购买者多购买商品,供应商对大量购买商品常常实行数量折扣价格。在有数量折扣时,订货成本、储存成本以及采购成本都是订货批量决策的相关成本,上述三种成本的年成本合计数最低的方案是最优方案。

【例题13·计算题·中国地质大学(武汉)2023】某企业全年需用丙零件1 500个,每个丙零件年储存成本为0.5元,每次订货成本为81.67元。供应商规定:每次订货批量达到750个时,可获得2%的价格优惠,不足750个时单价为50元。

要求:计算丙零件的经济订货批量。

【答案】

(1)没有数量折扣时的经济订货批量 $Q^* = \sqrt{\dfrac{2 \times 1\,500 \times 81.67}{0.5}} = 700$(个)

于是,最优订货批量是700个或750个,没有其他订货批量比这两个批量更经济

(2)不考虑数量折扣时的年成本合计

采购成本 $= 50 \times 1\,500 = 75\,000$(元)

订货成本 $=\dfrac{1\,500}{700}\times 81.67=175(元)$

储存成本 $=\dfrac{700}{2}\times 0.5=175(元)$

年成本合计 $=75\,000+175+175=75\,350(元)$

(3) 考虑数量折扣时的年成本合计

采购成本 $=50\times(1-2\%)\times 1\,500=73\,500(元)$

订货成本 $=\dfrac{1\,500}{750}\times 81.67=163.34(元)$

储存成本 $=\dfrac{750}{2}\times 0.5=187.5(元)$

年成本合计 $=73\,500+163.34+187.5=73\,850.84(元)$

比较批量为700个与批量为750个的年成本合计可知，接受数量折扣可使存货成本降低1 499.16元，因此应该选择接受数量折扣的方案

8. 储存量受限制时的决策

实际上，每个企业的储存面积是有限的，储存量不能无限扩大。在这种情况下，最优订货批量还需考虑现有最大储存量。

【例题 14·计算题·成都理工 2022】 圆庆公司每年需用乙材料 360 000 千克，每次订货成本为 1 225 元，每千克年储存成本为 0.5 元。该公司目前仓库最大储存量为 30 000 千克，考虑到业务发展需要，已与其他单位达成意向租用一个可储存 20 000 千克乙材料的仓库，年租金约为 4 000 元。应如何进行储存决策？

【答案】

(1) 不受任何限制时的经济订货批量 $Q^*=\sqrt{\dfrac{2\times 360\,000\times 1\,225}{0.5}}=42\,000(千克)$

批量相关总成本 $=\sqrt{2\times 360\,000\times 1\,225\times 0.5}=21\,000(元)$

(2) 由于圆庆公司目前仓库最大储存量只有 30 000 千克，少于经济订货批量 42 000 千克，因此，需要在扩大仓储量和按目前最大储存量储存之间做出选择

如果一次订购 30 000 千克，其批量相关总成本为：

储存成本 $=\dfrac{30\,000}{2}\times 0.5=7\,500(元)$

订货成本 $=\dfrac{360\,000}{30\,000}\times 1\,225=14\,700(元)$

批量相关总成本 $=7\,500+14\,700=22\,200(元)$

(3) 由于不受任何限制时的最优存货批量相关总成本为 21 000 元，而不扩大仓储量时的存货批量相关总成本为 22 200 元，因此，从增加仓储方案角度看预期可节约 1 200 元。但由于增加仓储需要多支付租金 4 000 元，超过预期节约额，因而最好不要租赁，而是按 30 000 千克的批量分批订货

9. 订货批量受限时的决策

实际工作中，许多供应商只接受整数批量的订单，如按打、百件、吨等。在这种情况下，采用经济订货批量基本模型计算出来的 Q^* 如果不等于允许的订货批量之一，就必须在 Q^* 的两边确定两种允许数量，通过计算各自的年成本合计比较优劣。

【例题 15·计算题】 某供应商销售甲材料时，由于包装运输原因，只接受 200 件整数批量的订单（如 200 件、400 件、600 件等）。圆庆公司全年需用甲材料 1 800 件，每次订货成本为 120 元，每件年储存成本为 2 元。要求：计算用材料的经济订货批量。

【答案】

(1) 不考虑订单限制时的经济订货批量为 $Q^* = \sqrt{\dfrac{2 \times 1\,800 \times 120}{2}} = 465$（件）

(2) 订购 400 件时的年成本合计

储存成本 $= \dfrac{400}{2} \times 2 = 400$（元）

订货成本 $= \dfrac{1\,800}{400} \times 120 = 540$（元）

批量相关总成本 $= 400 + 540 = 940$（元）

(3) 订购 600 件时的年成本合计

储存成本 $= \dfrac{600}{2} \times 2 = 600$（元）

订货成本 $= \dfrac{1\,800}{600} \times 120 = 360$（元）

批量相关总成本 $= 600 + 360 = 960$（元）

因此，订货批量受限时的最优决策时每次订购 400 件

10. 存货控制

存货控制是指在日常生产经营过程中，按照存货计划的要求，对存货的使用和周转情况进行控制管理。

(1) 存货的归口分级管理

存货的归口分级控制是加强存货日常管理的一种重要方法，包括以下三项内容。

① 在企业管理层领导下，财务部门对存货资金实行统一管理。

企业必须加强对存货资金的集中、统一管理，促进供、产、销互相协调，实现资金使用的综合平衡，加速资金周转。

② 实行资金的归口管理。

根据使用资金和管理资金相结合、物资管理和资金管理相结合的原则，每项资金由哪个部门使用就归哪个部门管理。

③实行资金的分级管理。

各归口的管理部门要根据具体情况将资金计划指标进行分解，分配给所属单位或个人，层层落实，实行分级管理。

(2) ABC 分类管理

存货 ABC 分类管理是意大利经济学家巴雷特于 19 世纪提出，已广泛应用于存货管理、成本管理、生产管理等。

根据存货的重要程度，将其分为 A、B、C 三种类型。三种类型存货的特征、管理方式和管理方法具体见下表。

类别	特征	管理方式
A 类	①品种占全部存货的 10%～15% ②资金占存货总额的 80%左右	集中主要力量进行管理 （如大型备品备件等）
B 类	①品种占全部存货的 20%～30% ②资金占存货总额的 15%左右	日常管理 （如日常生产消耗用材料等）
C 类	①品种占全部存货的 60%～65% ②资金占存货总额的 5%左右	一般管理 （如办公用品、劳保用品等随时都可以采购）

通过 ABC 分类后，抓住重点存货，控制一般存货，要求企业将注意力集中在比较重要的库存物资上，依据库存物资的重要程度分别管理，制订出较为合理的存货采购计划，从而有效地**控制存货库存，减少储备资金占用，加速资金周转**。

(3) JIT(just in time)存货管理(适时制)

是指在存货控制过程中，在最准确的地点，按照最标准的质量和最准确的数量，满足各个环节对存货的需求。JIT 生产方式的主要目的是使生产过程中的物品(零部件、半成品及制成品)有秩序地流动并且不产生物品库存积压、短缺和浪费，尤其是在生产的最终阶段即产成品阶段，直接按订单安排生产，因此最大限度地减少产成品库存，实现了所谓的"**无仓储管理**"的最高境界。JIT 系统能有效降低存货资金的占用，从而提高了流动资金的使用效率。

第二节 短期筹资管理

◆考点 64 · 短期筹资策略

1. 含义

短期筹资策略是指总体上如何为短期资产筹资，采用短期资金来源还是长期资金来源，或者兼而有之。其中，短期筹资渠道包括商业信用、短期借款和短期融资券。

2. 短期筹资的特征（与长期筹资相比）

特征	内容
筹资速度快	短期筹资到期时间短，债权人承担的风险较小，不需要像长期借款那样进行全面、复杂的财务调查
筹资弹性好	在筹集长期资金时，资金提供者出于资金安全的考虑通常会向筹资方提出较多的限制性条款或相关约束条件。短期筹资相关限制和约束条件相对较少，在资金的使用和配置上更加灵活、富有弹性
筹资成本低	当筹资期限较短时，债权人所承担的利率风险相对较小，因此要求的必要报酬率也相对较低
筹资风险大	短期筹资通常需要在短期内偿还，如果企业不能及时归还款项，就有陷入财务危机的可能性

3. 短期资产和短期负债的再划分

（1）企业的短期资产可以分为"波动性短期资产"和"稳定性短期资产"。

短期资产	含义
波动性短期资产	受季节性或周期性影响所需要的短期资产，并非持续需要，如季节性存货、销售旺季的应收账款
稳定性短期资产	即使企业处于经营业务的低谷也仍然需要保留的、用于满足企业长期稳定需要的短期资产

（2）企业的短期负债可以分为"临时性短期负债"和"自发性短期负债"。

短期负债	含义
临时性短期负债（短期金融负债）	是指因为临时的资金需求而发生的负债，由财务人员根据公司对短期资金的需求情况，通过人为安排形成，如短期银行借款等

续表

短期负债	含义
自发性短期负债（经营性短期负债）	是指产生于公司正常的持续经营活动，不需要正式安排，由于结算程序的原因自然形成的那部分短期负债，如商业信用、应付工资、应交税费等

(3)企业资产运营的来源主要有短期筹资来源和长期筹资来源，其中短期筹资来源指"临时性的短期负债"（短期金融负债），长期筹资来源指"自发性流动负债（经营性短期负债）＋长期负债＋所有者权益"。

4. 短期筹资政策的类型

(1)适中型筹资政策（匹配原则）

在适中型筹资政策中，波动性短期资产通过临时性短期负债筹集，稳定性短期资产和长期资产通过长期资金来源（即自发性短期负债、长期负债和所有者权益）筹集。

与保守型筹资政策和激进型筹资政策相比，适中型筹资政策的财务风险和收益都是中等水平。

波动性短期资产	临时性短期负债（短期金融负债）
稳定性短期资产	自发性短期负债（经营性短期负债）＋长期负债＋所有者权益
长期资产	

(2)激进型筹资政策

在激进型筹资政策中，临时性短期负债不仅需要解决波动性短期资产的资金需要，还要解决部分稳定性短期资产的资金需要。

采用激进型筹资政策的企业，由于需要经常举债和还债，所以财务风险较高；但临时性短期负债的资本成本较低，所以收益较高。

波动性短期资产	临时性短期负债（短期金融负债）
稳定性短期资产	自发性短期负债（经营性短期负债）＋长期负债＋所有者权益
长期资产	

(3) 保守型筹资政策（稳健型）

在保守型筹资政策中，临时性短期负债的资金只解决部分波动性短期资产的资金需要，另一部分波动性短期资产和全部稳定性短期资产，则由长期资金来源支持。

采用保守型筹资政策的企业，由于临时性短期负债所占比重较小，企业无法偿还到期债务的风险较低，所以财务风险较低；因长期负债的资本成本高于临时性短期负债的资本成本，所以收益较低。

【总结】

三种筹资策略判断小技巧：临时性流动负债应用得越多，企业的筹资政策越激进。（过多依赖"不靠谱"的筹资来源，能不激进吗？）

◆考点 65 · 商业信用筹资

1. 含义

商业信用筹资是商品交易中的延期付款或延期交货所形成的借贷关系，是企业之间的一种直接信用关系。

2. 具体表现形式

商业信用通常表现为应付账款、应付票据和预收账款等。本考点重点讨论**应付账款**的信用决策问题。

3. 应付账款的商业信用决策

(1) 商业信用条件

①延期付款，但不提供现金折扣。如"$n/30$"。

"$n/30$"表示在 30 日内按发票金额付款。

②延期付款，但早付款有现金折扣。如"$2/10，n/25$"。

商业信用条件	含义
2/10	在折扣期（10日）内付款，享受2%的折扣，即只需付全款的98%
n/25	在25天内付款，属于在信用期内付款，不能享受任何折扣，也不会产生任何违约损失，需付全款

那么在这种条件下，买方若在折扣期内付款，则可获得短期的资金来源并得到现金折扣；若放弃现金折扣，则可在稍长的时间内占用卖方的资金。

(2) 计算放弃现金折扣成本

$$放弃现金折扣成本 = \frac{折扣\%}{1-折扣\%} \times \frac{360}{信用期-折扣期}$$

老丁翻译

放弃现金折扣成本计算公式的理解

情况①：企业根据正常资金周转的时间，预计在第25天可以向供应商支付货款10万元，但无法享受现金折扣；若想要享受现金折扣，则需在第10天向银行借款9.8万元偿还应付账款。（相当于借钱投资）

那么计算这项投资的收益率 $= \frac{收益}{本金} = \frac{0.2}{9.8}$。接下来考虑资金占用的时间：等到第25天企业的资金回笼便可以偿还这笔9.8万元的银行借款，因此占用了15天。

这笔投资的年化收益率 $= \frac{0.2}{9.8} \times \frac{360}{25-10} = \frac{折扣\%}{1-折扣\%} \times \frac{360}{信用期-折扣期}$

情况②：如果企业目前有一笔闲置资金可用于投资项目，也可用于提前偿还应付账款，此时需要比较这笔钱如何使用给企业带来更大的收益。

若用于在折扣期第10天偿还应付账款，可以少还0.2万元，相当于投入9.8万元在15天内获取投资收益0.2万元。与情况一的思考方法一致。

【例题16·计算题】 某公司拟采购一批零件，供应商规定的付款条件：10天之内付款98万元，30天之内付全款100万元。要求：假设银行短期贷款利率为15%，计算放弃现金折扣的成本率。

【答案】

现金折扣 $= (100-98)/100 \times 100\% = 2\%$

放弃折扣的资金成本 $= [2\%/(1-2\%)] \times [360/(30-10)] = 36.73\%$

4. 利用现金折扣的决策

借入资金	借入资金的利率＞放弃现金折扣成本	放弃现金折扣
	借入资金的利率＜放弃现金折扣成本	从银行借款，享受现金折扣
短期投资	投资收益率＞放弃现金折扣成本	放弃现金折扣，果断投资
	投资收益率＜放弃现金折扣成本	放弃投资，享受现金折扣

例题16中我们已经计算出放弃折扣的资金成本是36.73%，如果同期银行借款利率是12%，则企业应利用更便宜的银行借款在折扣期内偿还应付账款；反之，企业应放弃折扣。同理，若企业目前有闲置资金98万元，欲投资一收益率20%的项目，此时也会选择使用98万元提前偿还应付账款。

5. 商业信用筹资的优缺点

优点	(1)使用方便(不用进行非常正规的安排，而且无须办理手续)； (2)成本低(如果没有现金折扣，或公司不放弃现金折扣，则利用商业信用筹资没有实际成本)； (3)限制少(如果利用银行借款筹资，银行往往会对贷款的使用规定一些限制条件)
缺点	(1)若放弃现金折扣，则公司会付出较高的资本成本； (2)若公司缺乏信誉，容易造成公司之间相互拖欠，影响资金周转

◆ 考点66 · 短期借款筹资

短期借款筹资通常是指银行短期借款，是企业为解决短期资金需求而向银行申请借入的款项。

1. 短期借款筹资的信用条件

种类	含义
信贷限额	银行规定无担保的贷款最高限额，企业在批准的信贷限额内，可随时使用银行借款。银行不承担法律责任，如果企业信誉恶化，即使在信贷限额内，企业也可能得不到借款
周转信贷协定	银行具有法律义务地承诺提供不超过某一最高限额的贷款。在有效期内，只要企业借款总额未超过最高限额，银行就必须满足企业任何时候提出的借款要求。对于贷款限额未使用的部分，企业需要支付承诺费

续表

种类	含义
补偿性余额	银行要求借款企业需保留按贷款限额或实际借款额的一定百分比的最低存款额
借款抵押	银行发放贷款时要求企业有抵押品作为担保,抵押借款对银行来说是一种风险投资,贷款利率较非抵押借款高
偿还条件	贷款的偿还有到期一次偿还和在贷款期内定期(每月、季)等额偿还两种方式

2. 借款利息的支付方法

一般来讲,借款企业可以用三种方法支付银行贷款利息。

收款法	在借款到期时向银行支付利息,银行大都采用这种方法收息
贴现法	银行向企业发放贷款时,先从本金中扣除利息部分,到期时借款企业偿还全部贷款本金。采用这种方法,企业可利用的贷款额只有本金减去利息部分后的差额,因此贷款的有效年利率高于报价利率
加息法	银行发放分期等额偿还贷款时采用的利息。由于贷款分期均衡偿还,借款企业实际上只大约平均使用了贷款本金的半数,却支付全额利息。这样,企业所负担的有效年利率便高于报价利率大约1倍

3. 短期借款实际利率的计算

周转信贷协定	$=\dfrac{利息+承诺费}{实际可用贷款额}\times 100\%$ $=\dfrac{贷款额\times 报价利率+(周转信贷限额-贷款额)\times 承诺费率}{实际可用贷款额}$
补偿性余额	$=\dfrac{利息}{本金-补偿性余额}\times 100\%$
贴现法	$=\dfrac{利息}{本金-已支付的利息}\times 100\%$
加息法	$=报价利率\times 2$

【例题17·单选题】某企业从银行取得借款10 000元,期限1年,年利率为8%,按照贴现法付息,该项贷款的实际年利率为( )。

  A. 16%   B. 8.70%   C. 8%   D. 24%

【解析】利息=10 000×8%=800(元),按照贴现法付息,企业实际可利用的贷款=10 000-800=9 200(元),则贷款的实际年利率=$\dfrac{800}{9\,200}\times 100\%$=8.70%。

【答案】B

【例题18·单选题·江汉大学2020】某企业以名义利率20％取得贷款1 000万元，银行要求分12个月等额偿还，则其实际利率为( )。

A. 10％　　　　B. 20％　　　　C. 30％　　　　D. 40％

【解析】该银行收取贷款利息的方法为加息法，则该借款的实际年利率＝20％×2＝40％。

【答案】D

【例题19·单选题】企业与银行签订了为期一年的周转信贷协定，周转信贷额为2 000万元，年承诺费率为0.5％，借款企业年度内使用了1 200万元(使用期为半年)，借款年利率为6％，则该企业当年应向银行支付利息和承诺费共计( )万元。

A. 20　　　　B. 21.5　　　　C. 38　　　　D. 43

【解析】利息＝1 200×6％×1/2＝36(万元)，承诺费＝2 000×0.5％/2＋(2 000－1 200)×0.5％/2＝7(万元)，则该企业当年应向银行支付利息和承诺费共计＝36＋7＝43(万元)。

【答案】D

4. 银行短期借款的优缺点

优点	(1)银行资金充足，能随时为企业提供较多的短期贷款，筹资速度快； (2)银行短期借款具有较好的弹性，款项使用灵活
缺点	(1)与商业信用筹资相比，短期借款的资本成本较高； (2)筹资风险大，短期内还本付息压力大

◆考点67·短期融资券

1. 含义

短期融资券，又称商业票据或短期债券，是由企业发行的进行短期信贷资金融资的无担保期票。

2. 优缺点

优点	融资规模大	出于风险考虑，银行一般不会向企业发放巨额的流动资金借款，发行短期融资券可以筹集大量的资金
	融资成本低	短期融资券一般比银行贷款利率低，而且没有补偿性存款的要求
	可以提高企业的信誉	人们普遍认为只有信用等级很高的企业才能发行短期融资券，发行短期融资券，不仅可以提高企业的信誉，还有利于企业开拓更加广泛的筹资渠道，降低资金成本

续表

缺点	筹资风险大	到期必须还本付息，一般没有延期的可能
	弹性比较小	短期融资券一般不能提前偿还，即便企业资金比较宽松，也要到期才能偿还
	发行短期融资券的条件比较严格	只有信誉好、实力强、效益高的企业才能发行短期融资券筹集资金

真题精练

一、单项选择题

1. (西安外国语大学2015)企业要购买原材料，并不都是收到原材料的当天就马上付款，通常会有一定的延迟，这一延迟的时间段是( )。
   A. 应收账款周转期   B. 存货周转期   C. 应付账款周转期   D. 现金周转期

2. (西安外国语大学2015)某企业拟将信用期由目前的30天放宽为60天，预计赊销额由1 000万元变为1 200万元，变动成本率为60%，等风险投资的最低报酬为10%，则放宽信用期后应收账款占用资金应计利息增加( )万元(一年按360天计算)。
   A. 5   B. 7   C. 12   D. 17

3. (西安外国语大学2015)某企业年销售收入为720万元，信用条件为"1/10，$n/30$"时，预计有20%的客户选择享受现金折扣优惠，其余客户在信用期付款，变动成本率为70%，资金成本率为10%，则下列选项不正确的是( )。
   A. 平均收账天数为26天   B. 应收账款占有资金应计利息为5.2万元
   C. 应收账款占有资金为36.4万元   D. 应收账款占有资金应计利息为3.64万元

4. (西安外国语大学2015)假设恒通公司2015年第一季度应收账款平均余额为360万元，信用条件为在30天按全额付清货款，过去三个月的销售收入分别为270万元、280万元、260万元，则平均逾期( )天(一个月按30天计算)。
   A. 10   B. 30   C. 40   D. 44

5. (西安外国语大学2015)某企业每年耗用某种原材料3 600千克，该材料的单位成本为20元，单位材料年持有成本为1元，一次订货成本为50元，则该企业的经济订货批量为( )千克，最小存货成本为( )元。
   A. 300，3 000   B. 600，300   C. 600，600   D. 600，6 000

6. (西安外国语大学2015)某企业按年利率6%向银行借款1 000万元，银行要求保留10%的补偿性余额，同时要求按照贴现法计息，则这项借款的实际利率约为( )。
   A. 6%   B. 6.38%   C. 6.67%   D. 7.14%

7. (西安外国语大学2016)丙公司是一家冰箱生产企业，全年需要压缩机360 000台，均衡耗用。平均每次的订货费用为160元，每台压缩机年储存成本为80元，每台压缩机的进价为900元。压缩机的经济订货批量是(　　)台。

A. 900　　　　　　B. 1 000　　　　　　C. 800　　　　　　D. 1 200

8.(西安外国语大学2016)下列各项中，属于商业信用筹资方式的是(　　)。

A. 发行短期融资券　　B. 长期借款　　C. 应付账款　　D. 融资租赁

9.(西安外国语大学2017)某企业向银行借款200万元，期限1年，名义利率10%，按贴现法付息。该项借款的实际利率为(　　)。

A. 11.11%　　　　B. 12.11%　　　　C. 10%　　　　D. 10.6%

10.(西安外国语大学2018)企业赊购10万元商品，付款条件是"3/10, 2/20, n/40"，则下列说法中不正确的是(　　)。

A. 企业若20天后付款，需付9.9万元

B. 企业若10天内付款，只需付9.7万元

C. 企业若10天之后20天内付款，只需付9.8万元

D. 企业若第40天付款，需付10万元

11.(西安外国语大学2018)下列描述中不正确的是(　　)。

A. 信用条件是指企业对客户提出的付款要求

B. 信用期限是企业要求客户付款的最长期限

C. 信用标准是客户获得企业商业信用所应具备的最高条件

D. 现金折扣是企业对客户在信用期内提前付款所给予的优惠

12.(西安外国语大学2018)企业由于现金持有量不足而又无法及时通过其他途径补充给企业造成的损失，称为现金的(　　)。

A. 机会成本　　　　B. 持有成本　　　　C. 管理成本　　　　D. 短缺成本

13.(厦门国家会计学院2018)甲公司与某银行签订周转信贷协议，银行承诺一年内随时满足甲公司最高8 000万元的贷款，承诺费按承诺贷款额度的0.5%于签订时交付，公司取得贷款部分已支付的承诺费在一年后返还，甲公司在签订协议同时申请一年期贷款5 000万元，年利率8%，按年单利计息，到期一次还本付息，在此期间未使用承诺贷款额度的其他贷款，该笔贷款的实际成本最接近(　　)。

A. 8.06%　　　　B. 8.8%　　　　C. 8.3%　　　　D. 8.37%

14.(云南师范大学2018)下列各项中，属于商业信用筹资方式的是(　　)。

A. 发行短期融资债券　　B. 应付账款筹资　　C. 短期借款　　D. 融资租赁

二、计算题

1.(西安外国语大学2017)某企业全年需要甲零件1 200件，每订购一次的订货成本为400元，每件年储存成本为6元。

要求：

(1)计算企业年订货次数为两次和五次时的年储存成本、年订货成本及年存储成本和年订货成本之和；

(2)计算经济订货批量和最优订货次数。

2. (桂林电子科技大学 2019)某公司预计全年需要现金 8 000 元，现金与有价证券的转换成本为每次 400 元，有价证券的利息率为 10%。要求：计算该公司的最佳现金持有量。

3. (郑州航空工业管理学院 2023、浙江财经大学 2019)万泉公司最近从宝达公司购进原材料一批，合同规定的信用条件是"2/10, $n/40$。"如果万泉公司由于流动资金紧张，不准备取得现金折扣，在第 40 天按时付款。要求：计算万泉公司放弃现金折扣的资本成本率。

三、名词解释

1. (浙江财经 2018)信用成本
2. (上海财经悉尼工商学院 2017)应收账款的机会成本
3. (南京农业大学 2023、塔里木大学 2023、吉林财经大学、天津财经大学 2021)营运资金
4. (云南大学 2021)存货模型
5. (吉林财经大学 2021)信用政策
6. (天津财经大学 2021)短期资产
7. (天津财经 2021、浙江财经 2021)再订货点
8. (新疆农业大学 2017)补偿性余额
9. (天津财经大学 2021)存货的经济批量
10. (天津财经大学 2021)存货储存成本
11. (天津财经大学 2021)存货采购成本
12. (沈阳农业大学 2021)商业信用

四、简答题

1. (吉林财经大学 2021)什么是营运资金？它与现金周转之间的关系是什么？
2. (云南大学 2021)简述营运资本管理。
3. (天津财经大学 2021)什么是营运资本？营运资本管理原则是什么？
4. (华东交通大学 2022)简述营运资金对企业的作用。
5. (上海对外经贸大学 2022)什么是营运资本的保守型投资策略？
6. (浙江财经 2023、哈尔滨商业大学 2021)企业持有现金的动机是什么？
7. (山东工商学院 2022、郑州轻工 2022、北华大学 2021、北京物资学院 2020、四川师范 2020、西南财经 2020、河北地质 2020、暨南大学 2020)简述企业持有现金的目的。
8. (辽宁工程技术大学 2022、新疆财经大学 2022)企业为什么要持有现金？
9. (武汉纺织 2022、陕西理工 2022、辽宁工程技术大学 2022、天津大学 2021)简述企业现金管理的内容。
10. (长春工业大学 2022)企业是否应该持有较多的现金？
11. (长江大学 2022)谈谈对现金管理的理解。
12. (中国传媒大学 2023)如何理解赊销是把双刃剑？
13. (山东工商学院 2022、长春工业大学 2021)简述应收账款管理对财务管理的作用。
14. (东北财经 2022、吉林财经 2021、北华大学 2021)应收账款的成本主要有哪些？并作简要说明。
15. (三峡大学 2023)简述应收账款的作用和成本。
16. (天津财经大学 2020)应收账款决策应该考虑哪些成本？

17. (上海对外经贸 2023、沈阳建筑 2021)应收账款管理目标是什么?
18. (吉林财经 2021)应收账款信用条件有哪些?
19. (哈尔滨商业大学 2021)简述应收账款管理目的、应收账款信用条件。
20. (吉林财经大学 2021)什么是信用政策?如何制定好的信用政策?
21. (上海大学 2023、上海大学管理学院 2020、天津财经 2020、华南理工 2020)信用政策中"5C"指什么?
22. (北京外国语大学 2022)谈谈应收账款信用政策,企业如何管理应收账款?
23. (华北电力大学(保定))延长信用期给企业带来哪些影响?如何确定合理的信用期?
24. (黑龙江八一农垦大学 2022)简述应收账款政策制定的核心指导思想。
25. (安徽财经大学 2022)对于企业拖欠的款项应如何收回?企业催收款项的方法有哪些?
26. (吉林财经大学 2021)简述存货管理的意义。
27. (云南大学 2021)存货管理模型有哪些?
28. (天津财经大学 2020)影响存货再订购点的因素有哪些?
29. (天津财经大学 2021)存货的再订购点是订货量还是储备量?
30. (上海大学 2022)简述存货经济订货批量基本模型的前提。
31. (北京工商大学 2020)简述经济订货批量的影响因素。
32. (青岛理工大学 2020)简述存货经济批量模型。
33. (东北林业大学 2020)最佳经济订货量模型是什么?
34. (华北电力大学(保定))公司在存货管理中如何确定经济批量、再订货点和保险储备量?
35. (吉林财经大学 2021)存货的日常管理方法有哪些?
36. (湖北经济学院 2022)存货的归口分级控制包括哪三项内容?
37. (南京财经 2021、桂林电子科技 2020)存货 ABC 分类管理法是什么?
38. (山东大学 2021)经济进货批量模型和准时生产模型下存货最佳持有数量冲突吗?说一下两者的含义。
39. (北京化工大学 2022)零存货管理是管理方法还是管理理念?请说明原因。
40. (河南理工大学 2020)举例说明自然性流动负债和临时性流动负债有什么区别?
41. (浙江工商大学 2021)简述短期筹资策略的三种类型。
42. (聊城大学 2023)简述激进型、稳健型、配合型短期筹资策略的特点及优缺点。
43. (西南财经大学 2022、山东大学 2019)简述短期筹资政策。
44. (哈尔滨工业 2019)营运资本有哪三种筹资策略?各自的风险和收益是什么?
45. (天津财经大学 2020)简述稳健型筹资政策和配合型筹资政策。
46. (广东财经 2018)简述激进型流动资产筹资策略的特点。
47. (江西师范大学 2022)谈谈短期筹资的方法以及优缺点。
48. (西安外国语大学 2019)什么是商业信用?对企业有何影响?
49. (西安外国语大学 2019)什么是商业信用融资?商业信用融资有什么优缺点?
50. (云南大学 2022)企业如何更好地利用信用融资?
51. (天津财经大学 2023、三峡大学 2018)简述短期借款筹资的优缺点。
52. (吉林财经大学 2021)简述短期筹资策略和短期资产政策的配合关系。

第五篇

分配
活动篇

第九章 股利理论与政策

考情点拨

大白话解释本章内容

　　企业经过一段时间的经营形成收入，收入扣减掉各项成本费用、支付给债权人的利息和上交国家的税费后便形成了净利润。净利润是归属于全体股东的经营成果，有两个去处：作为股利分配给股东、作为留存收益成为内部筹资来源。

　　企业要制定适合自身的股利分配政策，以达到二者的平衡：既让股东满意又要保证有一定的留存收益支撑企业未来规模的扩大。

　　那么怎样才能达到这种平衡呢？多年来不同学者提出了各自的观点，形成了股利理论，这就为企业制定股利政策提供了重要参考依据

本章难度 ★
本章重要程度 ★★

本章复习策略

　　本章整体难度较低，考查题型以选择题和简答题为主，很少涉及计算题。

　　高频考点包括：股利理论和股利政策的类型和优缺点。另外，注意辨析股票股利、现金股利、股票回购、股票分割的联系和区别，近年来其考频呈上升趋势。在把握上述理论知识的基础上，考试中还会考查上市公司实务热点案例，比如格力与茅台的高现金股利分配。这就要求大家具备一定的知识迁移能力和适当保持对热点的关注。

　　建议大家在理解的基础上，建立知识框架、打通知识点之间的区别和联系

考点精讲

第一节 股利理论与股利政策

　　股利是股份制公司依据法定条件及程序，根据股东的持股份额从其可供分配的利润中向股东支付的报酬，是利润分配的一种形式。由于优先股股利是固定的，已经在公司章程中作了明

确的规定，因此本章只探讨普通股股利及其股利分配政策。

◆ 考点68·利润分配的程序

股利分配是利润分配的重要组成部分，在涉及股利分配的具体内容之前，首先介绍公司利润分配的程序。

股份有限公司实现的税前利润首先依法缴纳企业所得税，税后利润应当按照下列基本程序进行分配。

1. 弥补以前年度亏损

根据现行法律的规定，公司发生年度亏损，可以用下一年度的税前利润弥补，下一年度税前利润不足弥补的，可以在5年内延续弥补，5年内仍未弥补完亏损，可用税后利润弥补。

2. 提取法定公积金

公司分配当年税后利润时，应当按税后利润的10%提取法定公积金。但当法定公积金累计额为公司注册资本的50%以上时，可以不再提取。

3. 支付优先股股息

股份有限公司如果发行了优先股，应当在提取法定公积金之后，优先于普通股股东向优先股股东支付股息。

4. 提取任意公积金

公司从税后净利润中提取法定公积金和支付优先股股息之后，经股东大会决议，还可以从税后利润中提取任意公积金。

5. 向普通股股东分配股利

公司在按照上述程序弥补亏损、提取公积金和支付优先股股息之后，所余当年利润与以前年度的未分配利润构成可供普通股分配的利润，公司可根据股利政策向普通股股东分配股利。

◆ 考点69·股利理论

股利理论就是研究股利分配与公司价值、股票价格之间的关系，探讨公司应当如何制定股利政策的基本理论。

股利分配的核心问题是如何权衡公司股利支付决策与未来长期增长之间的关系，以实现股东财富最大化的财务管理目标。围绕着公司股利政策是否影响公司价值这一问题，主要有两类不同的股利理论：股利无关论和股利相关论。

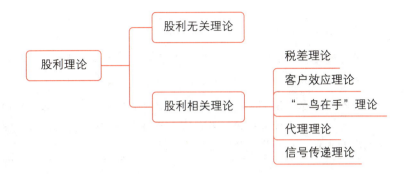

1. 股利无关论（完全市场理论）

该理论是由莫迪格利安尼与米勒提出的，故也被称为 MM 股利无关理论。股利无关论认为股利分配对公司的市场价值不会产生影响。

主要观点	(1)投资者并不关心公司股利的分配； (2)公司价值取决于公司投资项目的盈利能力和风险水平，股利分配政策不会影响公司股价及公司的价值
理论假设	股利无关论是基于完美资本市场假设提出的，完美资本市场假设的内容包括： (1)公司的投资政策已确定并且已经为投资者所理解； (2)不存在股票的发行和交易费用（即不存在股票筹资费用）； (3)不存在个人或公司所得税； (4)不存在信息不对称； (5)经理与外部投资者之间不存在代理成本

2. 股利相关论

现实生活中，完美资本市场的条件通常无法满足，如果我们逐步放宽这些假设条件，就会发现股利政策变得十分重要，公司价值和股票价格都会受股利政策的影响。

股利相关理论认为，在现实的市场环境下，公司的利润分配会影响公司价值和股票价格，因此，公司价值与股利政策是相关的。其代表性观点主要有税差理论、客户效应理论、"一鸟在手"理论、代理理论、信号传递理论等。

(1)税差理论

在 MM 的股利无关论中假设不存在税收，但在现实条件下，现金股利税与资本利得税不仅存在的，而且表现出差异性。税差理论强调了税收在股利分配中对股东的重要作用。

前提	税率差：出于保护和鼓励资本市场投资的目的，政府会采用股利收益税率高于资本利得税率的差异税率制度
	时间差：股利收益纳税是在收取股利的当时，而资本利得纳税只是在股票出售时才发生，可以体现递延纳税的时间价值

续表

基本观点	①不考虑股票交易成本：企业将采用低现金股利政策
	②若存在股票交易成本：资本利得税与交易成本之和大于股利收益税时，偏好取得定期现金股利的股东倾向于企业采用高股利支付率政策
对企业价值的影响	出于避税的考虑，投资者更偏爱低股利支付率政策，公司实行较低的股利支付率政策可以为股东带来税收利益，有利于增加股东财富，促进股票价格上涨，而高股利支付率政策将导致股票价格下跌

(2) 客户效应理论（取决于客户收入）

客户效应理论是对税差理论的进一步扩展，主要研究不同税收等级的投资者对股利分配态度的差异。它认为投资者不仅仅是对资本利得和股利收益有偏好，即使是投资者本身，因其所处不同等级的边际税率，对企业股利政策的偏好也是不同的。

基本观点	①收入高的投资者因其边际税率较高表现出偏好低股利支付率的股票，希望少分现金股利或不分现金股利，以更多的留存收益进行再投资，从而提高所持有的股票价格
	②收入低的投资者以及享有税收优惠的养老基金投资者表现出偏好高股利支付率的股票，希望支付较高而且稳定的现金股利
对企业价值的影响	由于客户效应的存在，任何股利政策都不可能满足所有投资者的要求，当公司改变股利政策时，就会吸引喜欢这一股利政策的投资者购买其股票，而另一类不喜欢这一股利政策的投资者就会出售其股票。当购买数量大于出售数量时，公司股价就会上涨，反之就会下跌，直至市场达到均衡状态

(3) "一鸟在手"理论（"手中鸟"理论）

"一鸟在手"理论认为："一鸟在手"强于"在林之鸟"，由于公司经营和公司股价存在诸多不确定性，股东认为当前能够取得的现金股利比未来的资本利得更可靠，倾向于选择股利支付率较高的股票。

根据"一鸟在手"理论，股东更偏好于现金股利而非资本利得，倾向于选择股利支付率高的股票。当企业的股利支付率提高时，股东承担的风险降低，其要求的必要报酬率就会降低，则根据永续年金计算出的企业权益价值（企业权益价值＝股利总额/权益资本成本）将会上升。

【例题1·单选题·长沙理工大学2016】（　　）认为用留存收益再投资带给投资者的收益具有很大的不确定性，并且投资风险随着时间的推移将进一步增大，所以投资者更喜欢现金股利。

A. 在手之鸟理论
B. 信号传递理论
C. 代理理论
D. 股利无关论

【解析】"在手之鸟"理论认为，由于公司经营和公司股价存在诸多不确定性，因此股东认为当前能够取得的现金股利比未来的资本利得更可靠，投资者更喜欢拿在手里的现金股利，选项A正确。

【答案】 A

(4) 代理理论

代理理论认为，公司分派现金股利可以有效降低代理成本，提高公司价值，因此，在股利政策的选择上，主要应考虑股利政策如何降低代理成本。下面分别探讨这三类代理问题对公司股利政策的影响。

冲突双方	股利政策	原因
股东与经理人（经营者）	高股利政策	有利于抑制经理人随意支配自由现金流的代理成本，也有利于满足股东获得高股利收益的期望
股东与债权人	低股利政策	保护债权人能够到期收本收息
控股股东与中小股东	高股利政策	中小股东处于较弱势的外部环境中，希望企业采用多分配少留存的股利政策以防止大股东的利益侵害

以上三类代理问题都会产生代理成本。通过控制股利支付率的高低，一方面可以降低代理成本，有利于提高公司价值；另一方面可以缓解代理关系产生的矛盾。（企业在选择股利支付率时均本着保护弱势群体的原则）

【总结】 财务管理中三处涉及"代理"问题
① 不同利益相关者在财务管理目标上的矛盾与协调。
② 资本结构理论中的代理理论。
③ 股利理论中的代理理论。

(5) 信号传递理论

在信息不对称的情况下，股利政策包括公司经营状况和未来发展前景的信息，投资者通过分析这些信息来判断公司未来盈利能力的变化趋势，以决定是否购买其股票，从而引起股票价格的变化。

情况	乐观的投资者	悲观的投资者
股利支付率提高	发展前景良好、业绩大幅增长，应当买入，引发股价上涨	没有好的项目，成长性趋缓，不应买入或抛售，引发股价下跌
股利支付率降低	为新项目融资，未来前景好，应当买入，引发股价上涨	企业未来出现衰退，不应买入或抛售，引发股价下跌

信号理论为解释股利是否具有信息含量提供了一个基本分析逻辑，鉴于投资者对股利信号信息的理解不同，所作出的对企业价值的判断也不同。因此，公司在制定股利政策时，应当考虑市场反应，避免传递易被投资者误解的信息。

【注意】以上理论多出现在名词解释和简答题中，记住基本观点和理解原理即可。

【总结】以上股利理论的内在关系

股利无关论的假设	若该假设不存在
①公司的投资政策已确定并且已经为投资者所理解	—
②不存在股票的发行和交易费用	税差理论
③不存在个人或公司所得税	
④不存在信息不对称	信号传递理论
⑤经理与外部投资者之间不存在代理成本	代理理论

◆ 考点70 · 股利政策的影响因素

股利政策是确定公司的净利润如何分配的方针和策略；在公司利润分配的实践中，制定股利政策会受到各种因素影响和制约，公司必须认真审查这些影响因素，以便制定出适合本公司的股利政策。

因素		分析
法律因素	资本保全的限制	公司只能用当期或留用利润来分配股利，不能用募集的资本发放股利
	企业积累的限制	公司税后利润必须先提取法定公积金。此外还鼓励公司提取任意公积金，只有当提取的法定公积金累计数额达到注册资本的50%时，才可以不再提取
	净利润的限制	公司年度累计净利润必须为正数时才可发放股利，以前年度亏损必须足额弥补
	偿债能力的限制	公司在分配股利时，必须保持充分的偿债能力

续表

因素		分析
债务契约因素		债权人为防止公司过多发放现金股利，影响其偿债能力，增加债务风险，会在债务契约中规定限制公司发放现金股利的条款
股东因素	稳定的收入和规避风险	依靠股利维持生活的股东要求支付稳定的现金股利
	避税考虑	边际税率高的股东出于避税考虑，往往反对发放较多的现金股利
	防止控制权稀释考虑	为防止控制权的稀释，持有控股权的股东希望少募集权益资金，少分股利
公司自身因素	现金流量	现金流量不足时，即使当期利润较多，也应限制现金股利的支付
	筹资能力	具有较强的筹资能力的公司有可能采取较宽松的股利政策，而筹资能力弱的公司往往采取较紧的股利政策
	投资机会	有良好投资机会的公司往往少发现金股利，缺乏良好投资机会的公司，倾向于支付较高的现金股利
	资本成本	留用利润的资本成本低于发行新股。从资本成本考虑，如果公司有扩大资金的需要，也应当采取低现金股利政策
	盈利状况	如果公司未来盈利能力强、稳定性较好，倾向于高股利支付率政策；反之，则采取低股利支付率政策
	所处生命周期	在不同发展阶段，公司的经营状况和经营风险不同，对资本的需求情况会有很大差异，会影响股利政策的选择
其他	通货膨胀	通货膨胀时期，货币购买力下降，公司计提的折旧不能满足重置固定资产的需要，需要动用盈余补足重置固定资产的需要，通货膨胀时期股利政策往往偏紧

上表影响因素中的生命周期对股利政策的具体影响如下表。

阶段	初创阶段	成长阶段	成熟阶段	衰退阶段
资本需求	受公司规模等原因限制	因为扩张需要，资本需求量很大	公司规模基本稳定，资金需求量适中	资本需求量降低

续表

阶段	初创阶段	成长阶段	成熟阶段	衰退阶段
盈利能力	没有盈利或盈利很少	盈利逐步增加	盈利能力较强,且盈利稳定	盈利减少
现金流量	因为进行投资,现金流量是负数	有少量现金流量产生	现金流量增加	相对于公司价值来说,现金流量较高
股利政策	剩余股利政策或不发放现金股利	不发放现金股利或采用低股利支付率政策	增加现金股利分配,采用稳定的股利支付率政策	采用特殊的股利政策,回购股票

◆ 考点71 · 股利政策的类型

根据股利相关理论,不同的股利政策会对公司价值和股价产生不同的影响。因此,对于股份公司来说,制定合理的股利政策非常重要。在实践中,股份公司常用的股利政策如下图所示。

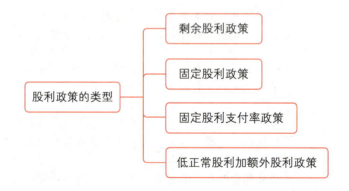

1. 剩余股利政策（residual dividend policy）

(1)含义

剩余股利政策是指在公司有着良好的投资机会时,根据一定的目标资本结构(最佳资本结构),测算出投资所需的权益资本,先从盈余当中留用,然后将剩余的盈余作为股利予以分配。

在剩余股利政策中,可予分配的股利金额受本年净利润、投资需求和目标资本结构的影响。

(2) 股利分配的步骤

1. 根据最佳投资方案，测算投资所需的资本数额
2. 按照目标资本结构，测算投资所需增加的股权资本数额
3. 税后利润首先用于满足投资所需增加的股权资本的数额
4. 满足投资需要后的剩余部分用于分配股利

(3) 优缺点及适用范围

优点	以留用利润来满足再投资对股权资本的需要，可以降低企业的资本成本，保持最佳资本结构，实现企业价值最大化
缺点	股利发放额随着投资机会和盈利水平的波动而波动，不利于投资者安排收入和支出
适用范围	公司初创阶段

【例题2·计算题】某公司当年利润下年分配股利。公司上年净利润600万元，今年年初讨论决定股利分配的数额。预计今年需要增加长期资本800万元。公司的目标资本结构是权益资本占60%，债务资本占40%，今年继续保持。按法律规定，至少要取10%的公积金。公司采用剩余股利政策。问：公司应分配多少股利？

【解析】法律规定必须提取10%的公积金，因此公司至少要提取600×10%＝60（万元），作为收益留存。如果公司出于经济原因决定留存利润480万元，这条法律规定并没有构成实际限制。法律规定留存的60万元同样可以长期使用，它是480万元的一部分。因此在计算剩余股利政策下，企业可供分配的股利金额时，无需考虑提取的盈余公积金。

【答案】利润留存＝800×60%＝480（万元）

股利分配＝600－480＝120（万元）

2. 固定股利政策（fixed dividend policy）

(1) 含义

将每年发放的股利固定在某一相对稳定的水平上并在较长的时期内不变，只有当公司认为未来盈余将会显著地、不可逆转地增长时，才提高年度的股利发放额。

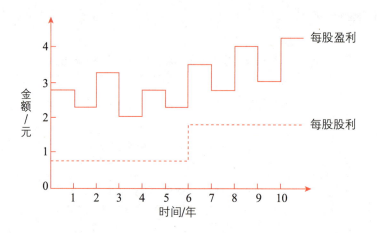

(2) 优缺点及适用范围

优点	①稳定的股利向市场传递公司正常发展的信息,有利于树立公司良好的形象,增强投资者对公司的信心,稳定股票的价格; ②有利于投资者安排股利收入和支出
缺点	①股利支付与盈余脱节,可能导致资金短缺; ②不能像剩余股利政策那样保持较低的资本成本
适用范围	经营比较稳定或正处于成长期的企业

【知识延伸】

> **稳定增长的股利政策**
> 近年来,为了避免通货膨胀对股东收益的影响,最终达到吸引投资者的目的,很多公司开始实行稳定增长的股利政策,即公司在支付某一固定股利的基础上,还制定了一个目标股利增长率,依据公司的盈利水平按目标股利增长率逐步提高股利支付水平。

【例题3·单选题】以下股利分配政策中,最有利于股价稳定的是( )。

A. 剩余股利政策
B. 固定股利政策
C. 固定股利支付率政策
D. 低正常股利加额外股利政策

【解析】本题的主要考核点是固定股利政策的特点。虽然固定股利政策和低正常股利加额外股利政策均有利于保持股价稳定,但最有利于股价稳定的是固定股利政策,因为额外股利也会随公司盈利情况有波动,选项B正确。

【答案】B

【例题4·单选题·广东工业大学2016】下列(　　)可能会给公司造成较大的财务负担。
A. 剩余股利政策　　　　　　　　B. 固定股利政策
C. 固定支付率股利政策　　　　　D. 低正常股利加额外股利政策

【解析】固定股利政策是指公司在较长一段时间内发放固定的股利，与公司的盈利情况无关，当公司盈利能力下降时，发放固定股利会给公司造成财务负担。

【答案】B

3. 固定股利支付率政策（fixed dividend payment rate policy）

(1) 含义

固定股利支付率政策是公司确定一个股利占盈余的比率，长期按此比率支付股利的政策。

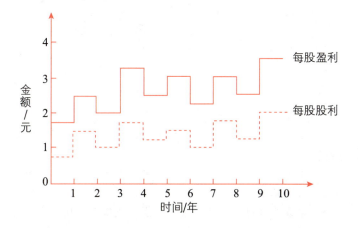

(2) 优缺点及适用范围

优点	能使股利与公司盈余紧密地配合，以体现多盈多分，少盈少分，无盈不分的原则
缺点	各年的股利变动较大，投资者无法预测现金流，极易造成公司不稳定的感觉，对稳定股票价格不利
适用范围	处于稳定发展且财务状况也较稳定的公司

【例题5·单选题】公司采用固定股利支付率政策时，考虑的理由通常是(　　)。
A. 稳定股票市场价格
B. 维持目标资本结构
C. 保持较低资本成本
D. 使股利与公司盈余紧密配合

【解析】主张实行固定股利支付率的人认为，这样做能使股利与公司盈余紧密地配合，以体现多盈多分、少盈少分、无盈不分的原则，选项D正确。

【答案】D

4. 低正常股利加额外股利政策（low regular dividend plus extras policy）

(1) 含义

该股利政策是公司一般情况下每年只支付固定的、数额较低的股利，在盈余较多的年份，再根据实际情况向股东发放额外股利。但额外股利并不固定化，不意味着公司永久地提高了规定的股利支付率。

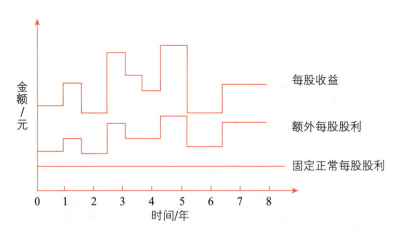

(2) 优缺点及适用范围

优点	①具有较大灵活性； ②使一些依靠股利度日的股东每年至少可以得到虽然较低但比较稳定的股利收入，从而吸引住这部分股东
缺点	①由于公司的盈利波动使得额外股利不断变化，容易给投资者造成收益不稳定的感觉； ②当公司在较长时期持续发放额外股利后，可能会被股东误认为是正常股利，一旦取消，传递出去的信号可能会被股东认为是公司财务状况恶化的表现，进而可能会引起公司股价下跌的不良后果
适用范围	盈利随经济周期而波动较大的公司或盈利与现金流量不稳定的公司

【例题6·单选题】下列关于股利分配政策的说法中，错误的是（　　）。
A. 采用剩余股利分配政策，可以保持理想的资本结构，使加权平均资本成本最低
B. 采用固定股利支付率分配政策，可以使股利和公司盈余紧密配合，但不利于稳定股票价格
C. 采用固定股利分配政策，当盈余较低时，容易导致公司资金短缺，增加公司风险
D. 采用低正常股利加额外股利政策，股利和盈余不匹配，不利于增强股东对公司的信心

【解析】采用低正常股利加额外股利政策，使得一些依靠股利度日的股东每年至少可以得到虽然较低但比较稳定的股利收入，从而吸引住这部分股东，选项D错误。

【答案】D

【例题7·多选题·太原理工大学2016】有利于公司树立良好的形象，增强投资者信心，稳定公司股价的股利政策有（   ）。

A. 剩余股利政策

B. 固定或稳定增长的股利政策

C. 固定股利支付率政策

D. 低正常股利加额外股利政策

【解析】剩余股利政策和固定股利支付率政策所发放的股利是不稳定的，剩余股利政策是将企业当前投资所需要的权益资本扣除以后，剩下的盈余来发放股利，固定股利支付率政策发放股利与公司盈余紧密相关，均不利于稳定股价，选项A、C错误。

【答案】BD

【例题8·计算题】某公司2014年的税后利润为1 200万元，分配的现金股利为420万元。2015年的税后利润为900万元。预计2016年该公司的投资计划需要资金500万元。该公司的目标资本结构为自有资金占60%，债务资金占40%。

要求：

(1)如果采取剩余股利政策，计算该公司2015年应分配的现金股利额；

(2)如果采取固定股利政策，计算该公司2015年应分配的现金股利额；

(3)如果采取固定股利支付率政策，计算该公司2015年应分配的现金股利额。

【答案】

(1)2016年投资所需的自有资金为500×60%＝300(万元)

2015年的现金股利额为900－300＝600(万元)

(2)如果采取固定股利政策，该公司2015年应分配的现金股利额应与2014年相同，仍为420万元

(3)固定股利支付率＝$\frac{420}{1\,200}×100\%＝35\%$

2015年应分配的现金股利额为900×35%＝315(万元)

第二节 股利种类与支付过程中的重要日期

◆ 考点72·股利的种类

股份有限公司分派股利的形式一般有现金股利、股票股利、财产股利和负债股利。后两种形式应用较少，我国有关法律规定，股份有限公司只能采用**现金股利**和**股票股利**两种形式。

1. 现金股利（cash dividend）

现金股利是以现金的形式从净利润中分配给股东的投资报酬，是最常用的股利分配形式。

现金股利的发放会对股价产生直接影响,在除息日之后,一般来说股价会下跌。

2. 股票股利(stock dividend)

股票股利是以股票的形式从净利润中分配给股东的股利。在公司发放股票股利时,除权后股价会相应下降。

(1)发放股票股利对公司的影响

有利影响	(1)公司无须分配现金,留存了大量的现金,便于进行再投资,有利于公司的长期发展; (2)发放股票股利可以降低每股价值,抑制股票价格过快上涨。一般来说,当企业经营良好时,股票价格上涨过快,反而不利于股票的流通。发放股票股利可以降低每股价格,吸引更多投资者; (3)发放股票股利往往会向社会传递公司将会继续发展的信息,从而提高投资者对公司的信心,在一定程度上稳定股票价格
不利影响	(1)发放股票股利使公司总股本增加,这要求公司未来业绩保持较高的增长率才能使每股收益不降低,因此会增加公司经营方面的压力; (2)在某些情况下,发放股票股利也会被认为是公司资金周转不灵的征兆,从而降低投资者对公司的信心,加剧股价下跌

(2)发放股票股利对股东的影响

发放股票股利的市场信号可能会导致股价上涨,从而使股东可能获得较高的溢价收入。

股票股利给股东带来节税效应。按现行税法规定,现金股利应缴纳个人应纳税所得税,而股票股利不缴纳个人所得税,出售股票的收入在我国目前是免缴个人所得税的,只缴纳股票交易过程的交易费用。

3. 财产股利

财产股利主要是以公司所拥有的其他公司的有价证券如债券、股票等,作为股利发放给股东,或以公司的物资、产品或不动产等充当股利。

4. 负债股利

负债股利是公司以负债支付的股利,通常以公司的应付票据支付给股东,不得已情况下也有发行公司债券抵付股利的。

【例题9·单选题】甲公司以增发股票作为股利支付给股东,这种股利属于( )。
A. 现金股利 B. 负债股利
C. 股票股利 D. 财产股利
【解析】公司以增发股票作为股利支付给股东的股利属于股票股利,选项C正确。
【答案】C

考点 73 · 股利支付过程中的重要日期

股利宣告日	公司董事会将股东大会通过本年度利润分配方案的情况以及股利支付情况予以公告的日期
股权登记日	有权领取本期股利的股东其资格登记截止日期。只有在股权登记日这一天登记在册的股东才有资格领取本期股利,而在这一天以后登记在册的股东,即使是在股利支付日之前买入的股票,也无权领取本期分配的股利
除息日	也称除权日,是指从股价中除去股利的日期,即领取股利的权利与股票分开的日期。除息日之前的股票价格包括本次股利,除息日之后的股票价格则不再包含本次股利。我国上市公司的除息日通常是在登记日的下一个交易日
股利支付日	向股东正式发放股利的日期

下面以 Z 公司 20×1 年度利润分配方案为例,帮助大家进一步理解股利支付过程中的重要日期。

20×2 年 6 月 19 日,Z 公司董事会发布了 20×1 年度利润分配方案实施公告,内容如下:Z 上市公司 20×1 年度利润分配方案已获 20×2 年 6 月 16 日召开的 20×1 年度股东大会审议通过。股东大会决议以公司 20×1 年 12 月 31 日的总股本 100 亿股为基数,每股派发现金股利人民币 0.10 元,共分配现金股利人民币 10 亿元。

发放范围为截至 20×2 年 7 月 18 日下午上海证券交易所收市后,在中国证券登记结算有限责任公司上海分公司登记在册的本公司全体 A 股股东。公司将于 20×2 年 7 月 26 日发放现金股利。

本例中,Z 公司股利宣告日为 20×2 年 6 月 19 日,股权登记日为 20×2 年 7 月 18 日,除息日为 20×2 年 7 月 19 日,现金红利发放日为 20×2 年 7 月 26 日。

【例题 10·单选题·长沙理工大学 2016】(　　)是领取股利的权利与股票分离的日期。
A. 股利宣告日　　　　　　　　　　B. 股权登记日
C. 除息日　　　　　　　　　　　　D. 股利支付日
【答案】C

第三节　股票分割与股票回购

考点 74 · 股票分割(stock split)

1. 含义

股票分割又称拆股,是指将面额较高的股票交换成面额较低的股票的行为。例如,将原来每股面值为 10 元的普通股分割为 2 股面值为 5 元的普通股。我国股份公司发行的普通股一般面值为1元，所以通常不进行股票分割。

2. 动机

(1)通过股票分割使股票价格降低，促进股票的交易和流通，在一定程度上加大对公司股票恶意收购的难度。还可以为公司发行新股做准备，因为股价太高会使许多潜在投资者力不从心而不敢轻易对公司股票进行投资。

(2)向投资者传递公司发展前景良好的信息，有助于提高投资者对公司的信心。

老丁翻译

股票股利、股票分割对报表结构的影响

股票股利的影响

货币资金(不变)	负债总计(不变)
存货	股本(增加)
固定资产	资本公积(增加或不变)
无形资产	未分配利润(减少)
资产总计(不变)	股东权益总计(不变)
结论： 股东权益结构变化，股东权益总额不变，资本结构不变(资产总额、负债总额、股东权益总额均未改变)	

股票分割的影响

货币资金(不变)	负债总计(不变)
存货	股本(金额不变，股数增加)
固定资产	资本公积(不变)
无形资产	未分配利润(不变)
资产总计(不变)	股东权益总计(不变)
结论： 股东权益结构、股东权益总额、资本结构均不变(资产总额、负债总额、股东权益总额均未改变)	

3. 股票分割与股票股利的比较

内容		股票股利	股票分割
不同点		面值不变	面值变小
		股东权益内部结构变化	股东权益内部结构不变
		属于股利支付方式	不属于股利支付方式
		在公司股价上涨幅度不大时，往往通过发放股票股利将股价维持在理想的范围之内	在公司股价暴涨且预期难以下降时，才采用股票分割的办法降低股价
		不做账务处理，股本金额不变	账务处理： 借：利润分配——转作股本的股利 　　贷：股本

续表

相同点	都会使普通股股数增加
	都会使每股收益和每股市价下降
	资本结构不变(资产总额、负债总额、股东权益总额不变)

【例题11·单选题】 实施股票分割和股票股利产生的效果相似,他们都会( )。

A. 降低股票每股面值

B. 减少股东权益总额

C. 降低股票每股价格

D. 改变股东权益结构

【解析】 股票分割会降低股票每股面值,股票股利不会改变股票每股面值,选项A错误;股票分割和股票股利都不会改变股东权益总额,但是股票股利会改变股东权益结构,股票分割不会改变股东权益结构,选项B、D错误;股票分割和股票股利都会导致股数增加,而股东权益总额均不变,因此都会降低股票每股价格,选项C正确。

【答案】 C

◆ 考点75·股票回购(stock repurchase)

1. 含义

股票回购是指公司出资购回自身发行在外的股票,将其作为库藏股或进行注销的行为。

股票回购使流通在外的股份减少,每股股利增加,从而会使股价上升,股东能因此获得资本利得,这相当于公司支付给股东现金股利。所以,可以<mark>将股票回购看作是一种现金股利的替代方式</mark>。

2. 股票回购与现金股利的比较

内容	股票回购	现金股利
不同点	股东得到的资本利得,需缴纳资本利得税,税赋低	发放现金股利后股东则需缴纳股利收益税,税赋高
	股票回购对股东利益具有不稳定的影响	稳定到手的收益
	不属于股利支付方式	属于股利支付方式
相同点	都会导致所有者权益减少	
	都会导致现金减少	

3. 股票回购的动机

传递股价被低估信号的动机（信号传递理论）	如果管理层认为本公司股票被严重低估，公司就可以通过股票回购行为来传递这种信号，从而促使公司股价上涨。实际上，公司的股票回购公告发布之后，通常会令股票价格上涨
反收购的动机	通过股票回购，可以减少外部流通股的数量，提高股票价格，在一定程度上降低公司被收购的风险
减少公司自由现金流量的动机（代理理论）	股票回购减少了公司自由现金流量，起到了降低管理层代理成本的作用。管理层通过股票回购试图使投资者相信公司的股票具有投资吸引力，公司没有把股东的钱浪费在收益不好的投资中
为股东避税的动机（税差理论）	由于股利收益税通常高于资本利得税，公司可以用股票回购的方式代替发放现金股利，从而为股东带来税收利益

4. 股票回购的方式（了解即可）

公司进行股票回购主要可以通过以下四种方式进行。

股票回购方式	内容
公开市场回购	公开市场回购是指上市公司在证券市场上按照股票市场价格回购本公司的股票。通过公开市场回购的方式回购股票，容易导致股票价格上涨，从而增加回购成本
协议回购	协议回购是指公司与特定的股东私下签订购买协议回购其持有的股票，通常作为公开市场回购方式的补充。采用协议回购方式回购股票的价格通常低于当前市场价格
要约回购	要约回购是指公司通过公开向股东发出回购股票的要约来实现股票回购计划。通常，在公司回购股票的数量较大时，可采用要约回购方式
转换回购	转换回购是指公司用债券或者优先股代替现金回购普通股的股票回购方式。这种方式下公司不必支付大量的现金，对现金流并不充足的公司而言，这是一种可选的回购方式，且采用这种回购方式还可以起到调整资本结构的作用。但是，由于债券或优先股的流动性比普通股要差，采用转换回购方式时，可能需要支付一定的溢价，因而提高了股票回购成本

【例题12·多选题】甲公司盈利稳定，有多余现金，拟进行股票回购用于将来奖励本公司职工，在其他条件不变的情况下，股票回购产生的影响有(　　)。

A. 每股收益提高　　　　　　　　B. 每股面额下降
C. 资本结构变化　　　　　　　　D. 自由现金流减少

【解析】股票回购会使股数减少，每股收益提高，选项 A 正确；股票回购不会改变每股面额，选项 B 错误；股票回购会使所有者权益减少，选项 C 正确；因一部分现金流用于股票回购，所以自由现金流量减少，选项 D 正确。

【答案】ACD

5. 股票股利、股票分割、股票回购的比较

内容	股票股利	股票分割	股票回购
面值	不变	减少	不变
股数	增加	增加	减少
每股市价	降低	降低	提高
每股收益	降低	降低	提高
股东权益内部结构	发生变化	不变	发生变化
股东权益总额	不变	不变	减少
资本结构	不影响	不影响	改变，提高财务杠杆水平
控制权	不影响	不影响	巩固既定控制权或转移公司控制权

真题精练

一、单项选择题

1. (江汉大学 2020)某公司于 2003 年度的可分配的净利润为 100 万元，2004 年计划所需 50 万元的投资，公司的目标结构为自有资金 40%，借入资金 60%，公司采用剩余股利政策，该公司于 2003 年可向投资者分红(发放股利)数额为(　　)万元。
   A. 20　　　　　　B. 80　　　　　　C. 100　　　　　　D. 50

2. (西安外国语大学 2016)下列各项政策中，最能体现"多盈多分、少盈少分、无盈不分"股利分配原则的是(　　)。
   A. 剩余股利政策　　　　　　　　　B. 低正常股利加额外股利政策
   C. 固定股利支付率政策　　　　　　D. 固定或稳定增长的股利政策

3. (西安外国语大学 2016)下列各项中，不影响股东权益总额变动的股利支付形式是(　　)。
   A. 股票股利　　　B. 现金股利　　　C. 负债股利　　　D. 财产股利

4. (西安外国语大学 2018)下列股利政策中(　　)可能会给公司造成较大的财务负担。
   A. 剩余股利政策　　　　　　　　　B. 固定股利或稳定增长股利政策
   C. 固定支付率股利政策　　　　　　D. 低正常股利加额外股利政策

5. 某企业采用低正常股利加额外股利政策，每年正常股利 0.2 元/股，额外股利为净利超过新

增投资需求部分的50%，该公司发行在外普通股股数为1 000万股。2016年实现净利润2 000万元，预计2017年新增投资需求1 800万元，则2017年末每股股利为(　　)。

A. 0.1　　　　　B. 0.2　　　　　C. 0.3　　　　　D. 0.4

二、多项选择题

(浙江理工大学2021)基于股利理论中代理理论的观点，下列各项中，企业应采取多分股利的股利分配政策的有(　　)。

A. 协调股东与债权人之间的代理冲突，保护债权人利益

B. 抑制经理人随意支配自由现金流的代理成本

C. 保护处于外部投资者保护程度较弱环境中的中小股东

D. 保护控股股东的利益

三、计算题

1. (青岛科技大学2022)假设某公司2018年的税后净利润为1 600万元，2019年的投资计划需要资金700万元。企业目标资本结构权益资本占60%，债务资本占40%。假设该企业当年流通在外的普通股为1 180万股。公司拟采用剩余股利分配政策。

   要求：

   (1)计算该公司2019年度投资项目中所需的权益资金数额；

   (2)计算该公司2018度年拟分配的股利金额；

   (3)计算该公司2018年度每股股利的金额。

2. (江汉大学2020)某公司现有资产总额2 000万元，资产负债率为50%，其权益均为普通股，每股净资产为10元，负债的年平均利率为10%。该公司年初未分配利润为－258万元(超过税法规定的税前弥补期限)，当年实现营业收入8 000万元，固定成本700万元，变动成本率60%，所得税率20%。该公司按10%提取法定盈余公积金。

   (1)计算该公司的普通股股数；

   (2)计算该公司的税后利润；

   (3)如果该公司采取固定股利政策(每股股利1元)，计算该公司本年度提取的盈余公积、发放的股利额和年末未分配利润。

四、名词解释

1. (江苏大学2020)一鸟在手理论

2. (吉林财经2023、南京财经2023、东华理工2023、天津财经2021、齐齐哈尔大学2019、北京语言大学2017、湖南大学2017、东北师范2016)剩余股利政策

五、简答题

1. (武汉科技大学2021)简述股利分配代表性理论。

2. (绍兴文理学院2023)分析股利无关论。

3. (重庆工商大学2023)简述股利相关论。

4. (北京工业大学2022)简述"一鸟在手"理论。

5. (上海对外经贸2022、北京印刷学院2022)简述信号传递理论。

6. (中国矿业大学2017)简述股利无关论和股利相关论的基本观点、股利相关论的理论分支及股利政策的影响因素。

7. (塔里木大学 2023、三峡大学 2023、南京财经 2022、河北师范 2022、山东师范 2021、首经贸 2017、中南财经政法大学 2016、河南财经政法 2014)公司在选择股利政策时，主要应考量哪些影响因素？
8. (上海对外经济贸易大学 2020)企业制定股利政策时，除了受到企业管理者影响外，还受哪些因素的影响？
9. (辽宁工程技术大学 2023、广州大学 2018、广东财经 2017、桂林电子科技 2017、青岛大学 2016)简述股利分配政策及影响因素。
10. (北京物资学院 2023、东北师范 2016、山西财经 2018、河南科技大学 2021)简述股利分配政策。
11. (南京师范 2022、三峡大学 2021、河南科技 2021、昆明理工 2021、天津财经 2021、吉林财经 2021、东北师范 2020&2017、桂林电子科技 2020、西安外国语 2015)企业有哪些股利分配政策？
12. (重庆理工大学 2021、北京物资学院 2021)简述股利分配政策的种类。
13. (桂林电子科技 2020、浙江财经 2016、西南财经 2018、东北石油 2016、山东财经 2018、西安外国语 2018)常用的股利分配政策有哪些？简述每种政策的主要优缺点。
14. (北京科技大学 2022)股利理论有哪些？新创立的企业采取哪种股利分配政策？
15. (桂林电子科技大学 2020)请阐述公司股利政策的类型及其对股票市价的可能影响。
16. (杭州电子科技 2022、浙江理工 2021)简述不同产品生命周期下企业应采取的股利政策。
17. (华北电力大学(保定)2022)公司一般在哪个发展阶段采取剩余股利政策？说明原因。
18. (中央财经大学 2020)简述剩余股利政策及其利弊。
19. (桂林电子科技 2020)采用剩余股利政策时，企业可予分配的股利金额受哪些因素的影响？
20. (江西财经大学 2021)简述剩余股利政策的意义、步骤和先决条件。
21. (东北师范大学 2018)简述固定股利政策的含义、特点以及实行这一政策的原因。
22. (上海海事大学 2023)简述固定股利政策的含义与利弊。
23. (齐齐哈尔大学 2021)简述固定股利政策的优缺点。
24. (上海对外经贸 2023、北京信息科技 2022、东北师范 2019)列举股利的种类。
25. (西安外国语大学 2022)简述公司发放股票股利的影响。
26. (成都理工大学 2022)说说派发股票股利和现金股利对股东的好处和坏处。
27. (广东外语外贸大学 2022)简述发行股票股利的优缺点和原因。
28. (东北财经大学 2023)简述发行股票股利的优缺点。
29. (北京语言大学 2017)什么是股票分割？股票分割和股票股利有什么不同？
30. (上海大学 2023、北京化工大学 2023)简述股票分割和股票股利的区别。
31. (西安理工 2023、西南财经 2023、北京联合大学 2023)股票股利和股票分割有什么异同？
32. (华南师范大学 2020)简述股票回购和现金股利的区别与联系。
33. (西安外国语大学 2021)简述现金股利和股票股利的区别、股票股利的意义。
34. (东北师范大学 2020)现金股利和股票股利的区别是什么？
35. (东北师范大学 2019)如果你是投资者，你希望收到股票股利还是现金股利？股票股利和现金股利哪个更影响公司流动性？
36. (浙江财经大学 2019)简述股票股利和现金股利对公司财务状况的影响。

37.（西南民族大学 2021）简述股票分割的含义以及对每股收益的影响。
38.（南京农业 2023、武汉纺织 2022、吉林财经 2021）股票回购的动机是什么？
39.（中南财经政法大学 2021）简述股票回购动机和方法。
40.（南京财经大学 2022）简述股票回购的定义及类型。
41.（湖南师范大学 2020）股利的形式有哪些？为什么证监会要鼓励企业发放现金股利？
42.（中南财经政法大学 2019）企业在什么情况下进行股票回购？简述股票回购的影响和意义。

六、综合题

（云南大学 2021）YNU 公司为一家稳定成长的上市公司，2020 年度公司实现净利润 8 000 万元。公司上市三年来一直执行稳定增长的现金股利政策，年增长率为 5%，吸引了一批稳健的战略性机构投资者。公司投资者中个人投资者持股比例占 60%。2019 年度每股派发 0.2 元的现金股利。公司 2021 年计划新增一投资项目，需要资金 8 000 万元。公司目标资产负债率为 50%。由于公司良好的财务状况和成长能力，与多家银行保持着良好的合作关系。公司 2020 年 12 月 31 日资产负债表有关数据如表所示。

2020 年 12 月 31 日 单位：万元

项目	金额
货币资金	12 000
负债	20 000
股本（面值 1 元，发行在外 10 000 万股普通股）	10 000
资本公积	8 000
盈余公积	3 000
未分配利润	9 000
股东权益总额	30 000

2021 年 3 月 31 日公司召开董事会会议，讨论了甲、乙、丙三位董事提出的 2020 年度股利分配方案：

甲董事认为考虑到公司的投资机会，应当停止执行稳定增长的现金股利政策，将净利润全部留存，不分配股利，以满足投资需要。

乙董事认为既然公司有好的投资项目，有较大的现金需求，应当改变之前的股利政策，采用每 10 股送 8 股的股票股利分配政策。

丙董事认为应当维持原来的股利分配政策，因为公司的战略性机构投资者主要是保险公司，他们要求固定的现金回报，且当前资本市场富有效率，不会由于发放股票股利使股价上涨。

要求：
(1) 上市公司采取的股利分配政策多样，请你论述有哪些股利分配政策及各自的利弊；并结合我国实际，分析评述我国上市公司制定股利政策时需要考虑的因素有哪些？
(2) 请你分别站在企业和投资者的角度，比较分析甲、乙、丙三位董事提出的股利分配方案的利弊，并结合 YNU 公司的实际情况，指出最佳股利分配方案。

第十章 跨章节综合题

一、案例分析题

1. (长沙理工大学 2017)时代公司的债券原为 AA 级，但最近公司为一系列问题所困扰，如果公司现在被迫停产，公司的股东将一无所获。现公司通过出售其过去投资的有价证券，动用其历年累计的折旧积累来筹集资金，准备进行如下两个互斥方案中的一项，以避免公司破产。两个项目均在第一年年初投资 1 500 万元，第 1~10 年的现金净流量(不包括第 1 年初的现金流出量)及有关资料见下表：

有关情况		第 1~10 年的现金净流量/万元	
状况	概率	A	B
好	0.5	310	800
差	0.5	290	−200

公司加权平均资本成本为 15%，$PVIFA_{15\%,10}=5.0188$。

要求：

(1)计算各项目的期望现金流量，哪一个项目的总风险较大，为什么？

(2)分别计算两个项目在状况好和状况差时的净现值。

(3)如果你是公司的股东，你希望经理选择哪个项目？

(4)如果你是公司的债权人，你希望经理选择哪个项目？

(5)为防止决策引起利益冲突，债权人预先应采取何种保护措施？

(6)谁来承担保护措施的成本？这与企业最优资本结构有什么关系？

2. (中南财经政法大学 2016)某上市公司现有资金 10 000 万元，其中：普通股股本 3 500 万元，长期借款 6 000 万元，留存收益 500 万元。普通股成本为 10.5%，长期借款年利率为 8%，有关投资服务机构的统计资料表明，该上市公司股票的系统性风险是整个股票市场风险的 1.5 倍。目前整个股票市场平均收益率为 8%，无风险报酬率为 5%。公司适用的所得税税率为 25%。公司拟通过再筹资发展甲、乙两个投资项目。有关资料如下：

资料一：甲项目投资额为 1 200 万元，经测算，甲项目的资本收益率存在−5%、12% 和 17% 三种可能，三种情况出现的概率分别为 0.4、0.2 和 0.4。

资料二：乙项目投资额为 2 000 万元，经过逐次测试，得到以下数据：当设定折现率为 14% 和 15% 时，乙项目的净现值分别为 4.946 8 万元和−7.420 2 万元。

资料三：乙项目所需资金有A、B两个筹资方案可供选择。

A方案：发行票面年利率为12%、期限为3年的公司债券；

B方案：增发普通股，股东要求每年股利增长2.1%。

资料四：假定该公司筹资过程中发生的筹资费可忽略不计，长期借款和公司债券均为年末付息，到期还本。

要求：

(1)计算该公司股票的贝塔系数；

(2)计算该公司股票的必要收益率；

(3)计算甲项目的预期收益率；

(4)计算乙项目的内部收益率；

(5)以该公司股票的必要收益率为标准，判断是否应当投资于甲、乙项目；

(6)分别计算乙项目A、B两个筹资方案的资金成本；

(7)根据乙项目的内部收益率和筹资方案的资金成本，对A、B两方案的经济合理性进行分析；

(8)计算乙项目分别采用A、B两个筹资方案再筹资后，该公司的综合资金成本；

(9)根据再筹资后公司的综合资金成本，对乙项目的筹资方案做出决策。

3.(东北财经大学2023)甲公司是一家上市公司，企业所得税税率为25%，相关资料如下：

资料一：公司为扩大生产经营准备购置一条新生产线，计划于2020年年初一次性投入资金6 000万元，全部形成固定资产并立即投入使用，建设期为0，使用年限为6年，新生产线每年增加营业收入3 000万元，增加付现成本1 000万元。新生产线开始投产时需垫支营运资金700万元，在项目终结时一次性收回。固定资产采用直线法计提折旧，预计净残值为1 200万元。公司所要求的最低投资收益率为8%，相关资金时间价值系数为：$(P/A,8\%,5)=3.9927$；$(P/F,8\%,6)=0.6302$。

资料二：为满足购置生产线的资金需求，公司设计了两个筹资方案。

方案一为向银行借款6 000万元，期限为6年，年利率为6%，每年年末付息一次，到期还本。

方案二为发行普通股1 000万股，每股发行价6元。公司将持续执行稳定增长的股利政策，每年股利增长率为3%。预计公司2020年每股股利(D_1)为0.48元。

要求：

(1)根据资料一，计算新生产线项目的下列指标：①第0年的现金净流量；②第1~5年每年的现金净流量；③第6年的现金净流量；④净现值；

(2)根据净现值指标，判断公司是否应该进行新生产线投资，并说明理由；

(3)根据资料二，计算：①银行借款的资本成本率；②发行股票的资本成本率。

4.(四川轻化工大学2020)A公司是一家于2016年年初成立的洗涤用品公司，公司注册资本100万元，由于甲、乙、丙、丁四位股东各出资25万元，在公司经营中，甲主管销售，乙主管财务，丙主管生产和技术，丁主管人事和日常事务。经过三年经营，到2018年年末，公司留存收益为60万元，权益金额增加到160万元。由于产品打开了销路，市场前景看好，于是公司决定扩大经营规模。扩大经营规模需要投入资金，于是四人召开会议，讨论增加资金事宜。

甲首先汇报了销售预测情况。如果扩大经营规模，来年洗涤用品的销售收入将达到50万元，以后每年还将以10%的速度增长。

丙提出，扩大经营规模需要增加一条生产线。增加生产线后，变动经营成本占销售收入的比率不变，仍然为50%，即25万。每年的固定经营成本将由7万元增加到10万元。

丁提出，增加生产线后，需要增加生产和销售人员。

四人根据上述情况，进行简单的资金测算，测算出公司大约需要增加资金40万元。

甲建议四人各增资10万元，出资比例保持不变。丙和丁提出出资有困难，建议吸收新股东，新股东出资40万元，权益总额变为200万元，5人各占1/5的权益份额。乙提出可以考虑向银行借款，他曾与开户行协商过，借款利率大约为6%。甲和丙认为借款有风险，而且需要向银行支付利息，会损失一部分收益。假如你是乙，你决定如何说服甲、丙和丁通过向银行借款来增加资金？

5. (河南财经政法大学2020)某制造业上市公司2019年度有关资料如下：该年度的销售收入总额为10 000万元；资产总额为20 000万元，其中，经营性资产为18 000万元，金融性资产为2 000万元；负债总额为7 200万元，其中，经营性负债为3 000万元，其余为金融性负债4 200万元。

请回答下列问题：

(1)什么是经营性资产和经营性负债？制造型企业的经营性资产和经营性负债分别包括哪些资产和负债项目？

(2)企业融资的渠道或者方式主要有哪些？优序融资顺序是什么样的？

(3)假设该公司2020年度的销售收入计划增加10%。为了保持正常运营、实现收入增长计划，该公司的经营性资产应该增加10%。经营性资产增加的途径如下：①随着营业规模扩大，经营性负债自然增加10%；②预计该公司2020年度的销售净利率(净利润÷销售收入)为10%，净利润中40%可以留存；③其2019年末的金融性资产2 000万元中的500万元可以转做经营性资产；④外部融资。请计算该公司2020年所需的外部融资额；

(4)你认为上述新增外部融资，应该优先采取债务融资还是股权融资，为什么？

6. (江汉大学2020)2020年2月29日下午，海航集团官网发布消息，为有效化解风险，维护各方利益，应本集团请求，近日，海南省人民政府牵头会同相关部门派出专业人员共同成立了"海南省海航集团联合工作组"。联合工作组将全面协助、全力推进本集团风险处置工作。

在过去的数年间，海航不断扩张，一度有"八爪鱼"之称。尤其是在2017年之前，大肆举债在全球范围内进行投资并购，让海航变成了一家"大型国际投资机构"。2017年5月，海航集团耗资34亿欧元，花费80天时间，购得德意志银行9.9%的股份，成为德银第一大股东。这一时期，海航的财务数据是总资产1.23万亿元，同比增长21.31%；营收总额达到5 870.99亿元，同比大增220.81%。

但在2017年后，海航的发债和海外并购已经被有关部门叫停，海航的风险也在逐渐暴露。2017年12月，海航给银监会发函，表示海航有可能发生系统性风险。但就是这个已经无米下锅的海航，却仍要斥资75亿元收购当当网，用来扶持海航科技旗下的购物平台。一位接近海航收购当当的投资主体天海投资的人士指出，收购当当未果后，天海投资逐渐被海航边缘化，员工纷纷离职，公司所在的北京海航大厦也被作价17亿元，卖给万科以回笼资金。公司最后剩的几个人搬去隔壁办公楼的一间临时办公室，只有一张办公桌，几个人轮流用。此外，还有海航难以兑付的P2P业务。这部分资金总额在100～200亿之间，大约需要两到三年还清。

此后海航开始踩下刹车。根据海航2018年的报表显示，海航的总资产已从2017年的1.23万亿减少至1.07万亿，负债从7 364亿元激增至2018年底的7 552.68亿元，资产负债率从不足60%，涨至70.55%。在整个2018年中，海航甩卖出去的资产主要有希尔顿酒店集团的股权、在香港的三宗地块以及刚到手还没焐热的德意志银行大股东席位。2018年12月，北京金融产权交易所甚至专门举办了一次海航物流集团系列资产转让首期推介会，其中有70亿元的资产包计划出售，包括在北京、海南、长沙等地的多个项目，涉及写字楼、酒店、商业地产等。从业务线上来看，截至2018年末，海航集团内部架构已经从最多时的七个业务板块变更为目前的四个板块，分别为海航航旅、海航物流、海航资本和海航科技，海航称之为"两主两辅"。

然而在这关键时期，新冠疫情前来搅局，疫情对航空业造成很大冲击。根据民航资源网给出的数据，截至2月18日10时15分，当日国内计划航班1.38万架次，预计执行航班4 085架次，取消航班9 738架次。国际航班执行方面，当日计划国际航班4 036架次，预计执行航班1 572架次，取消航班2 464架次。航空咨询公司Cirium的数据显示，由1月23日至2月11日，有近8.6万班往来中国的国内和国际航班被取消，占原定服务航班的34%。中国的天空鲜有如此宽敞。疫情对航空业最大的障碍便让旅客停止流动，这对航空企业来说意味着资金也在停止流动。飞机趴在机场，不飞便是亏损。

最终，海航扛不住沉重债务压力，寻求接管，一代枭雄，黯然落幕。

要求：请根据企业财务理论，解读海航集团在财务运作中的问题之所在。

二、论述题

1. (黑龙江八一农垦大学2022)有人说"货币时间价值和风险是企业财务管理决策的两块基石"，请围绕筹资、投资和资金营运管理决策谈谈你对这一观点的看法。
2. (辽宁工程技术大学2023)财管中两大价值理念是什么？举例说明如何应用？
3. (江汉大学2023)你认为货币时间价值的应用有哪些？
4. (三峡大学2022)某房地产公司年报显示：货币资金45.08亿元，短期借款78.72亿元；经营活动现金流入62.7亿元，经营活动现金流出121.3亿元，经营活动产生的现金流量净额为－58.6亿元；公司日常经营所需流动资金主要依赖银行借款和资金周转中形成的应付账款等短期负债，流动负债占总负债的比例为71.84%。

请你对该房地产公司的财务、经营状况做出评价，并结合行业特点分析利用银行借款和应付账款进行流动资金筹资的利弊。

附 录

复利现值系数表

序号	1%	2%	3%	4%	5%	6%	7%	8%	9%	10%	11%	12%	13%	14%	15%	16%	17%	18%	19%	20%
1	0.9901	0.9804	0.9709	0.9615	0.9524	0.9434	0.9346	0.9259	0.9174	0.9091	0.9009	0.8929	0.8850	0.8772	0.8696	0.8621	0.8547	0.8475	0.8403	0.8333
2	0.9803	0.9612	0.9426	0.9246	0.9070	0.8900	0.8734	0.8573	0.8417	0.8264	0.8116	0.7972	0.7831	0.7695	0.7561	0.7432	0.7305	0.7182	0.7062	0.6944
3	0.9706	0.9423	0.9151	0.8890	0.8638	0.8396	0.8163	0.7938	0.7722	0.7513	0.7312	0.7118	0.6931	0.6750	0.6575	0.6407	0.6244	0.6086	0.5934	0.5787
4	0.9610	0.9238	0.8885	0.8548	0.8227	0.7921	0.7629	0.7350	0.7084	0.6830	0.6587	0.6355	0.6133	0.5921	0.5718	0.5523	0.5337	0.5158	0.4987	0.4823
5	0.9515	0.9057	0.8626	0.8219	0.7835	0.7473	0.7130	0.6806	0.6499	0.6209	0.5935	0.5674	0.5428	0.5194	0.4972	0.4761	0.4561	0.4371	0.4190	0.4019
6	0.9420	0.8880	0.8375	0.7903	0.7462	0.7050	0.6663	0.6302	0.5963	0.5645	0.5346	0.5066	0.4803	0.4556	0.4323	0.4104	0.3898	0.3704	0.3521	0.3349
7	0.9327	0.8706	0.8131	0.7599	0.7107	0.6651	0.6227	0.5835	0.5470	0.5132	0.4817	0.4523	0.4251	0.3996	0.3759	0.3538	0.3332	0.3139	0.2959	0.2791
8	0.9235	0.8535	0.7894	0.7307	0.6768	0.6274	0.5820	0.5403	0.5019	0.4665	0.4339	0.4039	0.3762	0.3506	0.3269	0.3050	0.2848	0.2660	0.2487	0.2326
9	0.9143	0.8368	0.7664	0.7026	0.6446	0.5919	0.5439	0.5002	0.4604	0.4241	0.3909	0.3606	0.3329	0.3075	0.2843	0.2630	0.2434	0.2255	0.2090	0.1938
10	0.9053	0.8203	0.7441	0.6756	0.6139	0.5584	0.5083	0.4632	0.4224	0.3855	0.3522	0.3220	0.2946	0.2697	0.2472	0.2267	0.2080	0.1911	0.1756	0.1615
11	0.8963	0.8043	0.7224	0.6496	0.5847	0.5268	0.4751	0.4289	0.3875	0.3505	0.3173	0.2875	0.2607	0.2366	0.2149	0.1954	0.1778	0.1619	0.1476	0.1346
12	0.8874	0.7885	0.7014	0.6246	0.5568	0.4970	0.4440	0.3971	0.3555	0.3186	0.2858	0.2567	0.2307	0.2076	0.1869	0.1685	0.1520	0.1372	0.1240	0.1122
13	0.8787	0.7730	0.6810	0.6006	0.5303	0.4688	0.4150	0.3677	0.3262	0.2897	0.2575	0.2292	0.2042	0.1821	0.1625	0.1452	0.1299	0.1163	0.1042	0.0935
14	0.8700	0.7579	0.6611	0.5775	0.5051	0.4423	0.3878	0.3405	0.2992	0.2633	0.2320	0.2046	0.1807	0.1597	0.1413	0.1252	0.1110	0.0985	0.0876	0.0779
15	0.8613	0.7430	0.6419	0.5553	0.4810	0.4173	0.3624	0.3152	0.2745	0.2394	0.2090	0.1827	0.1599	0.1401	0.1229	0.1079	0.0949	0.0835	0.0736	0.0649
16	0.8528	0.7284	0.6232	0.5339	0.4581	0.3936	0.3387	0.2919	0.2519	0.2176	0.1883	0.1631	0.1415	0.1229	0.1069	0.0930	0.0811	0.0708	0.0618	0.0541
17	0.8444	0.7142	0.6050	0.5134	0.4363	0.3714	0.3166	0.2703	0.2311	0.1978	0.1696	0.1456	0.1252	0.1078	0.0929	0.0802	0.0693	0.0600	0.0520	0.0451
18	0.8360	0.7002	0.5874	0.4936	0.4155	0.3503	0.2959	0.2502	0.2120	0.1799	0.1528	0.1300	0.1108	0.0946	0.0808	0.0691	0.0592	0.0508	0.0437	0.0376
19	0.8277	0.6864	0.5703	0.4746	0.3957	0.3305	0.2765	0.2317	0.1945	0.1635	0.1377	0.1161	0.0981	0.0829	0.0703	0.0596	0.0506	0.0431	0.0367	0.0313
20	0.8195	0.6730	0.5537	0.4564	0.3769	0.3118	0.2584	0.2145	0.1784	0.1486	0.1240	0.1037	0.0868	0.0728	0.0611	0.0514	0.0433	0.0365	0.0308	0.0261

复利终值系数表

序号	1%	2%	3%	4%	5%	6%	7%	8%	9%	10%	11%	12%	13%	14%	15%	16%	17%	18%	19%	20%
1	1.0100	1.0200	1.0300	1.0400	1.0500	1.0600	1.0700	1.0800	1.0900	1.1000	1.1100	1.1200	1.1300	1.1400	1.1500	1.1600	1.1700	1.1800	1.1900	1.2000
2	1.0201	1.0404	1.0609	1.0816	1.1025	1.1236	1.1449	1.1664	1.1881	1.2100	1.2321	1.2544	1.2769	1.2996	1.3225	1.3456	1.3689	1.3924	1.4161	1.4400
3	1.0303	1.0612	1.0927	1.1249	1.1576	1.1910	1.2250	1.2597	1.2950	1.3310	1.3676	1.4049	1.4429	1.4815	1.5209	1.5609	1.6016	1.6430	1.6852	1.7280
4	1.0406	1.0824	1.1255	1.1699	1.2155	1.2625	1.3108	1.3605	1.4116	1.4641	1.5181	1.5735	1.6305	1.6890	1.7490	1.8106	1.8739	1.9388	2.0053	2.0736
5	1.0510	1.1041	1.1593	1.2167	1.2763	1.3382	1.4026	1.4693	1.5386	1.6105	1.6851	1.7623	1.8424	1.9254	2.0114	2.1003	2.1924	2.2878	2.3864	2.4883
6	1.0615	1.1262	1.1941	1.2653	1.3401	1.4185	1.5007	1.5869	1.6771	1.7716	1.8704	1.9738	2.0820	2.1950	2.3131	2.4364	2.5652	2.6996	2.8398	2.9860
7	1.0721	1.1487	1.2299	1.3159	1.4071	1.5036	1.6058	1.7138	1.8280	1.9487	2.0762	2.2107	2.3526	2.5023	2.6600	2.8262	3.0012	3.1855	3.3793	3.5832
8	1.0829	1.1717	1.2668	1.3686	1.4775	1.5938	1.7182	1.8509	1.9926	2.1436	2.3045	2.4760	2.6584	2.8526	3.0590	3.2784	3.5115	3.7589	4.0214	4.2998
9	1.0937	1.1951	1.3048	1.4233	1.5513	1.6895	1.8385	1.9990	2.1719	2.3579	2.5580	2.7731	3.0040	3.2519	3.5179	3.8030	4.1084	4.4355	4.7854	5.1598
10	1.1046	1.2190	1.3439	1.4802	1.6289	1.7908	1.9672	2.1589	2.3674	2.5937	2.8394	3.1058	3.3946	3.7072	4.0456	4.4114	4.8068	5.2338	5.6947	6.1917
11	1.1157	1.2434	1.3842	1.5395	1.7103	1.8983	2.1049	2.3316	2.5804	2.8531	3.1518	3.4785	3.8359	4.2262	4.6524	5.1173	5.6240	6.1759	6.7767	7.4301
12	1.1268	1.2682	1.4258	1.6010	1.7959	2.0122	2.2522	2.5182	2.8127	3.1384	3.4985	3.8960	4.3345	4.8179	5.3503	5.9360	6.5801	7.2876	8.0642	8.9161
13	1.1381	1.2936	1.4685	1.6651	1.8856	2.1329	2.4098	2.7196	3.0658	3.4523	3.8833	4.3635	4.8980	5.4924	6.1528	6.8858	7.6987	8.5994	9.5964	10.6993
14	1.1495	1.3195	1.5126	1.7317	1.9799	2.2609	2.5785	2.9372	3.3417	3.7975	4.3104	4.8871	5.5348	6.2613	7.0757	7.9875	9.0075	10.1472	11.4198	12.8392
15	1.1610	1.3459	1.5580	1.8009	2.0789	2.3966	2.7590	3.1722	3.6425	4.1772	4.7846	5.4736	6.2543	7.1379	8.1371	9.2655	10.5387	11.9737	13.5895	15.4070
16	1.1726	1.3728	1.6047	1.8730	2.1829	2.5404	2.9522	3.4259	3.9703	4.5950	5.3109	6.1304	7.0673	8.1372	9.3576	10.7480	12.3303	14.1290	16.1715	18.4884
17	1.1843	1.4002	1.6528	1.9479	2.2920	2.6928	3.1588	3.7000	4.3276	5.0545	5.8951	6.8660	7.9861	9.2765	10.7613	12.4677	14.4265	16.6722	19.2441	22.1861
18	1.1961	1.4282	1.7024	2.0258	2.4066	2.8543	3.3799	3.9960	4.7171	5.5599	6.5436	7.6900	9.0243	10.5752	12.3755	14.4625	16.8790	19.6733	22.9005	26.6233
19	1.2081	1.4568	1.7535	2.1068	2.5270	3.0256	3.6165	4.3157	5.1417	6.1159	7.2633	8.6128	10.1974	12.0557	14.2318	16.7765	19.7484	23.2144	27.2516	31.9480
20	1.2202	1.4859	1.8061	2.1911	2.6533	3.2071	3.8697	4.6610	5.6044	6.7275	8.0623	9.6463	11.5231	13.7435	16.3665	19.4608	23.1056	27.3930	32.4294	38.3376

年金现值系数表

序号	1%	2%	3%	4%	5%	6%	7%	8%	9%	10%	11%	12%	13%	14%	15%	16%	17%	18%	19%	20%
1	0.9901	0.9804	0.9709	0.9615	0.9524	0.9434	0.9346	0.9259	0.9174	0.9091	0.9009	0.8929	0.8850	0.8772	0.8696	0.8621	0.8547	0.8475	0.8403	0.8333
2	1.9704	1.9416	1.9135	1.8861	1.8594	1.8334	1.8080	1.7833	1.7591	1.7355	1.7125	1.6901	1.6681	1.6467	1.6257	1.6052	1.5852	1.5656	1.5465	1.5278
3	2.9410	2.8839	2.8286	2.7751	2.7232	2.6730	2.6243	2.5771	2.5313	2.4869	2.4437	2.4018	2.3612	2.3216	2.2832	2.2459	2.2096	2.1743	2.1399	2.1065
4	3.9020	3.8077	3.7171	3.6299	3.5460	3.4651	3.3872	3.3121	3.2397	3.1699	3.1024	3.0373	2.9745	2.9137	2.8550	2.7982	2.7432	2.6901	2.6386	2.5887
5	4.8534	4.7135	4.5797	4.4518	4.3295	4.2124	4.1002	3.9927	3.8897	3.7908	3.6959	3.6048	3.5172	3.4331	3.3522	3.2743	3.1993	3.1272	3.0576	2.9906
6	5.7955	5.6014	5.4172	5.2421	5.0757	4.9173	4.7665	4.6229	4.4859	4.3553	4.2305	4.1114	3.9975	3.8887	3.7845	3.6847	3.5892	3.4976	3.4098	3.3255
7	6.7282	6.4720	6.2303	6.0021	5.7864	5.5824	5.3893	5.2064	5.0330	4.8684	4.7122	4.5638	4.4226	4.2883	4.1604	4.0386	3.9224	3.8115	3.7057	3.6046
8	7.6517	7.3255	7.0197	6.7327	6.4632	6.2098	5.9713	5.7466	5.5348	5.3349	5.1461	4.9676	4.7988	4.6389	4.4873	4.3436	4.2072	4.0776	3.9544	3.8372
9	8.5660	8.1622	7.7861	7.4353	7.1078	6.8017	6.5152	6.2469	5.9952	5.7590	5.5370	5.3282	5.1317	4.9464	4.7716	4.6065	4.4506	4.3030	4.1633	4.0310
10	9.4713	8.9826	8.5302	8.1109	7.7217	7.3601	7.0236	6.7101	6.4177	6.1446	5.8892	5.6502	5.4262	5.2161	5.0188	4.8332	4.6586	4.4941	4.3389	4.1925
11	10.3676	9.7868	9.2526	8.7605	8.3064	7.8869	7.4987	7.1390	6.8052	6.4951	6.2065	5.9377	5.6869	5.4527	5.2337	5.0286	4.8364	4.6560	4.4865	4.3271
12	11.2551	10.5753	9.9540	9.3851	8.8633	8.3838	7.9427	7.5361	7.1607	6.8137	6.4924	6.1944	5.9176	5.6603	5.4206	5.1971	4.9884	4.7932	4.6105	4.4392
13	12.1337	11.3484	10.6350	9.9856	9.3936	8.8527	8.3577	7.9038	7.4869	7.1034	6.7499	6.4235	6.1218	5.8424	5.5831	5.3423	5.1183	4.9095	4.7147	4.5327
14	13.0037	12.1062	11.2961	10.5631	9.8986	9.2950	8.7455	8.2442	7.7862	7.3667	6.9819	6.6282	6.3025	6.0021	5.7245	5.4675	5.2293	5.0081	4.8023	4.6106
15	13.8651	12.8493	11.9379	11.1184	10.3797	9.7122	9.1079	8.5595	8.0607	7.6061	7.1909	6.8109	6.4624	6.1422	5.8474	5.5755	5.3242	5.0916	4.8759	4.6755
16	14.7179	13.5777	12.5611	11.6523	10.8378	10.1059	9.4466	8.8514	8.3126	7.8237	7.3792	6.9740	6.6039	6.2651	5.9542	5.6685	5.4053	5.1624	4.9377	4.7296
17	15.5623	14.2919	13.1661	12.1657	11.2741	10.4773	9.7632	9.1216	8.5436	8.0216	7.5488	7.1196	6.7291	6.3729	6.0472	5.7487	5.4746	5.2223	4.9897	4.7746
18	16.3983	14.9920	13.7535	12.6593	11.6896	10.8276	10.0591	9.3719	8.7556	8.2014	7.7016	7.2497	6.8399	6.4674	6.1280	5.8178	5.5339	5.2732	5.0333	4.8122
19	17.2260	15.6785	14.3238	13.1339	12.0853	11.1581	10.3356	9.6036	8.9501	8.3649	7.8393	7.3658	6.9380	6.5504	6.1982	5.8775	5.5845	5.3162	5.0700	4.8435
20	18.0456	16.3514	14.8775	13.5903	12.4622	11.4699	10.5940	9.8181	9.1285	8.5136	7.9633	7.4694	7.0248	6.6231	6.2593	5.9288	5.6278	5.3527	5.1009	4.8696

年金终值系数表

序号	1%	2%	3%	4%	5%	6%	7%	8%	9%	10%	11%	12%	13%	14%	15%	16%	17%	18%	19%	20%
1	1.0000	1.0000	1.0000	1.0000	1.0000	1.0000	1.0000	1.0000	1.0000	1.0000	1.0000	1.0000	1.0000	1.0000	1.0000	1.0000	1.0000	1.0000	1.0000	1.0000
2	2.0100	2.0200	2.0300	2.0400	2.0500	2.0600	2.0700	2.0800	2.0900	2.1000	2.1100	2.1200	2.1300	2.1400	2.1500	2.1600	2.1700	2.1800	2.1900	2.2000
3	3.0301	3.0604	3.0909	3.1216	3.1525	3.1836	3.2149	3.2464	3.2781	3.3100	3.3421	3.3744	3.4069	3.4396	3.4725	3.5056	3.5389	3.5724	3.6061	3.6400
4	4.0604	4.1216	4.1836	4.2465	4.3101	4.3746	4.4399	4.5061	4.5731	4.6410	4.7097	4.7793	4.8498	4.9211	4.9934	5.0665	5.1405	5.2154	5.2913	5.3680
5	5.1010	5.2040	5.3091	5.4163	5.5256	5.6371	5.7507	5.8666	5.9847	6.1051	6.2278	6.3528	6.4803	6.6101	6.7424	6.8771	7.0144	7.1542	7.2966	7.4416
6	6.1520	6.3081	6.4684	6.6330	6.8019	6.9753	7.1533	7.3359	7.5233	7.7156	7.9129	8.1152	8.3227	8.5355	8.7537	8.9775	9.2068	9.4420	9.6830	9.9299
7	7.2135	7.4343	7.6625	7.8983	8.1420	8.3938	8.6540	8.9228	9.2004	9.4872	9.7833	10.0890	10.4047	10.7305	11.0668	11.4139	11.7720	12.1415	12.5227	12.9159
8	8.2857	8.5830	8.8923	9.2142	9.5491	9.8975	10.2598	10.6366	11.0285	11.4359	11.8594	12.2997	12.7573	13.2328	13.7268	14.2401	14.7733	15.3270	15.9020	16.4991
9	9.3685	9.7546	10.1591	10.5828	11.0266	11.4913	11.9780	12.4876	13.0210	13.5795	14.1640	14.7757	15.4157	16.0853	16.7858	17.5185	18.2847	19.0859	19.9234	20.7989
10	10.4622	10.9497	11.4639	12.0061	12.5779	13.1808	13.8164	14.4866	15.1929	15.9374	16.7220	17.5487	18.4197	19.3373	20.3037	21.3215	22.3931	23.5213	24.7089	25.9587
11	11.5668	12.1687	12.8078	13.4864	14.2068	14.9716	15.7836	16.6455	17.5603	18.5312	19.5614	20.6546	21.8143	23.0445	24.3493	25.7329	27.1999	28.7551	30.4035	32.1504
12	12.6825	13.4121	14.1920	15.0258	15.9171	16.8699	17.8885	18.9771	20.1407	21.3843	22.7132	24.1331	25.6502	27.2707	29.0017	30.8502	32.8239	34.9311	37.1802	39.5805
13	13.8093	14.6803	15.6178	16.6268	17.7130	18.8821	20.1406	21.4953	22.9534	24.5227	26.2116	28.0291	29.9847	32.0887	34.3519	36.7862	39.4040	42.2187	45.2445	48.4966
14	14.9474	15.9739	17.0863	18.2919	19.5986	21.0151	22.5505	24.2149	26.0192	27.9750	30.0949	32.3926	34.8827	37.5811	40.5047	43.6720	47.1027	50.8180	54.8409	59.1959
15	16.0969	17.2934	18.5989	20.0236	21.5786	23.2760	25.1290	27.1521	29.3609	31.7725	34.4054	37.2797	40.4175	43.8424	47.5804	51.6595	56.1101	60.9653	66.2607	72.0351
16	17.2579	18.6393	20.1569	21.8245	23.6575	25.6725	27.8881	30.3243	33.0034	35.9497	39.1899	42.7533	46.6717	50.9804	55.7175	60.9250	66.6488	72.9390	79.8502	87.4421
17	18.4304	20.0121	21.7616	23.6975	25.8404	28.2129	30.8402	33.7502	36.9737	40.5447	44.5008	48.8837	53.7391	59.1176	65.0751	71.6730	78.9792	87.0680	96.0218	105.9306
18	19.6147	21.4123	23.4144	25.6454	28.1324	30.9057	33.9990	37.4502	41.3013	45.5992	50.3959	55.7497	61.7251	68.3941	75.8364	84.1407	93.4056	103.7403	115.2659	128.1167
19	20.8109	22.8406	25.1169	27.6712	30.5390	33.7600	37.3790	41.4463	46.0185	51.1591	56.9395	63.4397	70.7494	78.9692	88.2118	98.6032	110.2846	123.4135	138.1664	154.7400
20	22.0190	24.2974	26.8704	29.7781	33.0660	36.7856	40.9955	45.7620	51.1601	57.2750	64.2028	72.0524	80.9468	91.0249	102.4436	115.3797	130.0329	146.6280	165.4180	186.6880